中华泰山文库·著述书系

泰山风景名胜区管理委员会 编

刘慧 主编

泰山岱庙文化

山东人民出版社·济南

图书在版编目（CIP）数据

泰山岱庙文化/刘慧主编.——济南：山东人民出版社，2019.4
（中华泰山文库 · 著述书系）
ISBN 978-7-209-11391-5

Ⅰ．①泰… Ⅱ．①刘… Ⅲ．①寺庙－文化研究－泰安 Ⅳ．①K928.75

中国版本图书馆CIP数据核字(2018)第277385号

项目统筹　胡长青
责任编辑　杨云云
装帧设计　武　斌　王园园
项目完成　文化艺术编辑室

泰山岱庙文化
TAISHAN DAIMIAO WENHUA
刘慧　主编

主管单位　山东出版传媒股份有限公司
出版发行　山东人民出版社
出 版 人　胡长青
社　　址　济南市英雄山路165号
邮　　编　250002
电　　话　总编室（0531）82098914
　　　　　市场部（0531）82098027
网　　址　http://www.sd-book.com.cn
印　　装　山东新华印务有限责任公司
经　　销　新华书店

规　　格　16开（210mm×285mm）
印　　张　28
字　　数　460千字
版　　次　2019年4月第1版
印　　次　2019年4月第1次
印　　数　1—1000
ISBN 978-7-209-11391-5
定　　价　360.00元
　　　　　如有印装质量问题，请与出版社总编室联系调换。

立岱宗之弘毅

——序《中华泰山文库》

一生中能与泰山结缘，是我的幸福。

泰山在中国人民生活中有着广泛而深远的影响，人们常说"重于泰山""泰山北斗""有眼不识泰山"……在中国人心目中，泰山几乎是"伟大""崇高"的同义语。秉持泰山文化，传承泰山文化，简而言之，主要就是学做人，以德树人，以仁化人，归于"天人合德"的崇高境界。

自1979年到现在，我先后登临岱顶46次，涵盖自己中年到老年的生命进程。在这漫长岁月里，纵情山水之间，求索天人之际，以泰山为师，仰之弥高，探之弥深。从泰山文化的博大精深中，感悟到"生有涯，学泰山无涯"。

我学习泰山文化，经历了一个由美学考察到哲学探索的过程。美学考察是其开端。记得在20世纪80年代，为给泰山申报世界文化与自然遗产做准备，许多专家学者对泰山的文化与自然价值进行了考察评价。当时，北京大学有部分专家教授包括我在内参加了这一工作。按分工，我研究泰山的美学价值，撰写了《泰山美学考察》一文，对泰山的壮美——阳刚之美的自然特征、精神内涵以及对审美主体的重要作用，有了较深的体悟。除了理论上的探索，我还创作了三十多首有关泰山的诗作，如《泰山颂》：

> 高而可登，雄而可亲。
>
> 松石为骨，清泉为心。
>
> 呼吸宇宙，吐纳风云。
>
> 海天之怀，华夏之魂。

这是我对泰山的基本感受和认识。这首诗先后刻在了泰山的朝阳洞与天外村。

我认为泰山的最大魅力在于激发人的生命活力。我对泰山文化的学习，开端于美学，深化在哲学。两者往往交融在一起。在攀登泰山时，既有审美的享受，又有哲学的启迪（泰山自然景观和人文景观的结合，体现了一种天人合一的艺术境界）。对泰山的审美离不开形象、直觉，哲学的探索则比较抽象。哲学关乎世界观，在文化体系中处于核心地位，对人的精神影响更为深沉而持久。有朋友问我：能否用一个词来概括泰山对自己的最深刻的影响？我回答：这个词应该是生命的"生"。可以说，泰山文化是以生命为中心的天人之学，其内涵非常丰富，可谓中国文化史的一个缩影。泰山文化包容儒释道，但起主导作用的是儒家文化，与孔子思想有千丝万缕的联系。《周易·系辞下》中讲"天地之大德曰生"，天地生育万物，既不图回报，也不居功，广大无私，包容万物，这是一种大德。天生人，人就应当秉承这种德行，对于人的生命来说，德是其灵魂。品德体现了如何做人。品德可以决定一个人的人生方向、道路乃至生命质量。人的价值和意义离开德便无从谈起。蔡元培先生讲："德育实为完全人格之本，若无德，则虽体魄智力发达，适足助其为恶，无益也。"

"天行健，君子以自强不息；地势坤，君子以厚德载物。"这两句话深刻地体现了"天人合德"的思想。学习泰山文化要与时代精神相结合。泰山文化中"生"的精神对我影响很大，近四十年，我好像上了一次人生大学，感到生生不已，日新又新，这种精神感召自己奋斗、攀登，为人民事业做奉献。虽然我已经97岁，但生活仍然过得充实愉快，是泰山给了我新的生命。

泰山文化是中华民族优秀传统文化的主要象征之一，是我们民族文化的瑰宝。在这方面，历史为我们留下了浩瀚的资料，亟待整理。挖掘、整理泰山文化，是推动中华优秀文化遗产的创造性转化、创新性发展的迫切需要。

日前，泰山风景名胜区管理委员会的同志来舍下，告知他们正在编纂《中华泰山文库》。丛书分为古籍、著述、外文及口述影像四大书系，拟定120卷本，洋洋五千万言，计划三到五年完成。我听了非常振奋！这是关乎泰山文化的一件大事，惠及当今，功在后世，是一项了不起的文化工程。我对泰山风景名胜区管理委员会领导同志的文化眼光、文化自觉、文化胆识和文化担当，表示由衷钦佩；对丛书的编纂，表示赞成。我认为，编纂《中华泰山文库》丛书，将其作为一个新的文化平台，重要意义在于：

首先，对于泰山文化的集成，善莫大焉。关于泰山的文献，正所谓"经典沉深，载籍浩瀚"（刘勰《文心雕龙》）。从大汶口文化时期的象形符号，到文字记载的《诗经》，再到二十五史，直至今天，在各个历史阶段都不曾缺项。一座山留下如此完整、系统、海量的资料，这是任何山岳都无法与其比肩的，在世界范围内也具有唯一性。《中华泰山文库》的编纂，进一步开拓了泰山文化的深度和广度，对于古今中外泰山文化资料及研究成果的发掘、整理、集成、保存，都具有无与伦比的综合性、优越性和权威性，可谓集之大成；同时，作为文化平台，其建设有利于文化资源和遗产共享。

其次，对于泰山文化的研究，善莫大焉。文献资料是知识的积累，是前人智慧的结晶，是文化、文明的成果。任何研究离开资料，都是无米之炊。任何研究成果都是建立在资料的基础上。同时，每当新的资料出现，都会给研究带来质的变化。《中华泰山文库》囊括了典籍志书、学术著述、外文译著、口述影像多个门类，一方面为学术研究提供了所必需的文献资料，大大方便了研究者的工作；另一方面，宏富的文献资料便于研究者海选、检索、取舍、勘校，将其应用于研究，以利于更好地去伪存真、去粗取精，提高研究效率和研究质量。

再次，对于泰山文化的创新，善莫大焉。文化唯有创新，才会具有更强大的生命力。所以说，文化创新工作永远在路上。新时代泰山文化的创新，质言之，泰山文化如何引领新时代的精神文明，服务于新时代的精神文明建设，是一个重大课题。就其创新而言，《中华泰山文库》丛书的编纂本身就是一种立意高远的文化创新。它有目的、有计划、有系统地广泛征集、融汇泰山文献资料，集腋成裘，聚沙成塔，夯实了泰山文化的基础，成为泰山文化创新的里程碑。另外，外文书籍的编纂，开阔了泰山走向世界、世界了解泰山的窗口，对于泰山更好地走向世界、融入世界，具有重要的现实意义。而口述泰山的编纂，则是首开先河，把音频、影像等鲜活的泰山文化资料呈现给世人。《中华泰山文库》的富藏，为深入研究泰山的文化自然遗产，提供了坚实的物质保障。

最后，对于泰山文化的传承，善莫大焉。从文化的视角着眼，随着经济社会的发展变革，亟须深化对优秀传统文化重要性的认识，以进一步增强文化自觉和文化自信；通过深入挖掘优秀传统文化价值内涵，进一步激发其生机与活力；着力构建优秀传统文化传承发展体系，使人民群众得到深厚的文化滋养，不断提高文化素养，以增强文化软实力。毋庸讳言，《中华泰山文库》负载的正是这样一个优秀传统文化传承发展体系。如上所述，集成、研究、创新的最终目的，就是为了增强泰山文化的生命力，祖祖辈辈传承下去，延续、共享这一人类文明的文化成果。这是一个民族兴旺发达的源泉所在。《中华泰山文库》定会秉承本初，薪火相传，继往开来。

更为可喜的是，泰山自然学科资料的整理和研究，也是《中华泰山文库》的重要组成部分，无论是地质的还是动植物的，同样是珍贵的世界遗产。

中国共产党第十九次全国代表大会报告中指出："文化自信是一个国家、一个民族发展中更基本、更深沉、更持久的力量。必须坚持马克思主义，牢固树立共产主义远大理想和中国特色社会主义共同理想，培育和践行社会主义核心价值观，不断增强意识形态领域主导权和话语权，推动中华优秀传统文化创造性转化、创新性发展，继承革命文化，发展社会主义先进文化，不忘本来、吸收外来、面向未来，更好构筑中国精神、中国价值、中国力量，为人民提供精神指引。"这是我们编纂《中华泰山文库》丛书工作的指南。

编纂《中华泰山文库》丛书是一项浩繁的文化系统工程，要充分考虑到它的难度、强度和长度。既要有气魄，又要有毅力；既要正视困难，又要增强信心。行百里者半于九十，知难而进，迎难而上，才能善始善终地完成这项工作。这也是我的一点要求和希望。

值此《中华泰山文库》即将付梓之际，泰山风景名胜区管理委员会的同志嘱我为之作序，却之不恭，写下了以上文字。我晚年的座右铭是："品日月之光辉，悟天地之美德，立岱宗之弘毅，得荷花之尚洁。"所谓"弘毅"，曾子有曰："士不可以不弘毅，任重而道远。仁以为己任，不亦重乎？死而后已，不亦远乎？"故而，名序为：立岱宗之弘毅。

杨辛
2018年7月

目　录

岱庙建筑

岱庙碑刻

岱庙古籍

岱庙神轴

岱庙传说

岱庙艺文

楹　联 ……………………………………………………………… 285

游　记 ……………………………………………………………… 288

岱庙藏珍

岱庙古树名木

岱庙汉画像石

岱庙神主

刘慧 著

引 言

中华民族是一个崇尚大山的民族。

在数千年前一个春天的早上，一位部落酋长登上了一座高高的大山，于山之巅堆起干柴，随着徐徐升起的太阳点起了熊熊的大火。这是祭祀之火，酋长宣告与天的沟通，并庆贺取得王位的成功。

那点燃山火的人，便是三皇五帝中的舜；而这座大山，就是泰山。

自舜点燃了这把东方黎明的圣火，这圣火在中华民族的心目中始终就没有熄灭过。同世界上其他民族一样，中华民族也有着恋山的情结，但泰山的奇迹在于它的历史与民族同步。

史学家司马迁的父亲司马谈，在临终之时拉着司马迁的手哭着说："……今天子接千岁之统，封泰山，而余不得从行，是命也夫！命也夫！"①以不能参加泰山祭祀为终身憾事。而司马迁也在"史家之绝唱"的《史记》中，专列《封禅书》一卷来表达对泰山祭祀的重视。"自古受命帝王，曷尝不封禅？"是他的卷首语，足见泰山之神圣。

泰山是五岳之长，山岳之至尊，于是，泰山之神也就成为神界的王者。在人们熟悉的《水浒传》中，泰山神就被尊为"万神之领袖"②。然而，当我们把对泰山神的崇拜作为一种文化现象来审视的时候，就会发现这是一种传统观念、政治伦理、民族心理等交织在一起的复杂的信仰与崇拜。

还是让我们一起来做一次巡礼吧，去看看泰山神的来龙去脉以及他的"人格"历程……

---

① 《史记·太史公自序》。封：封禅泰山，专指帝王在泰山所举行的封以祭天、禅以礼地的祭祀大典。

② 《水浒传》第七十四回说：泰山"为山岳之至尊，乃万神之领袖"。又，《太平御览》卷五三六引《五经通义》："（泰山）五岳之长，群神之主。"

泰山崇拜的形成

　　人类对大山的崇拜，在世界各民族中都有着一定的历史渊源，之所以如此，大抵有两个方面的原因：一方面是山的博大、高峻以直观的形象给人以与天相接的感觉，因而被看作是地与天的通道，是天帝与人间联系的媒介，有着神灵的属性；另一方面，山本来就是人类赖以生存谋求物质生活资料的重要基地之一，既然是维持人类生存的物资之源，也就值得崇拜，值得供奉。

　　在新石器时代的大汶口文化中发现的陶文图案——"🔥"，就形象地反映了史前人类在高山之上烧火，借山之高以祭天的生动景象。应当说，大山所具有的神秘性和恩惠于人的功德，是大山崇拜的认识根源。

　　然而，人们不禁要问的是：山岳如此之多，泰山何以能独尊？它又是如何成为众山之长的呢？

泰山崇拜的自然基础

　　自然崇拜的发生，少不了客体的对象和主体的人。泰山高耸雄伟的形体特征、理想富殖的生态环境、变化莫测的气候物象，构成泰山崇拜的自然基础。

一、高耸雄伟的形体特征

　　泰山向以"东天一柱"著称，其拔地通天的气势，是由它的形体特征构成的。

　　人们看山之高，不是也不可能是以所谓的海拔高度为基准推算出来的，而是来自对山的直观感受。也就是说，看山之高只能是一种形象的视觉感受，不会是一种抽象的推理判断。如唐代大诗人杜甫的《望岳》诗："会当凌绝顶，一览众山小。""众山小"就是"凌绝顶"的直观感受。因此，如果仅以1545米的海拔高度来论泰山之高，就有失偏颇。

泰山高耸雄伟的感受，主要来自以下几个方面的对比。一是从大的环境来讲，泰山坐落在华北地区的丘陵平原上，方圆数十到百公里内，泰山一山独尊。二是小环境的对比，在泰山周围的诸山大都低于泰山300～400米，登上泰山之巅，极目望去，四周山峦偃伏，泰山是名副其实的"大山"①。三是泰山的相对高度高。受地质构造的影响，从泰城至极顶，在6～7公里这样短水平距离

图1　泰山　位于山东省中部，主峰海拔1545米，相对高度近1400米，是中国东部最高的大山

内，相对之差竟达1300～1400米。另外，在泰山自身的地质构造上，南部有三大断层是阶梯式正断。由此形成了泰山南坡陡峭的三大台阶式地貌，使泰山山体在空间体量的塑造上给人以直冲霄汉的感受（图1、图2）。

图2　一览众山小　登上泰山，群山偃伏，给人以居高临下的感受。孟子有孔子"登泰山而小天下"的名句

---

①　泰山古称岱，岱即大山。古人认为，区域内最大的山为大山，便称之以岱。

二、理想富殖的生态环境

人类的产生和发展与其自身的生态环境有着密切的关系。生态环境作为一个整体，为人类提供了能源、食物和劳动资料，是人类生存和进行生产活动、创造物质财富和精神财富必不可少的条件。泰山的地质构造决定了这一地区良好的生态环境，使这一地带土地肥沃，气候适宜，地下水丰富，是一个理想富殖的农牧渔猎之区。

新石器时代的考古资料表明，当时的海岱地区接近亚热带的气候条件，极宜于动物植物的生长。当时有大量的扬子鳄生存，而现在这种动物只生活在长江下游；同时，现在绝迹的獐类动物，在新石器时期也大量存在于泰山周围[①]。还有部分植物残留的遗迹也证实，当时泰山周围近于亚热带气候条件，相当于现今秦岭至淮河以南地区的气候[②]。山地降雨充沛，冬季罕见冰雪，这样的地理气候，为人类的生息提供了理想优越的环境。这种富殖的生态优势，在春秋战国之时仍然存在。泰山周围冬不结冰、年收两季的良好气候条件等，在古代典籍中时有记述[③]。汉代刘安的《淮南子·地形训》说："……中央之美者，有岱岳以生五谷桑麻，鱼盐出焉。"反映了汉代之时，海岱地区仍被看作是华夏富殖的中心。

泰山不仅以物产富庶而著名，而且矿产之丰富亦为世人所瞩目。尤其是玉，在《山海经》等古籍中多有记述。

三、变化莫测的气候物象

泰山山体是相对不变的空间结构，生态系统也具有相对稳定的自然外观，而气候物象却是活跃多变的。

---

① 参见邵望平《〈禹贡〉九州风土考古学丛考》，《九州学报》1988年1月第2卷第2期。在大汶口遗址中，曾有大量的獐牙随葬，并普遍发现于大汶口文化的遗址中，证实当时有獐类在泰山周围生存。

② 参见竺可桢《中国五千年来气候变迁的初步研究》，《考古学报》1972年第1期。

③ 《春秋》中有鲁桓公十四年、成公元年、襄公二十八年，冬"无冰"的记载。另见潘鸿声等：《战国时代的六国农业生产》，《农史研究集刊》第二册，科学出版社。

泰山地处季风气候带，不但具有各种气象的形成条件，而且由于山体高耸靠近海洋，气候变化也更加复杂。由于特殊的地形特点，山顶与山下气候迥然不同，有所谓"绝顶峰高夏亦寒"的说法。气温随着山的高度而降低，雨量则随着高度的变化而增加，故又有"十里不同天"之说。正因为如此，泰山变化莫测的气候物象，又给泰山笼罩了一层神秘的雾纱。《公羊传》就说："触石而出，肤寸而合，不崇朝而遍雨乎天下者，唯泰山尔。"有人借汉武帝之口曾赞叹泰山"高矣、极矣、大矣、特矣、壮矣、赫矣、骇矣、惑矣"，前面的高、极、特、壮、赫是对泰山空间结体的感受，而这个"惑"字，则表现出对泰山神秘的不可解。泰山独特的气候物象，倒可理解为其中的原因之一。

泰山崇拜的文化基础

在泰山优越的自然条件下，其文化的创造也优于其他山岳，无论是在旧石器时代，还是在新石器时代，其文化都很发达。其中，新石器时代的大汶口文化，可以作为史前时期优秀文化的代表。

考古资料表明：在我国众多的新石器时代的文化谱系中，泰山周围的新石器文化曾是其中最有影响的一支。大汶口文化氏族曾西迁到豫北、豫西地区，形成对黄河中游地区文化的强烈渗透。大汶口文化的先民还曾远征到长江流域。中国历史博物馆收藏了一件最长的良渚文化玉琮，上面刻了一个大汶口文化图案。在南京地区出土有大汶口文化的典型器物，这些事实证明了大汶口文化的居民确曾把自己的势力发展到了良渚文化的领地[①]。

此外，在河南龙山文化、二里头文化（夏文化）以至商文化中，也可以清楚看到来自大汶口这一东方文化的影响。正如考古学家所断言的：不论是河南龙山文化，还是进入青铜时代的二里头文化，都显示了来自海岱之间龙山文化的深远影响。……在我们祖先迈入文明时代前后，在泰山周围黄河下游和中州大地之

---

① 严文明：《碰撞与征服——花厅墓地埋葬情况的思考》，《文物天地》1990年第6期。

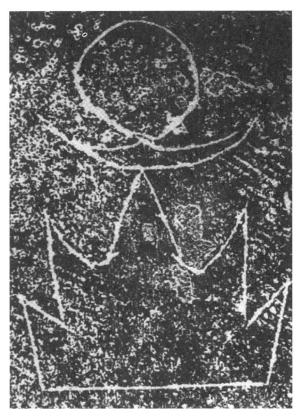

图3　大汶口文化图像文字　图案由太阳、火、山三部分组成，是远古时期人们在山上烧火以祭天的形象写照

间，存在着一种自东而西，从早到晚文化传播的信息。而夏商时代贵族所使用的礼器和酒食器，大多祖承东方文化的生活器皿。至于商代著名的白陶、玉牙雕刻的镶嵌技术，也来自东方史前文化的同一工艺。在中原的传统文化中，东方的文化因素占据着很大的优势。

泰山周围一带是我国古老文化的重要源头之一（图3）。在几十万年间，这一地区的历史一直没有间断过，这并非其他山岳所具备的。除考古资料外，古代文献的记载同样证实了这一点。史传中的东夷族系就活动在泰山周围，大汶口文化—龙山文化就是东夷族系在一定发展阶段的文化。东夷族领袖之一的蚩尤，曾一度使炎帝败北，黄帝也曾多次败在他的手下，不能不说当时东夷势力之强大。太皞氏、少皞氏也活动在大汶口文化的区域内，即也是大汶口文化的创造者。夏商时代，夷族虽然失去了在全国的领先地位，但东方仍是个举足轻重的地区，"见于文献的夏王国对外关系史，几乎全是夷夏关系史。……名闻遐迩、光辉灿烂的齐鲁文化，就是在这块具有深远、优秀的文化传统的土地上发展起来的"[1]。（图4、图5）著名考古学家苏秉琦先生就曾指出，泰山是个"大文物"，在中华文明史上有着特殊的地位。他说："我们不妨说，古文明早期阶段，泰山又可能是这个'新月形'地带人们的神山。……长城、运河是伟大中华民族的象征，泰山何尝不是伟大中华民族

---

① 张学海：《从考古发现看山东在我国古史上的地位》，《文史知识》1987年第10期。

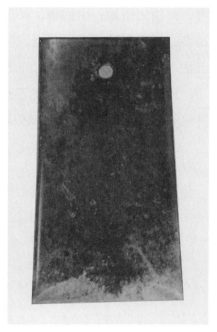

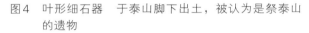

图 4　叶形细石器　于泰山脚下出土，被认为是祭泰山 的遗物

图 5　碧玉铲　泰山脚下大汶口遗址 出土，其石料为泰山碧玉，是 具有象征意义的礼器

历史的见证。"①

　　1996 年夏，笔者曾随《中华泰山》电视摄制组采访过苏秉琦先生。当谈到泰 山时，这位中国考古界的老前辈是那样的兴奋："泰山是个大文物，怎么说都不 过分。这是客观存在，它的产生不是一万年的事。"当我们问及北京天坛的七块巨 石代表的是什么意思的时候，老先生甚至不假思索地说道："那代表的就是泰山， 也只能是泰山。"伴随着社会的发展，泰山博大精深的历史文化和人文精神渗透中 国社会的各个领域，以至于打开古代经典、史集，经常能看到泰山的影子。

　　泰山雄伟高耸的形体结构、拔地通天的岩岩气象，在远古时期就被人们认 同；理想富殖的生态环境给人类的生存提供了优厚的自然条件；变化莫测的气 候物象又给泰山罩上了神秘的色彩；而博大深广的历史文化，造就了泰山独得 其尊的社会基础和在中国文化史上的特殊地位。当阴阳说、五行说、五德说出 现后，泰山便自然承担起了"求之物本""取其所通"的大任。也就有了"东方

① 《加强泰山"大文物"的研究》，《泰山研究论丛》第一辑，青岛海洋大学出版社。

者，万物之所始；山岳者，灵气之所宅"①的说法。再加上文人史官的点化：泰山者，岱宗也。岱者，代也，阴阳交代；岱者，胎也，万物之始；宗者，长也，五岳之首。这样帝王受命封禅之事也只有在泰山了。

因此说，泰山独尊，绝不是一种偶然的文化现象。泰山神之所以成为"万神之领袖"，有着特殊的自然基础和深厚的历史文化。

---

① 东晋史学家袁宏语，引自《后汉书·祭祀志·注》。

泰山祭祀

自从有了神的信仰，也便有了以祭祀为核心的宗教活动。按照《礼记·祭统》的说法：“凡治人之道，莫急于礼；礼有五经，莫重于祭。”看来，《左传》称“国之大事，在祀与戎”是毫不夸张的。

巡守与封禅

关于泰山祭祀，多见于文献典籍中，史传就有古七十二王祭祀泰山之事。巡守和封禅是最具代表性的泰山祭祀形式（图6）。

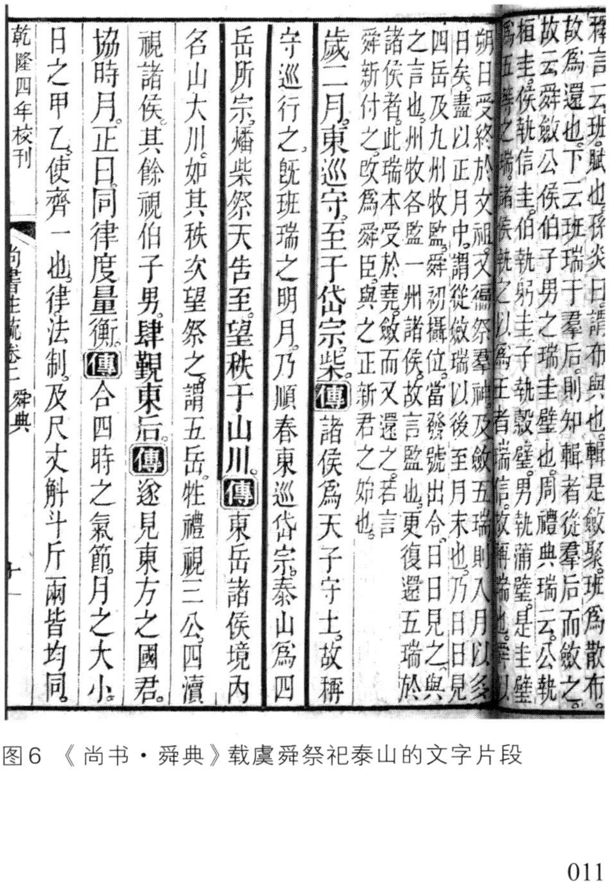
釋言云班賦也孫炎曰謂布與也輯是斂聚班爲散布
故爲還也下云班瑞于羣后則知輯者從羣后而斂之
故云舜斂公侯伯子男之瑞圭璧也周禮典瑞云公執
桓圭侯執信圭伯執躬圭子執穀璧男執蒲璧是圭璧
爲五等之瑞諸侯執之以爲王者瑞信故稱瑞也舜以
朔日受終於文祖又徧祭羣神及斂五瑞則入月以多
日矣盡以正月中謂從斂瑞以後至月末也乃日日見
四岳及九州牧監舜初攝位當發號出令日日見之與
之言也州牧各監一州諸侯故言監也更復還五瑞於
諸侯者此瑞本受於堯斂而又還之若言
舜新付之改爲舜臣與之正新君之始也
歲二月東巡守至于岱宗柴傳諸侯爲天子守土故稱
守巡行之既班瑞之明月乃順春東巡岱宗泰山爲四
岳所宗燔柴祭天告至望秩于山川傳東岳諸侯境內
名山大川如其秩次望祭之謂五岳牲禮視三公四瀆
視諸侯其餘視伯子男肆覲東后傳遂見東方之國君
協時月正日同律度量衡傳合四時之氣節月之大小
日之甲乙使齊一也律法制及尺丈斛斗斤兩皆均同
乾隆四年校刊
尚書注疏卷三 舜典

图6 《尚书·舜典》载虞舜祭祀泰山的文字片段

《尚书·舜典》中，曾记载了舜在接受了尧禅让王位后的第一个春天，便巡守泰山举行柴望祭祀的情况：“岁二月，东巡守，至于岱宗，柴。望秩于山川。”这种巡守，把自然崇拜与政权的威严融合在一起，具有政教合一的性质。其祭祀的形式是“燔柴”祭天，燔柴也就是积柴烧火。古人认为，天神在上，非烟气上升不足以达之。舜在泰山举行了祭天及望秩山川之礼后，还要到其他诸岳举行同样的祭礼，并且每五年还要再重复一次。登泰山柴望告天，并望祀天下名山大川，成为王者功成后取得最高祭祀特权的一个标志，是一种权力的象征。这表明王者禀受天命，拥有天下而举行的具有浓郁政治色彩的宗教大典。这也是后来只有"天子"才有资格祭祀泰山，而诸侯只能祭疆内之山礼制的原型。

　　春秋之时，有一种所谓的"汤沐之邑"①，就是专门用于泰山祭祀的。这种"汤沐之邑"，有别于诸侯朝见天子，天子赐以王畿之内的供斋戒沐浴的封邑，一般也仅赐予大功盛德于王室的诸侯。这种"汤沐之邑"主要是为诸侯在随天子祭祀时提供一个歇息伺候之处。如果诸侯要祭祀泰山可以在泰山下自己的汤沐之邑中进行。登泰山祭天是天子的专权，与诸侯无缘。50年代初在泰山下发现的祭

图7　铜罍　泰山脚下祭祀坑出土，是战国时期楚国祭祀泰山的遗物

祀坑中的铜罍（图7）、铁盘，1965年在泰山南费县祭坛中发现的铜鼎等，就是春秋战国时期诸侯国在汤沐邑祭祀泰山的遗物②。

　　先秦时期，尤其是有周以来，随着宗法制的确立，泰山进一步社会化，被奉为诸岳之长，祭祀泰山之权为"天子"所独有。各诸侯国，仅能祭祀其封疆内之山，不得擅自祭祀泰山，否则被视为"非礼"，会遭到社会的讥讽。《论语》中有"季氏旅于泰山"的记述，是说鲁国的大夫季氏，竟也要去祭祀泰山，对于这种典型的"僭礼"行为，孔子发出了"呜呼！曾谓泰山不如林放乎"的愤慨。祭祀有了主次等级的划分，是阶级社会等级关系的反映。泰山崇拜，从原始先民单纯自发的自然崇拜开始便附上了鲜明的社会属性。

---

　　①　《公羊传·隐公八年》："天子有事于泰山，诸侯皆从。泰山之下，诸侯皆有汤沐之邑焉。"
　　②　见《山东泰安发现的战国铜器》，《文物参考资料》1956年第6期；《山东费县发现东周铜器》，《考古》1983年第2期。

随着人为的社会属性的增加，泰山崇拜进一步政治化。封禅的出现标志着泰山崇拜进入了一个新的发展时期。封禅是在自然崇拜的基础上形成的一种宗教典礼，而作为一种政治制度，是由巡守制发展而来的（图8）。它以功成受命为核心，以天人感应为特征，构筑起一代帝王将兴之时的一种命定论模式。它以特定的形式和独有的内容以至于成为历代帝王统一天下、改制应天的重大政治活动，是泰山祭祀中最隆重，也是要求条件最高的祭祀仪式。

封禅之说，大约产生于战国末

图8 "古登封台"碑刻 位于泰山极顶，是为古代帝王于泰山祭天之处的标志

图9 泰山秦刻石 为秦始皇封禅泰山的纪功刻石，现存秦二世续刻的十个残字

图10 无字碑 位于泰山极顶，为汉武帝封禅的"纪号"碑

年。当时封禅只是一种假设学说，是一种"真命天子"出来时应有的神人感应的仪式，反映了当时的人们对统一、安定的要求。泰山封禅需要的最基本的条件有两个：一是国家必须统一；二是要有上天感应，出现吉祥之兆——符瑞。可谓是功及天下而上天有所感应才能实施的大礼。封禅意味着"受命为帝王"，意味着"天下太平"，大功告成。所以历代帝王都想通过泰山封禅来炫耀功德，达到"奉天承运"的政治目的。由此也使泰山更加神圣化（图9、图10）。

告祭及庙会

图11　《纪泰山铭》摩崖刻石　位于岱顶大观峰。为唐玄宗封禅的纪功刻石。刻石高11.3米，宽5米。唐玄宗撰文并书

唐宋以来，泰山先后被封为"天齐王""仁圣天齐王""天齐仁圣帝""天齐大生仁圣帝"（图11）。到了明代时，认为这是"渎礼不经"的行为："夫英灵之气，萃而为神，必受命于上帝，岂国家封号所可加？"① 因此，朱元璋立国后，于洪武三年（1370），诏定岳镇海渎神号，去泰山神历代所封名号，而以"东岳之神"名其名，并在岱庙立碑以示天下，伴随而来的则是频繁的告祭活动。

所谓告祭，就是皇帝不亲自前往祭祀，而是遣官派员到泰山实施祭祀。如明洪武十年（1377），朱元璋遣曹国公李文忠、道士吴永舆、邓子方代其祭祀泰山，并在岱庙立碑，

① 《明史·礼志》卷四十九、志第二十五。

《祝文》昭明自今以后岁以仲秋诣祠致祭（图12）。明代重泰山神之告祭，仅代宗朱祁钰在位不满八年，有史可稽的就有七次遣员到泰山。或祈嗣统，或祈年丰，或祈息战，均要遣官告祭泰山。这种祭祀一般均有告祭之文，以说明祭祀的目的。在明万历二十七年（1599），神宗还曾下旨颁发圣旨一道、《道藏》一部于岱庙，要道人"朝夕礼诵"[①]。

清代沿袭明代的做法，以遣员告祭为主，但也不绝亲祭（亲祭，也称作就祭）。如康熙曾三次来泰山，乾隆十次来泰山。乾隆创帝王就祭之最（图13）。

图12 明告祭碑 明洪武十年（1377）立，诏明：自今以后，岁以仲秋，诣词致祭

图13 黄釉青花葫芦瓶 明嘉靖年间御制，清乾隆五十二（1787）御赐岱庙。为泰山"镇山三宝"之一

宋之后，特别是明清之时，对泰山神的祭祀活动在民间普遍发展起来。传说三月二十八日是东岳大帝的生日。因此民间的泰山神祭祀在这天达到高潮。

在中国古典名著《水浒传》第七十四回的"燕青打擂"中，曾详细描述了

---

① 圣旨及部分《道藏》现藏泰安市博物馆。

三月二十八日这天，泰山神——天齐仁圣帝降诞之辰的盛况："庙上好生热闹，不算一百二十行经商买卖，只客店也有一千四五百家，延接天下香官。"圣节之时，"也没安着人处，许多客店，都歇满了"。当燕青来到岱岳庙时，"果然是天下第一"，"遥观圣象，九旒冕舜目尧眉；近睹神颜，衮龙袍汤肩禹背"。这一日烧香的人"亚肩迭背，偌大一个东岳庙，一涌便满了，屋脊梁上都是看的人"。《水浒传》所描述的大致就是宋代的情形。

在泰山神——东岳大帝的诞生日这天，全国各地都要在本地的东岳庙中举行盛大的祭祀活动。

明人沈榜在《宛署杂记》十七卷中，记叙当时京师齐化门外的东岳庙时说：庙"规制宏广，神像华丽，……三月二十八日，俗呼为降生之辰，设有国醮，费几百金"。民间有众多的香会组织，都要在这一天前往祭祀。"是日，行者塞路，呼佛声振地。甚有一步一拜者，曰拜香庙。"刘侗在《帝京景物略》中也讲到，圣诞之日"倾城驱齐化门，鼓乐旗幢为祝，观者夹路"，"都人陈鼓乐、旗帜、楼阁、彩亭，导仁圣帝游"。

在南方，这种庆典也很隆重。明人田汝成《熙朝乐事》就说："三月二十八日，俗传为东岳天齐圣帝生辰，杭州行宫凡五处，而在吴山上者最盛。士女答赛拈香，或奠献花果，或诵经上寿，或枷锁服罪。钟鼓法音，嘈振竟日。"清代之时，庙会状况大致如明代。

如果我们对泰山崇拜与祭祀做一纵向的分析，我们会发现大致经历了四个阶段：第一阶段是自然崇拜时期，主要是一种出于对自然敬畏、恐惧及对物质来源敬奉的自发的信仰和崇拜；当巡守制出现，标志着泰山祭祀进入第二个阶段，即在自然崇拜中附加了浓厚的社会政治色彩；第三阶段是封禅的出现，其政治化倾向占据了主导地位，自然崇拜仅表现在它的祭祀形式上；到了第四阶段，泰山祭祀趋向生活化，至此也可以说泰山祭祀从帝王转向民众。

泰山神的人格化历程

神是什么？最初的神是没有偶像的，神就是灵，就是精。在原始社会时期，人们认为天地万物都是有灵的，也即有神，只是随着神的逐渐人格化，自然的神灵便获得了人的形象，也就有了现在人们意识中的各类天神地祇。泰山神的出现与发展，遵循的也是这样一个规律。

神与人的交涉——泰山神是谁

当人们谈到泰山神时，常会有这样的发问：泰山神是谁？有关泰山神——东岳大帝（图14、图15），说法不一。综合起来主要有如下几种说法：

泰山神是金虹氏

这在《绘图三教源流搜神大全》中说得很清楚：远古之时，盘古的五世苗裔叫赫天氏，其子叫胥勃氏，胥勃氏的儿子叫玄英，他有两个儿子，一个是金轮，一个是少海。少海的妻子是弥轮仙女。弥轮有一天做梦吞下了两个太阳，而有了身孕，于是生了两个孩子。一个叫金蝉，一个叫金虹。这个金虹氏，就是泰山神——东岳大帝。在《东岳大帝本记》《历代神仙通鉴》中也有这种说法。

泰山神是太昊

这种说法是以五行方位来确定的，即泰山神是东方之神。如《枕中书》说，

图14　奉祀于天贶殿内的泰山神

图15　泰山神侍臣　原立于天贶殿泰山神台下的东西两侧，现已无存（拍摄于1913年，泰山市博物馆提供）

太昊氏为青帝，治东方之泰山，主万物的孕育及生长。

泰山神是盘古的化身

盘古的神话是人们常谈论的话题，在神话中盘古是开天辟地的英雄，盘古死后化身宇宙万物，有一种说法就是他的头化作了东岳——泰山[①]。

泰山神是黄飞虎

出自小说《封神演义》，武成王黄飞虎被姜子牙封为"东岳泰山天齐仁圣帝"，执掌幽冥地府十八层地狱。凡一应生死转化人神仙鬼，俱从东岳勘对，

---

① 《述异记》："昔盘古氏之死也，头为四岳，目为日月。……秦汉间俗说：盘古氏头为东岳。"

是为五岳之首。

除此之外，泰山神还有天帝之孙、上清真人等说法。汉代纬书《孝经援神契》说："太山，天帝孙，主召人魂。"《绘图三教源流搜神大全》也说："泰山者，乃群山之祖，五岳之宗，天帝之孙，神灵之府也。"而另一种说法却与此大相径庭，泰山神对天帝来说竟成了老子辈。如在《太平广记》卷三七五引《列异传·蔡支妻》就说："吾，太山神也；外孙，天帝也。"在《文献通考·郊社》中，还说泰山神是上清真人："五岳皆有洞府，有上清真人降任其职。"

以上诸说中，黄飞虎一说，虽为小说虚构，但在民间很流行，影响也很大。有的东岳庙中所祀之神便表明是黄飞虎。这与小说通俗易于被人们接受有关。盘古化身说，把泰山与创世主盘古联系在一起，意在表明泰山信仰源远流长及名声的显赫。我们认为，金虹氏与太昊氏的说法，对我们真正了解泰山神的信仰有很大的价值，它若明若暗地显示了泰山信仰源起的轨迹。

依《神异经》所言，东岳大帝金虹氏，姓岁名崇，是金轮王的弟弟少海氏与弥轮仙女之子。值得注意的是东岳大帝随金轮王同以"金"为氏，而"金"为少昊金天氏之后[①]。《左传·昭公元年》记有："昔金天氏有裔子曰昧，为玄冥师。"注云："金天氏，帝少皞（皞即昊）。"而所谓的金轮王，其"金轮"乃为太阳的别称。这里暗示了金虹氏与金轮王的关系，

图16 《绘图三教源流搜神大全》中的泰山神

---

① 《元和姓纂》卷五《侵》。

也就是与太阳的关系。且东岳帝——金虹氏与其兄金蝉氏是因其母"夜梦吞二日"有娠而降生的，也可以说是太阳之子。金虹氏之父为少海，少海在这里指示的应当是一个方位，一般说来少海是对东方的泛称①。故此，据《神异经》这一神话系统而言，东岳大帝即是太阳族系的神明（图16、图17）。

图17　天贶壁画中的泰山神第三子炳灵王

《枕中书》中说太昊是泰山神。太昊，皇甫谧《帝王世纪》中言："太昊帝庖牺氏……继天而王，首德于木，为百王先。帝出于震，未有所因，故位在东方，主春，象日之明，是称太昊。"太昊，也作大昊。昊，光明盛大之意，大明，也就是太阳②。因此，无论是《神异经》的金虹氏说，还是《枕中书》的太昊说均吻合于对太阳的崇拜，表明了泰山神——东岳大帝就是太阳族系之神，即太阳神。

太阳崇拜，是原始信仰中较为普遍的一种信仰，是远古时代遍及东西方（包括美洲在内）各大文明区的一种原始宗教形态。原始形态的自然崇拜，往往首先

---

①　《韩非子·外储左上》："齐景公游少海。"《淮南子·地形训》："东方曰大渚，曰少海。"

②　丁山《中国古代宗教与神话考》："大昊者，大明也。"张舜徽《郑学丛著》："大明，日也。"

是由某一实体物象开始的。从各种材料看，原始部落崇拜天体的现象是较为普遍的，而表现为对太阳神的崇拜就尤为突出。太阳能给人以光明与温暖，构成人们对其崇拜的物质基础。升与落的运动又赋予它得天独厚的"人性"，是最能激起人的依赖感的可视形象。后起的天神崇拜也应是在此基础上发展起来的。在泰山地区，对太阳的崇拜有着一定的历史背景。前面已提到的山东莒县陵阳河大汶口文化遗址出土的图案"⚊"，是这一地区远古文化中最有代表性的太阳崇拜资料。尽管学术界对其中间部分的释读有一定差异，但上部为太阳是无任何异议的。整个图案反映的正是史前先民将太阳当作天，祭日以祭天的生动景象。

在泰山脚下大汶口遗址出土的遗物中，往往就能看到用朱红彩绘的太阳图案。而从墓地的葬俗看，正常死亡的大汶口人其埋葬大都仰身直肢，头朝着东方，反映的就是这里的人们对太阳的崇拜及回归太阳所出东方的渴望。从文献上考证，泰山周围即是东夷部落的活动区域，被称作"少昊之国"。少昊之"昊"又写作"皞"，古训为"日光出貌"或"洁白光明之貌"，均与太阳有关。在《山海经》中，海岱区域被称为日出之地的"扶桑"。古人一直把泰山及其周围视为太阳的故乡。后来东岳帝的出现正是在这种日神信仰的基础上承袭发展的结果。如齐国所奉祀的八神中，即有日神——阳主。至今，人们仍有去泰山观东海日出的习俗。在历代的造神运动中，人们在"万物有灵"的自然崇拜观念中融入了不同时期的社会内容，形成了不同系列的神话与传说。而就其特征而言，东岳大帝的信仰源于日神的崇拜是明晰可信的。

至此，我们可以说，泰山神，是泰山的化身，其信仰的基础是由来已久的太阳神崇拜。

泰山神崇拜是原始自然宗教中太阳信仰的延续和发展。也可以说，泰山神，就是太阳之神。

主生主死——泰山神的权能与职司

人们是依据自己的需要和体验来创造神祇的，也就是"以己度神"，所以神的人格化也就成为一种必然。自然神人格化的结果，不仅使泰山神获得人的形象，同时也获得类似于人间社会之中才具有的权能与职司（图18、图19）。

主生又主死，是泰山神的两个基本职能，其他职司均是在此基础上延伸出来的。这也是泰山神最终发展成为万能之神的基础。

在先秦时期，泰山始生万物的观念就已经形成。这主要与泰山位于东方有关，日出代表万物之始。日出东方是一日之始，东方属春，又是一年之始。万物复苏都在春季，因而泰山主生便在情理之中。既然是主生，于国便有了操纵王朝更替的权力，于人也就有了延年益寿，长命成仙的职能。

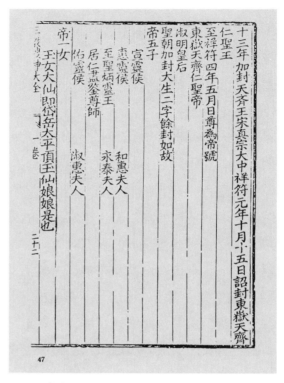

图18 《绘图三教源流搜神大全》局部　碧霞元是泰山神——东岳大帝之女

图19　后寝宫　位于天贶殿后，是东岳大帝淑明皇后的寝宫

一、新旧相代　固国安民

泰山掌管万物之生，那么朝代的更替、国家的诞生自然要在泰山神管辖的范围之内了。所以，新王朝取代旧王朝后，上天之子——天子就必须到泰山"告太平于天，报群神之功"[①]，并以此来证明自己是天帝在人间的合法代表，是受命于天、代天行道的。又因泰山形体的雄浑、博大，使它成了江山稳定、国家太平的象征，如"稳如泰山""重如泰山"等，其自然属性与社会属性相融通。这种祭祀最典型的是封禅大典，从秦一直持续到宋。元、明、清三代的皇帝是亲祭泰山或派员祭祀，虽在形式上与封禅有一定区别，但实质上，均为祈长治久安，求天下太平。

二、延年益寿　长命成仙

人都期望能长寿成仙，但这对统治者来说似乎更重要。秦始皇封禅泰山除为改制应天外，就有祈寿延年，求长生不死之意。汉武帝封泰山曾见泰山老父，这位老父给了他长寿的秘诀[②]，这泰山老父就是泰山神的影子。也正是在汉武帝时期，出现了"封禅不死，可与神通"的仙话，汉武帝竟先后八次到泰山行封和修封以祈求长寿。他所铸的泰山鼎鼎铭就道出了他的内心所求："登于泰山，万寿无疆。四海宁谧，神鼎传芳。"[③]

在西汉的《太山镜铭》中也有这方面的资料。其铭曰："上太山，见神人，食玉英，见沣泉，驾蛟龙，乘浮云，白虎引兮直上天。受长命，寿万年。"说明在西汉时期，上至帝王，下到百姓，确信泰山神就是保寿安邦的神灵。对帝王来说，敬奉泰山神的最好办法就是去泰山封禅，他们深信黄帝封泰山然后不死的说法，行封可得长寿。对普通百姓来说，也要上泰山去，泰山神是保平安，主寿长的神祇。

---

① 《史记·正义》引《五经通义》。

② 故事见《神仙传》。

③ 《岱览》卷四。

泰山神能治病的说法，也是这种长生不死职能的延伸。

三、福禄官职　贵贱高下

既然主生，那么也就应该负责生的质量如何，于是人的官职福禄、贵贱优劣也成了泰山神的职责之一。《历代神仙通鉴》卷四说："东岳天都府君，……执掌人世臣民贵贱高下之分，禄科厚薄之事。"《岱史》卷三引《道经》也说：泰山神"主世界人民官职、生死、贵贱等事"。

与生相对的便是死，这也是人们无法回避的问题。泰山神主死的观念，主要来源于民间。在汉代就有"死者魂神归岱山""泰山治鬼"[①]的说法。特别是治鬼之说，汉魏时期很流行。

四、生死之期　鬼魂之统

这是与泰山神主生相对应的一个基本职能。人们认为，泰山神能知道人的生死之期，并管理人的鬼魂。《博物志》说：泰山神，主召人魂魄，能知道人命的短长。《风俗通义·正失》所说的泰山有金箧玉策，能够知道人的寿限。有这么个例子：相传汉武帝欲知自己的寿限，曾探寻玉策，得到的是十八，因读倒了，竟成了八十岁的寿期，后来竟也多活了几年（图20）。记录泰山统摄鬼魂的说法，常见于史传中，文学作品中也不乏其例，如东汉文学家刘桢《赠五官中郎将》有"常恐游岱宗，不复见故人"的诗句；三国时期的文学家应璩《百一诗》中也曾说道："年命在桑榆，东岳与我期。"

依据人们对泰山神的这种信仰，道教也作了不少文章。明代的《东岳大生宝忏》说："东岳天齐大生仁圣帝，……奉行天令，宰御阴司，……知人寿之短长，设七十五司，以掌权衡。"在《道藏》中的《元始天尊说东岳化身济生度死拔罪解冤保命妙经》说：泰山神"掌人间善恶之权，司阴府是非之目，案判七十二曹，刑分三十六岳，惩奸罚恶，录死注生"。将泰山视为阴司之主大加宣扬。

---

① 《后汉书·乌桓传》，《三国志·管辂传》。

对泰山神这种管理死魂的信仰，应与泰山东岳帝保国安民、人寿平安的思想一样同源于泰山"阴阳交代""万物之始"的观念。阴阳交代，无论是王朝的更替还是事物的转变，都有一个新与旧、生与死的问题。只有旧的消亡才会有新的代生，只要有生必然就会有死。从泰山祭祀的最高形式——封禅礼仪看，也体现得很明确。封是在山上，是因高就高；禅安排在山下，是以低而就。上祭天，下祭地，以地应天。因此，所禅之地梁父、嵩里、亭亭、云云等泰山下的小山便成了地狱之府。随之便也有了"嵩里死人里""亢父知生，梁父主死"[1]"梁父亦有馆，嵩里也有亭，幽途延万鬼，神房集百灵"[2]的说法。

图20 《列仙传》中的泰山老父 来自《中国神仙画像集》。《列仙传》言汉武帝来泰山祭祀时曾与其相遇

泰山神主生主死的职能，使其上可治国平天下，下可使人长寿成仙；阳管福禄厚薄、贵贱高低，阴掌万鬼之魂、冥死之期，由此可见泰山神的权势之大。

很有意思的是，当泰山神具有了一定的人形、人性后，便成为一定社会伦理要求及道德规范的精神载体。泰山神有名有姓，而且还有妻子儿女。在他的正庙——岱庙，不但有自己当政的宫殿，还有休息生活的寝宫。他还受到历代最高统治者的封号，甚至泰山神也和人一样，职位的升降有时还与他是否勤政

---

① 见《汉书·武五子传·注》《遁甲开山图》。

② 陆机《泰山吟》诗。

与渎职有关①，反映了社会尚德倾向对泰山神信仰观念的渗透与影响，表现出中国传统宗教文化的结构特点。

　　从原始的自然崇拜，到与政治相关的封禅大典；从原始部落酋长的巡守、柴望，到封建帝王的封禅告祭，泰山神大致经历了由太阳神崇拜转变为对天地信仰的发展过程。具体地说，远古时期这一地区的太阳神崇拜，孕育了泰山神的雏形。封禅说的出现，使泰山神成为上天与人间沟通的神圣使者，成为帝王受命于天，治理天下的保护神。秦汉以后，泰山神的影响逐渐渗透社会各阶层，进入人们的日常生活之中，于是泰山神作为阴阳相代、万物之始的神灵，在保国安民、太平长寿的基础上引申为可以召人魂魄，统摄鬼魂的冥间之主。因此汉代以后，历代都重泰山神祀，几乎各地均有规模不同的东岳庙。这种宗教现象从一个侧面，反映出泰山神——东岳大帝在中国传统宗教中的地位以及对社会的影响。

---

① 《神异典》引《神仙传》："有司奏劾，以不亲局察，降主事东岳，退真王之编。"

泰山神的王者威仪

泰山是五岳之尊的东岳，所以泰山神又称作"东岳大帝"。由于封禅的兴起，历代帝王多以祭祀泰山为幸，因此东岳大帝屡受褒封，以至成为神界之王。一位日本学者就曾有针对性地指出：东岳大帝"每在封禅等国家大典中受供奉一次，随着朝廷的政治意图，其权威即增长一分，具有与人间皇帝匹敌的力量。东岳大帝被奉为神灵界的王者"①。

帝王化的神君

在有关典籍中，可以看到泰山神原称作"泰山君""府君"，在唐代称作"天中王"，并尊为"天齐君"，唐玄宗加封"天齐王"；在宋真宗时，加号泰山神为"仁圣天齐王"，后又加封为"天齐仁圣帝"；元代又诏封为"天齐大生仁圣帝"。从"君"到"王"，由"王"再到"帝"，反映了泰山神地位发展的变化过程。

在岱庙天贶殿的壁画中，泰山神就是一个鲜明的帝王形象（图21、图22）。这壁画的名字就叫《泰山神启跸回銮图》，单这"跸"与"銮"，就是帝王出巡及车驾的代称。图中的泰山神，垂旒冠冕一副帝王态势，乘坐着也只有帝王出巡才能配备的玉辂。在众多文武大臣的簇拥下，出巡、回宫，一切仪卫制度也都是严格按帝王出巡的规格来安排的。《泰山神启跸回銮图》实际上就是一幅帝王巡守图，是以皇家宫廷生活的模式来创作的。在众多的宗教典籍中，也多以

---

① 〔日〕福井康顺等监修：《道教》第一卷，上海古籍出版社。

图21　天贶殿壁画中的泰山神

图22　泰山神袍　清乾隆四十二年(1777)御赐，身长3.9米，袖长6米

"帝""大帝"或"帝君"来尊称泰山神。

　　从泰山神所具有的安邦定国的功能看，也是帝王风范的反映（图23）。在信仰者看来，天子是人间的帝王，泰山神是神界的王者。但泰山神，还有监督人间天子的责任，既可因人间天子有功于民而助他一臂之力；同时也可因天子有失误而到天帝那里奏他一本，甚至让他下台。泰山神就是这样一个既管神鬼

又管人君的角色。

东岳大帝在道教那里，也有着王者般的威仪。大帝"领群神五千九百人"，是"百鬼之主帅"，"服青袍，戴苍碧七称之冠，佩通阳太明之印，乘青龙"①。随着泰山神的封号由王晋升为帝，他被赋予的权力也愈来愈大，以至不仅"司阴府是非之目"，而且还让他"掌人间善恶之权"，成为"独居中界"的万灵之主②。在《五岳记》中有"东岳泰山神天齐王，领仙官仙女九万人"的说法；《神异典》中也有泰山神"领鬼兵万人，有长史、司马，复有小镇数后，各领鬼神数千人"的记载。

泰山神是神界的帝王，人间帝王向天报告功德要找他，想江山稳定，长生不死也要找他。帝王所管的阳间之事他都能管，而帝王管不了的阴间之事，他照祥能管。泰山神是一位万能的神君。

图23 温凉玉圭 清乾隆三十六年（1771）御赐岱庙，为泰山"镇山三宝"之一

皇宫化的宫殿

泰山神的宫殿，至迟自宋代以来，是严格按宫廷的建筑模式来营造的。

---

① 《道藏》，《洞玄灵宝五岳古本真形图》。
② 《道藏》，《元始天尊说东岳化身济生度死拔罪解冤保命妙经》。

宋宣和四年（1122），岱庙大规模维修和拓建，"增治宫宇，缭墙外围，罘罳分翼，岿然如青都紫极"。有殿、有寝、有阁、有亭，还有楼观、堂库等，共计八百多间[①]。在明代，岱庙城墙高二丈，周三里，"其规模宏侈，俨如王者居"[②]。现在基本上保留了宋代的庙制。

假如你去过北京的紫禁城，再来岱庙的话，就会有似曾相识的感受。它四周筑以城墙，门有门楼，角有角楼，主要建筑都覆有黄色琉璃瓦。其建筑布局也是像紫禁城那样，按轴线相对称的原则来安排的。无论是单体建筑的体量还是高度，都有严格的等级区分。岱庙的正门名曰"正阳门"，就点示了岱庙这一建筑的不同寻常。因为正阳门是帝王之门，这如同北京紫禁城的大门——正阳门。天贶殿是岱庙的主体建筑，是泰山神当朝执政的地方（图24）。

图24　岱庙主体建筑——天贶殿　始建于宋代，是以中国古代建筑中最高规格的形式建造的

天贶殿是按帝王之居的"九五之制"及重檐庑殿顶的制度设计的，也就是开间为九，进深为五的建筑形式；顶为重檐庑殿式，也就是有两重檐，顶面为

---

① 宋《宣和重修泰岳庙记》碑。
② 《岱史》卷九《东岳庙》。

四面斜坡式，这是中国历代最高规格的建筑形制，为王者之居所专有，一般只有皇宫的正殿才能使用（图25、图26）。

图25　庄重威严的天贶殿彩绘

岱庙还继承了前为朝堂后为寝宫的制度。这又称之为前堂后寝。在《考工记》中，宫城内的规格就是按前堂后寝规划的。这个制度源远流长，是传统宫城设计的重要原则。明朝营建北京城时，就继承了这种传统格局。

红墙黄瓦在中国古代建筑中是权力的象征。尤其是金黄色，几乎成为皇家宫殿、陵寝的专用色。岱庙中轴线及两侧的主要建筑，都是顶覆黄色墙面涂以红色。历代统治者以建筑的最高规格来营造泰山神祠，并将其祭祀列为国之定制，这在中国宗教史上恐怕是绝无仅有的。所以有人说，泰

图26　富丽堂皇的天贶殿藻井彩绘

图27　明万历圣旨　岱庙是专用于帝王祭祀泰山神的庙宇，故有"天子庙"之称

山神是帝王化的神，岱庙则是皇宫威仪化了的庙（图27）。

　　由于泰山的影响在历史上超过了任何一座山岳，故道教创造神祇时，也将泰山神拉到了道教诸神的行列。岱庙，或称东岳庙等，也被看作是道教的庙宇。尽管泰山未被列入道教所谓的十大洞天，仅为三十六小洞天之一，泰山神仅仅是一个主司地狱的阴魂之神。然而，泰山神的神宫，却是道教诸神中任何神祇的宫殿都不可比拟的。在道教建筑中，北京的白云观、江西贵溪的上清宫，被认为是历史上道教建筑规格最高、气魄最大的宫观。但如果与岱庙相比，其规格仍然相差很大。

泰山神信仰与传统宗教

　　中国历来有"三教九流"的说法。习惯上，人们把儒、释、道三教归结为中国三大精神支柱。且不说儒学是否可算得上是宗教，即使承认儒学是宗教，也很难说清泰山宗教性质的归属。泰山是儒家的？不是。泰山是道教的？也不是。泰山是佛教的？更不是。泰山是泰山的！

　　泰山宗教从原始的自然崇拜起源，一直延续到封建社会的解体。而儒、释、道的出现都要比泰山宗教崇拜晚得多。泰山宗教的特点是神权与政治合一，最高统治集团是它的宗教组织系统，祭祀是由"天子"执事的，因此具有国家宗教的性质。漫漫几千年，易姓换代，朝纲更迭，始终没有影响它的存在与发展，也不像儒、道、释三教那样几经起伏。遗憾的是，人们在谈论中国宗教时，却往往把历史上延续时间最长的"正统宗教"——传统宗教忽略了（道教只是传统宗教的一个分支）。泰山宗教及泰山神崇拜，恰恰就是传统宗教的一个缩影（图28）。

图28　北京天坛内寓意泰山的"七星石"

名分与地位——泰山神的宗教属性

现在一般都将泰山神划分到道教里边去，这是不太合适的（尽管道教是传统宗教的一部分）。岱庙因此也被划到道教一边，无论从岱庙的历史特点还是性质特征看，这都是强其所难的。岱庙如同北京的天坛，是皇家专用的祭祀场所。有人说，按理祭天是要到泰山来的。明清时候，皇帝老子懒了，便在家门口盖起了天坛以祭天，泰山移不了，便堆了几块大石，权作是泰山了。这话一点儿不假。

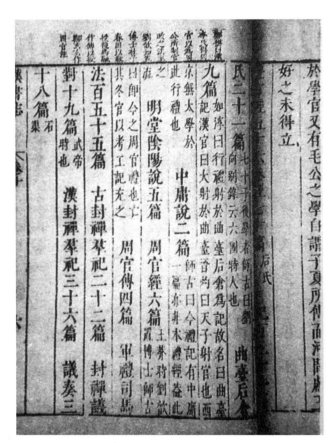

图29 《汉书·艺文志》中关于泰山封禅文献的记录

中国传统宗教，由原始的自然崇拜发展而来。泰山宗教的基本信仰是"始生万物""君权神授"，它起源于原始宗教基本形态之一的山岳崇拜。也可以说，原始的自然崇拜是其信仰的基础。

舜五年一巡守至岱而柴望，便宣告了泰山信仰政教合一的确立。燔柴祭天，望秩山川成为相当稳定的祭祀形式，但最典型化的仪式则是"封"与"禅"模式的形成。在西汉之时就已有《古封禅群祀》二十二篇、《古封禅议对》十九篇、《汉封禅群祀》三十六篇、《古封禅方说》十八篇①，这都可以

---

① 见《汉书·艺文志》存目。

看作是泰山宗教的理论及祭祀的程序系统业已完备的标志（图29）。

宋代之后，随着封建经济的新发展，人们的社会意识发生了一定的变化。在宗教领域随着"天人合一"观念的动摇，泰山崇拜与统治者的关系也发生了一些微妙的变化。像封禅这样的举国大典没有了，但是基于中国传统的宗法性政治文化的影响，泰山与最高统治者的密切关系仍然保持着。凡有大祭、战事、灾祸、庆典等重大活动，统治者大都亲自或遣员前来举行祭祀，这一直延续到清王朝的结束。

作为一代帝王，只有在泰山举行过告天之礼后，才能证实其政权是上天赋予的，才能名正言顺地统治天下。对统治者来说，道教、佛教可以信，也可以不信，但泰山信仰是绝对不能少的。

泰山信仰的对象，是天神、地祇，然而这毕竟太抽象了，于是在特殊的信仰氛围中造就了泰山神，并受到历代帝王的不断封号，或"王"或"帝"，体现出一种皇权高于一切的专制精神（图30）。当道教想利用他的威名，拉入其神谱系统时，却又无法安排他的职位，只好让他去分管冥世。可以说，在中国的诸神中，还没有一位神祇能像东岳大帝一样受到统治者如此的礼遇。无论道教的信仰如何，民间说法怎样，泰山神一向保持着传统宗教中"君权神授""安邦定国"的基本功能。

泰山宗教，有着特殊的组织系统。国家政权系统维系着它的宗教行为，它由最高统治者——天子亲自主事，既是君主，也是教主。在泰山宗教中，天神、地祇是崇拜的主体，以其祖先崇拜为补充，形成相对固定的模式。

图30　宋真宗封泰山"天齐仁圣帝"碑

西汉之时，"独尊儒术"的格局形成，不但没有阻挡泰山信仰的发展势头，反而被作为礼制倍加崇尚。只是作为一种补充，这种传统的祭祀大典也融进了更多的伦理色彩。

汉武帝封禅纪功刻石的铭文说："事天以礼，立身以义，事父以孝，成民以仁，四守之内，莫不为郡县，四夷八蛮，咸来贡职，与天下无极，人民蕃息，天禄永得。"①这种能得天下，得民心，"天禄永得"的"礼""义""孝""仁"清楚地道出了封禅作为一种宗教祭祀礼仪所包含的社会伦理特点。汉武帝、唐高宗、唐玄宗、宋真宗在封禅时均配祭祖先，体现出统治者通过天地祖先信仰来实现其集权统治的政治目的。祭天地与祀祖相结合，使封禅之典更加伦理化。

图31　东岳泰山真形图　当初具有地理图示的性质，后演化为一种宗教信仰的符号

就封禅的特征而言，是受命的帝王改制应天，德及于天下所举行的告功于天地的神圣典礼。当它与祀祖结合在一起时，为这一祭祀活动增添了更多的祖先崇拜因素。这反映着对血缘关系的重视，成为告功于祖，以慰祖灵的重要形式。东晋史学家袁宏说："夫东方者，万物之所始；山岳者，灵气之所宅。故求之物本，必于其始；取其所通，必于所宅。"②泰山万物之所始，灵气之所通，于此成祖礼，且与天地之祀相合，无疑是"事天以孝道""布政交神于王者尊严"的最佳形式。

传统的宗法性宗教，是泰

① 《风俗通义》卷二《封泰山禅梁父》篇。
② 《后汉书·祭祀志·注》。

山宗教的本质特征。君权神授，行政布道，以德配天，祭天行孝等，成为几千年来一直被崇尚的礼制模式。原始的自然崇拜，历代帝王的封禅告祭，使泰山宗教以独有的历史文化形态，对中国传统宗教产生了深远的影响（图31）。

幸运与尴尬——佛道文化花絮

佛教是外来文化，其信仰的流入和传播，离不开与本土文化的融合。道教虽是本土宗教，但它是从传统宗教中衍生分离出去，成为独立宗教的。因此两教在不同程度上都会受到中国传统宗教的影响。在两教文化与泰山宗教文化的作用与反作用的过程中，引出许多有趣的话题，产生许多关于泰山神的故事。

泰山神成为地狱之主，应当说是佛教文化的功劳。地狱之说源于佛教，道教在建立自己的鬼神世界时，受到佛教地狱之说的影响，也看重地府，但神主是酆都大帝。佛教传入中国后，佛教信徒在选择合作伙伴时，没有选择酆都大帝，而找到了泰山神——泰山府君。将地狱学说与泰山治鬼之说糅在了一起。早在魏晋时期的《佛说八吉祥神咒经》就说："太山地狱饿鬼畜生中。"并为之提供了一个地狱的蓝图，将鬼的世界昭示得淋漓尽致。道教为此也把泰山府君拉入了地下世界，说他姓秦名颐，手下有鬼兵万人，还有长史司马等鬼官扶持。一时间，泰山神便成为天下鬼魂的管理者。

在干宝《搜神记》中，记述有这样一个故事：泰山人胡母班有一次路过泰山，突然在树丛中碰到一位身穿红色衣服的人，此人告诉他，泰山府君让他去一趟。胡母班很惊讶，不一会儿又出来一人，叫胡母班跟着他走，走了十几步，这个人叫他闭上眼睛，不一会儿"便见……威仪甚严"的府地，班氏便进去拜见泰山府君。泰山府君还招待了他，并对他说，想见你，并不为别的，只想让你传一下书信。胡母班传罢书信回复泰山府君时，在泰山府君那里看到了"著械徒作"的父亲和其他数百人。胡母班"进拜流涕"，问道：父亲大人因为什么原因到了这种地步？他的父亲说，我死于不幸，到这里已两年了，困苦得不能再忍受下去。听说你跟泰山府君认识，能否为我说句话，免去如此苦役，让我回到故土。胡母班依照父亲所说，叩头请求泰山府君，而泰山府君没有立即应允。胡母班又再三苦请，泰山府君方才答应。这似乎告诉人们，人死之后会变成鬼，要在泰山府君那里受奴役之苦，地府就是地狱，是一个悲惨、恐怖的世界。

刘义庆《幽明录》卷五记述的则是一个泰山府君量刑处罚鬼的故事。外地的一个叫舒礼的巫师，病死化鬼后，被土地神押送泰山。泰山府君问他：你在人世间有何作为？他答应道：我在世时是为神做事的，专管祭祀，并屠杀牲畜以祭神。泰山府君说：你淫神杀生，其罪甚重，上热煞！于是让属下将他押到热鏊处。在那里他看到一物，牛头人身，持铁叉，叉住他就投到了铁床上，前后反转，身体焦烂，求死不得。

地狱刑法自然是人间刑法的折射，反映的是人们对世间不平之事在无奈之中的一种自慰愿望。你作恶多端，将来是要入地狱的，是要受到痛苦折磨的，这种警示作用，正如一副对联所写的："任尔盖世英雄到此亦应丧胆，凭他遮天手段入门难再欺心。"

人们非常熟悉的冥主——阎罗王比起泰山府君来，可算是后起之秀。人们常把他作为惩恶扬善的正义化身来奉祀。使人费解的是，不知何时在这位后来者的"十王"班子里面，泰山神成了他的下属，是他的第七王，也就是第七殿，掌管"热恼地狱"，又名"碓磨肉酱地狱"。在这里泰山神像其他王一样，另设十六小地狱，在世间取人骨骸合药者，打入此地狱受刑，然后再发往小狱，期满后转解第八殿，继续察治。

在宋代赞宁所撰的《高僧传》卷二十四中，还记述了一件泰山神出谋划策解救地狱受苦之人的故事。一个名叫行坚的僧人，于隋代大业年中，偶事东游，路过泰山。天色已晚，于是入岱庙打算过夜。管理岱庙的长官庙令说：此处无别的房舍可供留宿，唯有神殿的廊庑下可以过夜，只是来此寄宿的人必遭暴死之殃。行坚苦于无法另外投宿，只好依从住下。

行坚"藉藁于庑下，端坐诵经"。只一更，便听房内有环佩之声，不一会儿，"衣冠甚伟，部从焜煌"的泰山神出来了，向行坚合掌致礼。行坚说：我听说在此寄宿者大多死了，是不是施主加害于人的呢？泰山神说：遇死的人，是听到弟子声而死的，不是别人加害的，请师傅不要忧虑。行坚又问：世传泰山治鬼，有这样的事吗？泰山神说：弟子确有这个能耐，难道你想见已死的人吗？行坚说：我就有两名僧友已死，愿见到他们。泰山神问其名后说：一人已经还生人间，一人尚在狱中受难。于是领行坚相见。行至不远，见狱火光焰甚炽，泰山神引行坚入墙院中，遥见一人在火中受难，号呼不能言语，体已变形不可复识，而血肉焦臭。行坚不能忍睹而出，又与泰山神共坐于庙庑下，问有无解救此人的办法。泰山神说：可为其写《法华经》。因天将亮，泰山神辞僧入堂。

　　第二天早上，庙令见行坚未死而惊奇，而行坚便急着去办夜间所说的事情。经写好装毕，是夜又宿庑下。泰山神如同前日一样出现相见。行坚问其前事，泰山神曰：弟子知己，师为之写经，始书题目，他已脱免，今生还人间了。这一传记，无非是在宣扬佛的法力、僧的高贵，并表现出对《法华经》的崇尚。传记中泰山神见到佛僧还要礼拜，并以师相称。而欲救地狱之人，仅为其诵写《法华经》即可得免，而僧行坚仅写了《法华经》的题目，其僧友便从狱中逃生，对释与道的褒贬溢于言表。但从这则传记中，也不难看出，释道的相融性和相依性。佛的法力无边也终有限，尊贵的佛僧也终究不能逃脱地狱的苦刑。面对泰山的鬼狱，佛徒高僧也不寒而栗。而欲求受苦之僧逃脱惩罚，还要靠泰山神指点迷津，从中可看到泰山神对佛教文化的影响。

　　有关这方面的故事还很多（图32）。

图32　佛道融合中的泰山神——"七殿泰山王"

　　泰山神是幸运的，无论是道教还是佛教，基于传统宗教的影响，在某些方面都要仰仗泰山神的威风；泰山神也是尴尬的，无论是否情愿，有时却让他干着不该干的事。泰山神在传统宗教中是神界的王者，是帝的身份。而在佛、道两教里面，却又不能（也不会）让他管得太多，使他屈尊。

　　泰山神就是这样一位与中国传统宗教息息相关而又与佛、道两教有着一定关联的山神。

岱庙建筑

刘慧 著

引　言

　　岱庙，是泰山神的庙，是全国各地东岳庙的祖庙。

　　泰山，古称岱，因处于中国的东方，被称为东岳。所以，供奉泰山神的庙以山而名，叫作岱庙或东岳庙，有时也直呼为泰山庙。又因岱庙是历代帝王祭祀泰山的专用之庙，故在古代又呼作天子庙。

　　在中国历史上，祭祀习俗往往与自然崇拜有关，而敬天法古又几乎是历代统治者都遵循的信条。于是，祭泰山以告天，成为一成不变的大礼。面对"有眼不识泰山"的古训，从皇帝到百姓，谁都不敢藐视泰山。汉武帝来了8次，清乾隆帝来了10次，布衣庶民则年复一年地重复着朝山、进香。泰山是圣山，泰山是神山。

　　人们基于心理与生理的需求创造了建筑，却又为了精神的自慰去营造神的宫室，并且是不遗余力的。于是，泰山神宫——岱庙，成为几千年来敕建不绝的宗教建筑。那宫城形式的布局，那"九五"之尊的神殿，还有林林而群的御碑、古树，无不显示着岱庙往昔的辉煌与荣耀。作为一种象征，岱庙建筑体现的是泰山的地位和威严。

　　岱庙是泰山历史文化的缩影。游泰山不能不去岱庙，去看看那华夏名山第一庙的建筑。

　　登泰山，从岱庙开始。

古老的山神庙

岱庙的历史是悠远的（图1、图2、图3、图4）。

1961年12月28日，在西安西郊阿房宫遗址的北部，出土了一件来自泰山神宫的西汉铜鼎，其盖上赫然刻着"泰山宫鼎"的字样①，这是一次重要的考古发现。

1995年秋，同样有一次重要的发现。在为岱庙配天门、仁安门两座古建筑安装避雷设施而挖掘地线坑时，意外发现了许多汉代遗物，最具历史价值的是几件完整的"长乐未央""千秋万岁"瓦当②。

"泰山宫鼎"和岱庙内"长乐未央""千秋万岁"瓦当的出土，无疑为我们揭开岱庙的创建年代之谜找到了实物佐证。"泰山宫鼎"的出土地点是西安上林苑中重要的宫观所在地。在一同出土的铜器中多有"上林"的铭刻，只有"泰山宫鼎"与其不同。这"泰山宫鼎"能进入当时国都宫观，足见"泰山宫"在当时的影响之大。而在岱庙内出土的这种瓦当，也绝非是一般建筑所允许使用的构件。如果说，泰山宫鼎的发现，证实了至迟在西汉时期，就有一个泰山宫，而且影响很大；那么，岱庙"长乐未央""千秋万岁"瓦当的出土（图5），则为岱庙原来的具体地址，提供了一个实证。

在众多的文献中，北魏时期的地理学家郦道元在《水经注》中曾较为详细地介绍过岱庙。他引《从征记》说：泰山有上、中、下三庙。下庙"墙阙严整，庙中柏树夹两阶，大二十余围，盖汉武所植也"。东汉时期的应劭在《风俗通义》中记述："岱宗庙在博县西北三十里。"这均吻合于《汉书·地理志》所注的博县有泰山庙的史实。可以明确，西汉时在泰山下就有一个岳庙，这就是所谓的泰山宫，也就是今之岱庙。岱庙作为泰山神的灵宇，始建于西汉时期。

---

① 西安市文物管理委员会：《西安三桥镇高窑村出土的西汉铜器群》，《考古》1963年第2期；黄展岳：《西安三桥高窑村西汉铜器群补释》，《考古》1963年第4期。
② 瓦当等汉代遗物现存泰安市博物馆。

图1 岱庙——东岳大帝的神宫 位于泰山南麓，今泰安市城区的东北部，是泰山最大的古建筑群。南北长406米，东西宽237米，占地96,222平方米

图2 岱庙《大宋天贶殿碑铭并序》碑 其铭曰：泰山祭祀之所，"辉景下烛，秦即作峙；珍瑞云获，汉亦起宫"

图3 北魏郦道元所著《水经注》引《从征记》云："太山有上、中、下三庙。"下庙即今之岱庙

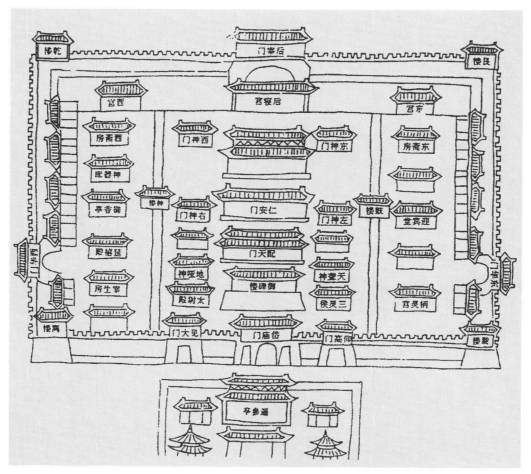

图4　明《岱史》所录《东岳庙图》(其卷九《灵宇纪》云：东岳庙 "堞城高二丈，周三里……庙前有亭"。)

由于泰山被认为是中国的神山、圣山，历代统治者均重泰山之祀，并成为国之定制①，故在历史上屡修建岱庙而不绝，并以中国建筑史上最高规格的宫城形制来营造，关于岱庙的记载也不绝于史。

对岱庙规模的记述多见于古文献中。《水经注》引《从征记》说：岱庙 "墙阙严整……门阁三重，楼榭四所，三层坛一所，

图5　岱庙出土的 "长乐未央" 瓦当

_____

① 《岱史》卷九："纪首岱庙者何？望秩之定制也。有司奉制命而岁祀焉，礼也。"

高丈余，广八尺"，这是有关岱庙规模的最早记载。在晋干宝的《搜神记》中对岱庙也有"宫室，威仪甚严"的描述。隋开皇十五年（595），文帝巡次泰山，曾"饰神庙，展宫县于庭"[①]。唐开元十三年（725）玄宗东封泰山，封泰山神为"天齐王"，"令所管崇饰祠庙"[②]。宋大中祥符元年（1008），真宗封泰山，建天贶殿；徽宗宣和四年（1122）重修岱庙后，"凡为殿、寝、堂、阁、门、亭、库、馆、楼、观、廊、庑合八百一十有三楹"[③]，形成历史最大规模，后世基本沿用其庙制（图6、图7）。泰山神祠自创建至今，已有两千多年的历史了，而且规模尚大，"宫室威仪甚严"。

图6　岱庙城墙宋代角柱石拓片

图7　岱庙出土的宋代建筑构件——妙音鸟

---

① 《隋书·礼仪志》。
② 《旧唐书·礼仪志》。
③ 宋《宣和重修泰岳庙记》碑。

习惯上，人们一般将岱庙列入道教的范围。其实早在道教产生之前，岱庙作为泰山神的祠宇就早已存在。确切地说，它是典型的传统礼制建筑。岱庙如同北京的天坛，是最高统治者专用的祭祀场所，是皇家之庙，天子之庙。只是泰山神的影响实在太大了，道教便把它拉了过去。可以说，在中国的诸神中，还没有哪一位神祇能像东岳大帝那样受到最高统治者如此礼遇，而在中国的神祇建筑中，也没有像岱庙那样建筑规格如此之高，且历史延续如此之长的。

泰山神，一位幸运的山川之神；岱庙，一座古老的山神庙。

壮丽重威的神宫

汉代大臣萧何在主持营建未央宫时，坚持建筑一定要庄严、气派。他的理由很简单，这就是"非壮丽无以重威"[①]。宫殿不壮丽，就不足以显示其威严。岱庙的营造，同样也体现着这种思想。

岱庙是按帝王之居的宫城形制营造起来的一座神宫，遵循的是传统的礼制规范。

在总体布局上，岱庙严格按轴线对称的形式来设计，即用一条南北方向的轴线把众多的主要建筑依次排列在这一中轴上，其他建筑对称于左右两侧，其空间序列也是按轴线的纵深发展逐一展开的。四周城墙高筑，四角、八门皆有楼。岱庙宫之前有遥参亭，可以看作是岱庙的第一门户。出遥参亭过岱庙坊，正阳门、配天门、仁安门、天贶殿、后寝宫、厚载门依次坐落在中轴线上。在轴线的两侧，分别对称有炳灵院（汉柏院）、延禧院（唐槐院）、鼓楼、钟楼、东寝宫、西寝宫等。岱庙的主体建筑——天贶殿坐落在中轴线的高大台基之上，东西两侧引出环廊，合围于仁安门东西两侧，组成一个主体建筑突出、前后呼应而相对独立的方整院落。这是岱庙的中心，也正是这个院落，又将"内寝"三宫与外部隔开，完全是"前朝后寝"的布局。这种制度，又称为前堂后寝，

---

① 《史记·高祖本纪》。

是宫城规划的关键之制①。

"择中而宫"轴线对称的布局，中心突出，等级清楚。从正阳门到后载门，主要建筑排列有序，且随地势逐渐升高而依次递升。围绕这一中轴，两侧对称的建筑，又将空间分割为不同的庭院，方整划一，庄严肃穆（图8）。大殿处于中轴线的最高处——三层台基之上，给人以巍然耸立之感，满足了"以高为贵"的礼制要求。大殿作为主体建筑，不仅地位突出，而且借助两翼次要建筑的对比、衬托，显得更加宏大、威严，也使得主从关系异常分明。

尤值称道的是岱庙中轴的设计，安排在了登山中路的南北轴线上，以泰山作为大背景体现了一个非常宏大的艺术构思（图9）。至迟自宋代以来，上山盘道上的各种牌坊、山门、楼阁等建筑均是依据这一轴线依次展开的。这种布局的方向性、中心性给人统一、肃穆、庄重感。它不是将单一的或独立的建筑群体孤立地看待，而是以泰山为空间大主体，将若干建筑体融入于这个大轴线上，形成一个相互联系规模宏大的建筑体系，从而也使这些建筑个体更具思想性（图10、图11、图12）。

建筑的体量及饰色直接与等级观念相联系。在中轴线上，正殿九间，重檐，台基三层，等级最高；寝宫五间，单檐歇山顶，低于大殿一个台基，等级次高；配天、仁安两门虽也有五间，但台基仅一层，又次一个等级。而轴线两旁的辅助建筑相应次之，如炳灵门、延禧门等只有三间；东、西两寝宫有一个台基，仅三间等。另外，红墙黄瓦在中国古代建筑中，也是一种权力的象征，尤其是金黄色，几乎成为皇家宫殿的专用色，里面包含着严格的等级制度。岱庙中轴线上的建筑及两侧主要建筑，都是覆以黄色琉璃瓦，墙面涂以红色，同样显示出东岳神宫的至尊地位。

建筑的空间布局还体现了一种审美的对比关系。在天贶殿之前，建筑布局疏朗，气势雄伟。而大殿之后，相对密集，趋于纤巧，体现了一种刚柔的对比。如果说，自正阳门进，体现的是一种豪放的气势，那入得后院则显示出了一种收敛的秀气。刚柔相济，抑扬顿挫，别有韵味。岱庙城墙诸门的设置也体现了一种动静秩序。南辟五门，突出了南面的"放"，而显示出"动"；其他三面均各辟一门，强调"闭"，而显示出"静"。在其称谓上，也是阴阳相

---

① 参见贺业钜《考工记营国制度研究》，中国建筑工业出版社1987年版，第75页。

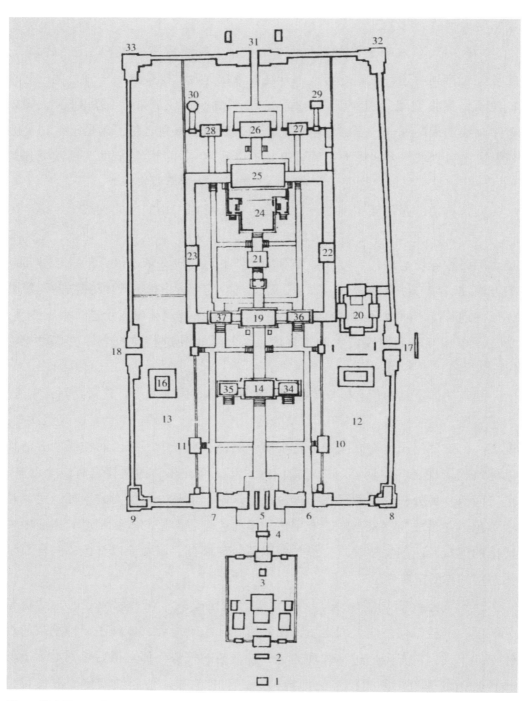

图8　岱庙平面示意图

1.双龙池　　2.遥参坊　　3.遥参亭　　4.岱庙坊　　5.正阳门　　6.仰高门　　7.见大门　　8.巽楼
9.坤楼　　　10.炳灵门　　11.延禧门　　12.汉柏院　　13.唐槐院　　14.配天门　　15.汉柏亭　　16.库房
17.东华门　18.西华门　　19.仁安门　　20.东御座　　21.小露台　　22.鼓楼　　23.钟楼　　24.大露台
25.天贶殿　26.后寝宫　　27.东配寝　　28.西配寝　　29.铜亭　　30.铁塔　　31.厚载门　　32.艮楼
33.乾楼　　34.三灵侯殿　35.太尉殿　　36.东神门　　37.西神门

图9　岱庙鸟瞰　岱庙周以城垣，辟门凡八，主要建筑正阳门、配天门、仁安门、天贶殿、后寝宫、后载门，依次坐落于中轴线上

图10 后寝宫 宋真宗封泰山神为"天齐仁圣帝",诏封淑明皇后,并建宫奉祀。在此宫两侧还有东、西两宫

图11 乾楼 城墙角楼之一。岱庙城墙四角皆有楼:东南曰巽楼,东北曰艮楼,西南曰坤楼,西北曰乾楼

对。正阳对厚载,东华对西华,钟楼对鼓楼。城墙四角的角楼,分别以八卦方位定名:东南曰巽楼,东北曰艮楼,西南曰坤楼,西北曰乾楼。阴阳表现在数目之中,奇数为阳,偶数为阴。南面五门,其东、西、北三面各一,均是阳数,而四面之合就是阴数。从中轴线的主体建筑看,殿前三门,殿后一宫一门均是奇数,而线两侧院落对称又是偶数。这种阴阳关系还表现于各殿、堂、门的开间、台基及垂带踏步上。可谓以阳为主,阳中有

图12 钟楼

阴，阴中存阳，阴阳化合，无所不在。可以说，岱庙是几千年传统文化的结晶。

岱庙建筑，无论它的整体布局构思，还是它反映的礼制原则，都已远远超出了宗教的范畴。表面上看，岱庙建筑表现的是泰山神的独尊和威严，实际上却是世间帝王的至尊。如果没有殿宇中的尊尊神像，岱庙就是座皇宫。早在很久以前，人们就已认识到了这一点："朱堞金扉，龙楯螭殿，罘罳象巍，俨然帝居。"[1] 壮丽重威是岱庙建筑的主题，而皇权政治则是它的核心内容。

无与伦比的神殿

人们一般将岱庙的天贶殿、曲阜的大成殿和北京的太和殿合称为中国古代的三大宫殿式建筑。中国的古代是一个重礼制的国度，无论尊卑名分都有着

---

[1] 《岱史》卷九《灵宇纪·序》。

严格的等级秩序。天贶殿采用的便是中国古代建筑中最高规格的样式，即按"九五"之制及重檐庑殿顶的制度来设计的（图13）。

图13　天贶殿　岱庙的主体建筑，内祀东岳泰山之神。大殿坐落于岱庙中后部的高大台基之上，前有宽大露台，周置石栏。《水浒传》第七十四回所云燕青打擂"智朴擎天柱"，即在大殿前的露台上

所谓的"九五"之制，就是开间为九，进深为五的制度。这是根据《易·乾》所说的"九五，飞龙在天"的含义制定的。唐代大经学家孔颖达解释说："九五，阳气盛，至于天，故云飞龙在天……犹若圣人有龙德，飞腾而居天位。"后概以"九五"之尊誉帝位。以这两个数相组合的大殿在古代建筑中是慎重使用的，一般只有王宫正殿才能使用。明代故宫的奉天殿、长陵棱恩殿、太庙正殿为九五之尊的大殿（奉天殿在清康熙年间重修太和殿时改为面阔十一间，进深仍为五间）。建极殿、奉先殿虽然面阔九间，但进深未达五间。此外乾隆为做太上皇而营建的皇极殿，为了使太上皇的宫殿不能低于皇帝的金銮殿，于是也做成九五之尊的大殿。

所谓的重檐庑殿顶，也就是《考工记》称之为的"四阿重屋"。"四阿"，即殿顶前后左右四面都为斜坡状，前后坡相交于正脊，左右两坡同前后坡相交成四脊，具有四坡五脊的特征，故又称为四阿五脊殿。这种形制一直到清代，仍然为建筑中最高等级的殿顶。也可以这样说，岱庙的天贶殿和北京的太和殿

是同样形制的大殿（曲阜的大成殿为歇山顶，比庑殿顶差一个等级）。

在民众的眼里，天贶殿和皇宫的金銮殿是一样的。民间流传有这样一个传说：在遥远的年代，岱庙只是个小庙，年久失修，道士化缘来修庙的钱被人偷了。一日道士梦见泰山神让他去京城为皇姑治病，并给他三包香灰药。道士进京，果然治好了皇姑的病。在金銮殿上皇帝要赏他金银绸缎，他都不要。皇帝问他想要什么，他说："我是泰山神庙的道士，只求皇上给泰山神修一座庙宇。"皇帝问："你想要修个什么样的？尽管说。"道士向四周看了一下说："我看你这屋不孬，就修个这样的吧。"这使皇帝为了难。答应罢，金銮殿还能有俩？不答应罢，又有言在先。皇帝只好无奈地说："好吧，就依着你，也修个这样的，但得比我这个矮三砖。"道士忙说："行、行、行。"所以天贶殿盖成了金銮殿的样子，只是矮了三砖。这个故事的意思很明确，是说这大殿在世上是最好的。就体量而言，天贶殿要比太和殿小得多，但它们的形式是一样的却一点儿也没有错。所以人们讲，岱庙是华夏名山第一庙。

不过，对皇帝来说，在金銮殿接受的是群臣的朝拜，而在岱庙的大殿却不同了，皇帝要向泰山神跪拜，行三献之礼。皇帝入殿，先于香案前举炷香并安香，三上瓣香，尔后行二跪六叩礼。皇帝再跪，三叩礼，再行亚献、终献礼，皇帝又二跪六叩。在皇帝行礼之始，乐奏《祈丰之章》，初献时奏《华丰之章》，亚献、终献时奏《兴丰之章》、和仪之章[①]。三献，是古代祭祀天地的大礼，其祭祀礼仪气氛庄严，程序繁杂[②]。统治者对泰山神的敬奉略见一斑。

天贶殿始建于宋大中祥符年间，元代重修时改称仁安殿，明重修后更名为峻极殿，民国初称天贶殿。殿为重檐庑殿顶，顶覆黄色琉璃瓦，殿内外彩绘均施以龙纹。殿中神龛内所祀泰山神——东岳大帝，手持玉圭，冕冠九旒，正庄端坐，一幅帝王模样（图14、图15、图16）。现神龛前上方悬有清康熙二十三年（1684）所赐"配天作镇"及清乾隆十三年（1748）所赐"大德曰生"两匾。殿内的东西北三壁绘有著名的《泰山神启跸回銮图》。泰山神与帝王同一殿制，这在中国宗教建筑中尚不多见，完全是为适应泰山神"帝"的身

---

① 参见《泰山志·仪注》。

② 因祭祀要三献酒，即初献爵、亚献爵、终献爵，故谓之三献。

图14　泰山神——东岳大帝　祀于天贶殿正中的神龛内。泰山神是泰山的化身，被视为大可治国安帮，小能使人寿福宁的神灵，故备受历代帝王的尊崇

图15　天贶殿正间藻井　天贶殿彩绘纹饰皆以龙纹为主，殿内顶部藻井均绘金色升龙。藻井斗拱精致，彩绘富丽。"配天作镇"匾额，为清康熙皇帝所题

图16　天贶殿斗拱及枋额彩绘

份而设计的（图17）。是帝就得有后，有后就要有宫室，于是便在大殿后建起了后寝三宫。泰山神也过着帝王生活。

图17　御碑亭　碑亭于殿前东西两侧，建于清乾隆年间。亭内置乾隆吟泰山诗碑。殿、亭大小的
　　　　和谐对比，常是人们谈论的话题

神宫壁画

相传天贶殿建好后，需要画一幅壁画，便招募天下画家来为泰山神作像，但都因不尽宋真宗之意而被杀。后来有一位聪明的画家，仿照真宗封泰山时的情景完成了壁画创作，真宗非常高兴，重赏了这位画家，于是大殿内就有了现在这幅《泰山神启跸回銮图》。这个传说有一个文化信息很值得注意：就是统治者是按照自己的形象来塑造泰山神的。事实上在现存的壁画中就可以看到这一点。

壁画绘在大殿内东、西、北三面墙壁上。自殿后门为界，东为"启跸"，西为"回銮"。画高3.3米，总长62米，整个画面以出巡人物为主，衬以山川树木楼阁，间以祥兽，表现了泰山神出巡、回宫的宏大场面（图18）。在启跸出巡图中，以泰山神巡行的队伍为中心，后有宫廷侍者、学士躬送出行，前有地方官员及地方神灵恭候迎驾。在浩浩荡荡的巡行队伍中，泰山神帝王衣着，手

图18 《泰山神启跸回銮图》局部 泰山神乘四轮六马玉辂，端坐于黄幄之中。其随从队伍前呼后拥，浩浩荡荡

捧玉圭，端坐玉辂之中（图19）。文武官员前呼后拥，其卫仪^①队伍井然有序。其场面之壮观，非天子巡守莫属。回銮归宫图类似出巡图的布局，仍以泰山神为中心，后有地方官员及地方神灵送

图19　《泰山神启跸回銮图》中的泰山神

行，前有宫城人员迎候，其文仪武卫如出宫图，但增加了夜叉抬虎、骆驼负画轴以示出巡成功的画面。以帝王之姿作像，以天子仪卫制度出巡，使泰山神尽显帝王风采。

这《泰山神启跸回銮图》，其实就是泰山神巡守图（图20）。这种巡守制度，起源尚早，据《尚书·舜典》记述，舜接受禅让的王位后就曾巡守过泰山。这种巡守制度，乃是统治者为了控制地方属下而采取的巡回视察制度，是显示统治天下和统一制度的象征性手段。中国历史上特有的祭祀大典——泰山封禅，即源自这种制度。

天贶殿壁画，始绘于北宋初年。从表现手法上看，天贶殿壁画与文

图20　《泰山神启跸回銮图》中的小鬼形象

---

①　卫仪：仪仗、侍卫的统称。《宋史·仪卫》："文谓之仪，武谓之卫。"

图21 《泰山神启跸回銮图》中的祥兽麒麟

献记载中的宋代中岳嵩山庙壁画的"入队""出队"的形式是一致的。从其人物较小，并安排有大面积树木的特点看，也与宋代萧照的《中兴瑞应图》相似。并从其壁画中所反映的仪卫制度，也大致与《宋史·仪卫》记述相当。泰山神动用的是帝王出巡的仪卫制度，如画面中两骑持旗夹道前引，驾前设立瓜、卧瓜、镫仗、仪刀、戟、钺、斧、四方神图幢等，还有大象及其他祥瑞神兽导行，皂纛旗、大龙旗均一人持旗，四人监护。尤其是泰山神所乘玉辂，上有黄幄，幄顶圆环三层，驾六青马等，都符合宋代天子出行的仪卫制度①。这些均可以说明天贶殿壁画为宋代所创。只是由于经历了漫长的岁月，或兵乱，或庙火，或震灾，殿体多有重修，也使得壁画屡经重绘，同时也融进了不同时代的东西，如在一些文物制度方面掺入了重绘者所处年代才会有的形制样式。尤其是在阁楼等建筑物的表现手法上，出现了清初才传入中国的西洋画的透视画法。但在人物的表现上，则大多保留了宋代的原貌，具有很高的艺术价值（图21、图22、图23）。

图22 《泰山神启跸回銮图》中的侍卫（局部）

---

① 详见泰安市博物馆编《岱庙》，文物出版社1992年版，第14页。

图23 《泰山神启跸回銮图》中的鼓乐仪仗（局部）

　　另外，壁画还向我们生动地揭示了人与神、帝王与泰山的关系，形象地表现了由来已久的泰山巡守制度的大致模样。这些都是弥足珍贵的。

门

　　就门的基本功能而言，无非有着分隔内外，便于出入及利于防卫等作用。但是，门给人们的直观感受却不是这样。所谓的深宅、深宫，这个"深"字的感受，首先就是由一道道门来完成的。在岱庙这种礼制建筑中，门更多地体现了它的象征意义。

　　岱庙南有五门，正阳门、左右掖门、仰高门、见大门。正中为正阳门，与北京故宫的正门同名。门上有楼，名叫五凤楼。正阳，是人君的象征。古人说："日者，众阳之宗，人君之表，至尊之象。"[1]正阳门，是帝王之门（图24）。

----

①《汉书·孔光传》卷八十一，列传第五十一。

图24　正阳门　岱庙正门，门上有楼，名曰五凤楼。古代帝王来岱庙祭祀，皆从此门而入

以此为岱庙的正门命名，与岱庙是天子之庙有关；同时与岱庙内供奉的神是"帝"的身份相适应。正阳门两侧是掖门，掖门东为仰高门，西为见大门。所谓"仰高"，源自《论语·子罕》中"仰之弥高"之说。抬头望泰山之高，仰之而止，以应高山仰止之意；"见大"，与仰高意同。大、太古时通用，大山就是泰山，自古以来就有"山莫大于泰山"的说法。

岱庙东、西各有一门，分别叫作东华门、西华门。华者，光彩也。东华门又叫青阳门，"春为青阳""气清而温阳"①，取五行方位东属春的含义，故以青阳命名岱庙之东门；西华门又叫素景门，阳光为景，素引申为白色，隐喻为西，与青阳相配。

岱庙北有一门，名曰厚载门，也称后宰门（图25）。厚载取自《易·坤》所说的"坤厚载物"。地因其广厚而能载万物，即所谓："地能生养至极，与天同也。"②后宰，后即后土，也就是土地之主，与厚载意义相同。地属阴，这样就与南面的正阳门有了一阴一阳的对应关系。厚载门还叫鲁瞻门，其意来自《诗经·鲁颂》的"泰山岩岩，鲁邦所詹"。而岱顶又有瞻鲁台，可以说上、下

① 《尔雅·释天》及注。
② 《易·坤·疏》。

图25　厚载门　岱庙的北门，由此门出，即古代登山的御道

呼应，山、庙一体。

在岱庙天贶殿前有两座相对独立的建筑，这就是配天门和仁安门（图26）。配天门是岱庙中轴线上的第二道门。这配天的名字，一方面含有"以德配天"的人文因素，而更重要的则是取意于古之所谓的"名岳配天"。在中国古代，国要有一山作为镇国之山，州要有一山作为镇州之山。镇者，安也。山因有着稳固、坚实的形体特征，故以山作镇成为约定俗成的做法。而泰山又是中国的神山，自古就是国之镇山，足以配天。清康熙在二十三年（1684）为泰山神的题额就是"配天作镇"。古人所说的"泰山安则天下皆安"就源于这种名山作镇的观念。帝王来岱庙祭祀泰山神的时候，要于此门前降舆，入门内黄帷少憩，并盟手而入仁安门。

仁安门，是岱庙中轴线上的第三道门（图27）。仁安，取自《论语·里仁》中的"仁者安仁"之意。如果说，"隆礼"是儒学表层结构的话，那么"贵仁"则是它的思想核心。以仁治天下，天下则安，便是这一道德观念的反映。融合配天之说，有泰山作镇，以仁德施人，那么天下则会大安。的确，社稷如能像泰山那样稳固，这是历代统治者所希冀的。

说到这里，我们想到了《论语》中"门墙桃李"的故事。说的是，孔子的学

图26 配天门 古代帝王祭祀泰山神要在此门前降舆,并于内黄帷中稍憩盥手,再行祭祀之事

图27 仁安门 天贶殿前的最后一道门,明代时天贶殿即名曰"仁安殿"

生子贡曾听到有人把他与老师相比，甚至说他超过了孔子，便引发了他的感慨。他说：这好比一道宫墙，我的墙只有人的肩高，谁都容易看到里面的好东西，而我老师的宫墙却有数丈高，找不到进去的门，就看不到他里面宗庙的雄伟。即所谓"不得其门而入，不见宗庙之美"①。我们不妨借着这个故事说：不入岱庙之门，不见岱庙建筑之宏伟；不了解岱庙众门之寓意，不明泰山文化之底蕴。

行宫御座

宫，原本是房屋的通称，随着等级制度的日益深化，便成了帝王居所的通称②。在岱庙就有一处帝王所居的行宫，因其位于东华门内，故谓之东御座。

东御座，旧称迎宾堂，创建于元代，是达官贵人的住憩之所。迎宾堂于清康熙间增置三茅殿，乾隆三十五年（1770）拓建，改名驻跸亭，成为御用之宫。东御座是岱庙保存最为完整的一个院落（图28）。由大门、正房、厢房、环廊等组成。大门南向，在其前有一个相对空旷的前院。院东为东华门，院西有垂花门，在两门之间设置有两个塞门。正房两侧有耳房，其前置有东西厢房。正房、厢房、大门之间周以廊庑。

无论是规模、布局，还是形制，岱庙无不以雄伟壮丽的气势取胜。东御座作为岱庙的一个组成部分，倒也别具特色，与其他建筑，尤其是中轴线上的建筑相比，显得玲珑别致，典雅幽静。我们可以用"雄中藏秀"来点示它的意韵之所在。

在岱庙中，东御座是地势最高的一个院落，要入东御座还要经过一个个高高的台阶、一重重的门，有一种神秘而严肃的气氛。而正房又位于高高的露台之上，满足了御用之宫贵而尊的需要，并在建筑的布局中保持了严格的均衡、对称原则，不失庄重、威严之感。东御座在与岱庙的整体氛围相统一，相和谐

---

① 《论语·子张》。
② 《尔雅·释宫》："宫谓之室，室谓之宫。"秦汉后一般专指帝王的住所，间或用于寺庙名中。

图28 东御座 位于岱庙东华门内，偏居于中轴线以东，是一座南向的四合院。其与中轴线上的
建筑相比，颇具有生活气息

的前提下，以小代大，寓秀于雄，成功地创造了一个特殊的富有生活气息的空间，有着鲜明的建筑个性。

当你步入东御座大门，主体建筑——露台上的正房若隐若现于古松柏的枝叶之中，首先给人一种宁静清新的感受（图29）。在这里，一切都显得那样的普

图29 东御座正殿 是东御座的主体建筑，前有露台，东西有耳房、厢房。现正殿据清代行宫的
设置进行了复原陈列

图30　正殿与配殿有内廊相连，增强了空间的灵动感

通。正房、厢房、大门均灰瓦卷棚顶。建筑体量也不大，给人一种亲切感。露台几乎占了大半个院落，但增加了空间的层次感。台上两株古柏高高耸立，苍翠欲滴。台下一株古松映翠，覆盖了台下的半个院子。在正房东南的露台下，还植有一株古老的蜡梅，每当春季将至，黄花盛开，香溢满院，颇有一番诗情画意。而分列于露台台阶两侧著名的秦《泰山刻石》、宋《青帝广生帝君之赞碑》又为这个小小的院落增添了浓浓的历史氛围。

　　东御座是一个较为典型的四合院，这是中国传统建筑中常见的一种院落住宅样式。围绕院子，四周置以堂屋、厢房，中心突出，主次分明。东御座也是岱庙中最小的一个院落。由于颇具匠心的设计，使人感觉不到狭窄，尤

图31　东御座正殿内的部分陈设

其是它采用了"藏"的手法，相对增加了深邃感；同时正房、配房、大门之间均有廊庑相连，虚实结合，建筑空间与庭院空间融为一体，也相对扩大了空间感（图30）。

1986年，根据清代的设置对东御座进行了复原陈列。正房明间，是帝王召见群臣的场所（图31）；两个次间，东为书房，西为寝室；东、西厢房为历代泰山祭器陈列室[①]。东御座成为展示岱庙文化的一个缩影。

牌坊

恐怕在中国的传统建筑里面，牌坊算是最具装饰性和纪念性的建筑物了。古代的泰山，有三里一旗杆五里一牌坊的说法。这牌坊，或是用于诏示景观，或为创造一种气氛，具有很强的景观价值。在岱庙有两座牌坊：一座是遥参亭前的遥参坊；一座是在正阳门前的东岳坊，东岳坊俗称岱庙坊。

遥参坊，建于清乾隆三十五年（1770），四柱三间，为冲天柱式牌坊，额题"遥参亭"三个大字，龙门枋正中饰火焰纹宝珠。四柱上部施云板，顶端立"望天吼"兽（图32）。石坊与华表结合，是清代牌坊的常见式样。

岱庙坊，建于清康熙十一年（1672），为四柱三间三楼式牌坊（图33）。四柱置于两个长方形的石座上，柱下部前后施滚墩夹杆石，此石鼓面浮雕麒麟等祥兽。此坊雕狮很有特点，南面有四尊，雄狮居东，雌狮居西；北面也是四尊，内柱为东雌西雄，外柱为东雄西雌。有意思的是，在前后两面八尊大狮子的周围，或脚下，或头部雕有20多个戏耍中的小狮子，活泼可爱，动态感极强。石坊中柱阴阳两面均有刻联，南联是："峻极于天，赞化体元生万物；帝出乎震，赫声濯灵镇东方。"北联是："为众岳之统宗，万国具瞻，巍巍乎德何可尚；操群灵之总摄，九州待命，荡荡乎功孰于京。"中柱小额枋透雕双龙戏珠，龙门枋浮雕丹凤朝阳（图34）。坊楼为歇山顶，正脊两端施高大螭吻，中

---

① 泰山祭器：历代统治者敬献给泰山的祭品供器。

图32　遥参亭坊　位于遥参亭前，是为岱庙的第一座牌坊

图33　岱庙坊　位于岱庙正阳门前，以其建筑体量大、雕刻精美著称

图34　岱庙坊枋额二龙戏珠与丹凤朝阳图

立宝瓶,并有四金刚拉拽。中柱与边柱的大小额枋浮雕麒麟、仙鹤等祥瑞图,边柱外浮雕升龙。

在这里,有必要提及一下主持建造这座岱庙坊的施天裔和张所存。这两个人都是泰安本地人。清康熙七年(1668),岱庙因地震毁坏严重。由当时任山东布政使的施天裔主持重修,张所存具体负责工程事宜,整个工程历时10年。岱庙坊便是在这一次大的维修工程中新建的一座建筑。另外,张所存主持了泰山多项维修工程,如碧霞祠、岱宗坊、青帝观、蒿里森罗殿等。

遥参坊以结构简洁,造型雄健见长。岱庙坊则以结体浑厚,造型凝重为特点。这两座牌坊在泰山建筑中占有一定的地位。遥参坊是泰山古登封御道的第一座高架建筑,而岱庙坊则是泰山十几座牌坊中体量最大、雕刻工艺最为精美的一座牌坊。

值得称道的是,这两座牌坊在岱庙整体布局中的空间调节作用(图35)。遥参坊在遥参亭的山门前,在空间上增加了遥参亭的纵深感,加上牌坊采用的是冲天式华表柱,并在一定高度的台阶之上,挺拔高耸,与泰山相呼应,突出了个"遥"字,也增强了门前的气势。岱庙坊位于遥参亭后门与岱庙正阳门之间,它将遥参亭与岱庙的空间划分为二,是出遥参亭、进岱庙的过渡。从整体上说,两个牌坊增加了轴线的纵深布局,使空间层次增多,更富于变化,从而加强了庄严、肃穆的气氛,对岱庙这座帝王宫殿式的神祠来说,无疑又平添了一份神圣感。

图35　岱庙坊的设置，在有限的距离内，增加了空间的进深感

庙前望祭的参亭

起初的遥参亭，远不是现在的样子。

所谓"遥参"，即望祭，也就是远望泰山而祭。当初遥参的地方，可能仅是一个土台子，古人称之为坛。望祭就在这土坛上进行。后来在这台上有了亭一类的建筑，因亭的四周是敞开的，倒也不影响对泰山的遥望。在明代，这个亭子达到了极致："重檐四面，十有六角，峻嶒绮丽。"[①]可是到了后来，在这里盖起了供奉碧霞元君的大殿，就不能发挥望泰山而祭这个作用了。

历史上这里还留下一个"草参"[②]的名字，这个"草"，绝不是草草从事，而是简略的意思。即是说在帝王入岱庙祭祀泰山神之前，先要在这里进行简略的泰山参拜仪式。尔后，才能进入岱庙举行隆重的祭祀大典。

现在的遥参亭，基本上是明末的格局（图36）。虽然已失去了本来意义上遥参的功能，却也富丽堂皇，规模有加。它为二进院，山门、塞门、正殿、方亭、后门依次坐落在通天街（御道）至岱庙的轴线上。正殿左右置配殿及厢房。正殿五间，前后带廊，歇山顶，上覆黄色琉璃瓦，殿内祀泰山奶奶——碧霞元君（图37、图38）。东西配殿各三间，现已分别辟为《泰山民居复原陈列》《泰山民俗概览》陈列室。正殿后的方亭，四柱攒尖顶。这个亭子虽已没了往昔的辉煌，倒也亭亭玉立，算是圆了当年遥参亭之所以为亭的梦（图39）。

遥参亭在建筑设计上与岱庙是一致的，即严格按照轴线对称的形式来布局。主要建筑由轴线贯通，其他建筑均对称于两侧。从空间布局上讲，遥参亭以小见大，以巧见长，不失方整庄严、对比协调之美。作为一个相对独立的院落，与岱庙在空间的大小和建筑的尺度上起到了很好的对比效果。遥参亭与岱庙的

---

① 《岱史》卷九。
② 《岱史》卷九。

图36　遥参亭鸟瞰图　遥参亭位于岱庙前，从明代开始，形成一个相对完整的院落

图37　遥参亭正殿　为遥参亭的主体建筑，前有露台，东西对称有配殿、厢房。1993年，据碑刻
　　　记载重塑碧霞元君神像于殿中

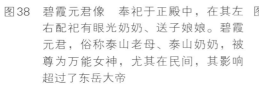

图38　碧霞元君像　奉祀于正殿中，在其左右配祀有眼光奶奶、送子娘娘。碧霞元君，俗称泰山老母、泰山奶奶，被尊为万能女神，尤其在民间，其影响超过了东岳大帝

图39　方亭　位于遥参亭正殿后，四柱攒尖顶。据明《岱史》卷九载：遥参亭"旧榜曰：草参门，门中有台，台上有亭，重檐四面，十有六角，峻嶒绮丽。"

种种大和小、高与低的对比关系①，有效地烘托了岱庙的宏大与雄伟。进入遥参亭，其空间相对狭窄，门洞密集，而进入正阳门后，空间豁然开朗，是欲放先收。出遥参亭后，岱庙坊矗立眼前，就有着高耸的感受，再看正阳门，其宏伟之感更加强烈。由小而大、由低到高、由浅入深的表现手法，使得岱庙这座雄伟而庄严的建筑群体更加主次分明。

　　几千年来，泰山的建筑始终是围绕"朝天"这一主题展开的。如果说，从通天街到岱庙是泰山"朝天"的序曲，那么遥参亭就是这一乐章的第一个高潮。

---

　　①　从空间大小上看，岱庙宫城南北长356米，东西宽237米。而遥参亭院南北长72米，东西宽是53米；从高低上看，岱庙内最高建筑天贶殿22.3米，而遥参亭最高的大殿只有13.2米。

岱庙大事年表

时间（年）	事项
前 111	汉武帝元鼎六年，诏建泰山宫
前 61	汉宣帝神爵元年，拓建泰山庙
595	隋开皇十五年，文帝行巡兖州，遂次岱岳祭天，"饰神庙，展宫县于庭"
725	唐玄宗开元十三年，诏封泰山神为"天齐王"，令所管崇饰祠庙
937	后晋天福二年，下诏祭告五岳，"量事修崇"岱岳祠
952	后周广顺二年，太祖至兖州，遣官祭岱庙
960	宋建隆元年，遣官祭泰山庙
1008	宋大中祥符元年，诏封泰山神为"仁圣天齐王"
1009	大中祥符二年，诏兖州长吏，以天书降泰山日诣天贶殿建道场设醮，以其日（6月6日）为天贶节
1011	大中祥符四年，下诏尊泰山神帝号"天齐仁圣帝"；封东岳夫人为"淑明后"
1013	大中祥符六年，《大宋东岳天齐仁圣帝碑》立岱庙
1122	宋宣和四年，奉诏重修岱庙。宣和六年（1124）立《宣和重修泰岳庙记》碑
1178	金大定十八年春，岱庙大火"虽门墙俨若，而堂室荡然"
1179	金大定十九年，诏修岱庙，二十一年（1181）告成，"凡殿、寝、门、阀、亭、观、廊、庑、斋、库虽仍旧制，加壮丽焉。"二十二年（1182）立《大金重修东岳庙碑》
1216	金贞祐四年，庙毁于兵燹
1266	蒙古至元三年，重修岱庙，"创构仁安殿"
1291	元至元二十八年，元世祖降旨加封泰山神为"天齐大生仁圣帝"，遣官诣岱庙致祭
1353	元至正十三年，岱庙重修，殿堂廊庑灿烂一新，又创为新堂五楹
1370	明洪武三年，太祖下诏去泰山历代封号，以"东岳泰山之神"正其名，立碑于岱庙，诏告天下
1377	明洪武十年，太祖诏遣曹国公李文忠、道士吴永舆等致祭泰山，立祭祀牌于庙中

（续表）

时间（年）	事项
1460	明天顺四年，诏允重修岱庙，次年完工，"殿宇、周廊、门观、缭垣，悉皆完备"
1503	明弘治十六年，岱庙大修，当年竣工，"金碧辉映，庙貌森严"
1521	明正德十六年三月，岱庙东廊起火
1547	明嘉靖二十六年，岱庙毁于火灾，"仅存寝宫及炳灵、延禧二殿"
1554	嘉靖三十三年七月，重修岱庙，历时十余月，次年告成
1592	明万历二十年，神宗降旨颁发《道藏》一部于岱庙，现圣旨及部分《道藏》尚存
1667	清康熙六年，重修岱庙，次年竣工
1668	清康熙七年，因地震岱庙十余处建筑"墙垣俱已坍塌"
1677	清康熙十六年，重修岱庙告成，由山东布政使施天裔、泰安武举张所存主持重修，工于康熙八年（1669）。自殿、庑、斋、寝、门、堂以及垣堞、楼观均更新，并于庙前建岱庙坊
1684	清康熙二十三年，康熙帝谒岱庙，致敬行二跪六叩礼
1689	清康熙二十八年，康熙诣岱庙，率文武诸臣行礼
1748	清乾隆十三年，奉皇太后东巡，祭岱庙
1751	清乾隆十六年，南巡回京，乾隆与皇太后至泰山祀岱庙
1757	清乾隆二十二年，南巡回京，乾隆抵泰山，谒岱庙
1762	清乾隆二十七年，南巡回京，至泰山谒岱庙
1765	清乾隆三十年，南巡回京，谒岱庙
1770	清乾隆三十五年，敕令重修岱庙。并于遥参亭前建"遥参亭"坊
1771	清乾隆三十六年，奉太后东巡，躬谒岱庙
1776	清乾隆四十一年，"恭奉皇太后巡幸山左，登岱延禧"，谒岱庙
1780	清乾隆四十五年南巡，谒遥参亭、岱庙
1784	清乾隆四十九年南巡，谒遥参亭，诣岱庙行礼
1790	清乾隆五十五年，东巡至泰山，谒岱庙
1928	民国十七年，岱庙城墙被拆毁，天贶殿壁画受到破坏。省府令岱庙辟为市场，天贶殿改为会场、剧场，配天门改为民众餐馆，仁安门改为货品陈列处，环咏亭、雨花道院改为餐馆。"古刻石谒，凿供石料"
1930	民国十九年，因"中原大战"岱庙成为兵营。是役岱庙壁画被"炮毁数处"
1950	岱庙内设山东省古物保管委员会

（续表）

时间（年）	事项
1953	整修岱庙天贶殿、东御座等主要建筑8处
1955	泰山整修委员会成立，对岱庙等泰山古建筑整修，次年竣工
1978	重修岱庙天贶殿、配天门、仁安门
1985	岱庙正阳门、后载门及门楼复建竣工，复建岱庙西南角楼——坤楼
1986	岱庙辟为泰安市博物馆
1987	复建岱庙钟楼及东南角楼——巽楼
1988	岱庙公布为全国重点文物保护单位
1992	复建正阳门城楼马道
1994	泰山登天景区保护建设工程中，复建岱庙东北角楼——艮楼和西北角楼——坤楼
1995	安装实施岱庙防火防盗安全防范自动监控报警系统工程

岱庙碑刻

张玉胜 著

引　言

　　古人云："山莫大于泰山，史亦莫古于泰山。"这里的"大"字，有两个方面的含义：一是指泰山的雄伟气势，二是指泰山在人们心中的崇高地位。这里的"古"字，同样也有两个方面的意思，那就是泰山悠久的历史和璀璨的文化。而泰山碑刻，则将上述内涵融为一体，成为泰山文化的一个重要组成部分。

　　从山脚下的岱庙到泰山极顶，山路的沿途布满了历代碑碣刻石，计有1300余处，其内容涉及帝王封禅告祭、文人题诗吟岱、庙宇创建重修等方面。就其书体而言，篆书、隶书、楷书、行书、草书佳作迭出。这些碑刻，或佐证历史，或点景抒情，或寓理成趣，丰富了泰山文化的内涵，形成了一座天然的中国历代书法博物馆。

　　岱庙是泰山历代碑刻较为集中的地方。现有碑刻300余通，碑碣林立，形制各异。其书体流派纷呈，其内容丰富多彩。漫步其间，既可得书法之趣妙，又可览历史之变迁。

　　本书试图就岱庙主要碑刻的文字内容、书法及其历史文化价值做出阐述，愿它能为您浏览岱庙、赏析碑刻提供一点儿方便。

卓绝千载——名碑名品

秦《泰山刻石》

　　据史书记载，秦始皇统一六国后，曾多次巡幸全国，所立刻石凡七种，即《峄山》《泰山》《琅琊》《东观》《芝罘》《碣石》《会稽》。据查，现仅存《泰山》《琅琊》二石。

　　秦《泰山刻石》又称《李斯小篆碑》，是泰山现存最早的碑刻。该碑于秦始皇二十八年（前219）立于岱顶。石分四面，三面为始皇帝刻辞；一面为秦二世元年（前209）诏书刻辞；累计刻222字。秦刻石自诞生至今，已经历了2000多年的沧桑变化。北宋徽宗时期，秦刻石已大部分磨失，可识者仅存146字；其明代以后又几移地址，数遭磨难，至明嘉靖年间减至29字，移至岱顶碧霞祠东庑；清乾隆五年（1740）毁于火灾；清嘉庆二十年（1815）春泰安知县汪汝弼、蒋伯生等在碧霞元君祠西侧玉女池内遍井觅得两块石碑残石，残石尚存二世诏书10个残字，即斯、臣、去、疾、昧、死、臣、请、矣、臣（图1），有关人员将其嵌于岱顶大观峰前东岳庙西新筑的"宝斯亭"（又名读碑亭）内。清道光十二年（1832），东岳庙西墙倒塌，宝斯亭被乱石覆盖，后泰安县令徐宗幹在瓦砾中又寻得残石，移其至山下，嵌于岱庙道院壁间。清光绪十六年（1890），刻石被盗，当时泰安县令毛蜀云大力稽查，最后在泰城北关石桥下发现，复安置岱庙；宣统二年（1910），泰安知县俞庆澜又在岱庙西侧建石屋保护之；1928年，又将其移岱庙东御座内，就地建亭保护至今。秦《泰山刻石》，虽历尽劫难，但一直为世人所重视。清代王家榕赞曰："零星两片石，卓越两千年。"

　　秦《泰山刻石》是我们研究秦代历史和文字的珍贵资料。秦始皇统一中国后，实行"书同文""车同轨""行同伦"的政策，"罢其不与秦文合者"，秦刻石为"书同文"提供了标准字体，即作为通行全国书体的小篆，它结束了春秋、

图1　秦泰山刻石　秦二世诏书部分，今残存10字。即斯、臣、去、疾、昧、死、臣、请、矣、臣

战国以来的文字混乱状况，为汉民族文字的统一打下了坚实的基础。

　　秦《泰山刻石》具有较高的书法艺术价值。李斯是我国历史上有文字记载的第一位书法家，善大篆，在大篆的基础上改省结体，整齐笔画，成为小篆的主要创始人。泰山刻石即为李斯的代表作之一，代表了秦篆的最高水平，历代文人均给以较高的评价。宋刘跂《秦篆·谱序》云："李斯小篆，古今所师。"《文心雕龙》的作者刘勰说："始皇勒岳，政暴而文泽。"元朝郝经在其《太平顶读秦碑》中赞道："拳如钗骨直如筋，屈铁碾玉秀且奇，千年瘦劲益飞动，回视诸家肥更痴。"明赵宦光评曰："斯为古今宗匠，一点矩度不苟，聿道聿转，冠冕浑成。藏妍婧于朴茂，寄权巧于端庄。乍密乍疏，或隐或显，负抱向背，俯仰承乘，任其所之，莫不中律。书法至此，无以加矣。"明代《岱史》中一面说"秦虽无道"，一面又赞"然其所立有绝人者，其文字、书法世皆莫及"。我国当代文学巨匠鲁迅对秦刻石也给予了充分肯定，认为秦刻石"质而能壮，实汉晋碑铭所从出也"。的确，小篆字体整齐秀美、笔画简易，顺应了文字的发展，加上李斯高超的书法造诣，这使泰山刻石的书法艺术达到一个新的高度。浑厚、平稳、字形工整、线条柔润、结构左右对称，上承大篆遗风，下拓汉隶先河，不愧为小篆典范，书法瑰宝。

汉《衡方碑》《张迁碑》

　　《衡方碑》全称《汉故卫尉卿衡府君之碑》。立于东汉灵帝建宁元年（168），碑原在汶上县西南郭家楼村，1953年移岱庙保存，现陈列于岱庙东碑廊，碑高2.4米，宽1.1米，碑首为圆形，额下有穿（碑刻上方圆孔，曰穿），长方形碑座。衡方，字兴祖，东平陆县（今汶上县）人。步入仕途后，因政绩显著，入朝升任卫尉之职。灵帝建宁元年，召用旧臣，任命为步兵校尉，统六军之帅，督守边疆，不久因病而卒，享年63岁。该碑为衡方的门生朱登等为其所立颂德碑。

图2　汉衡方碑　全称《汉故卫尉卿衡府君之碑》。碑圆首有穿，部分风化较甚，上部刻有清光绪建碑亭记

　　《张迁碑》（图2）全称《汉故谷城长荡阴令张君表颂》，立于东汉灵帝中平三年（186），碑原在东平儒学明伦堂前，1965年移岱庙保存，现陈列于岱庙东碑廊。该碑高2.92米，宽1.07米，碑首为圆形，长方形碑座，碑周边有蟠螭浮雕盘环（图3）。张迁，字公方，陈留己吾人（今河南省夏邑县）。碑文着重颂扬张迁的祖先，有汉高祖时期的张良，汉文景时期的张释之，以及汉武帝时出使西域的张骞，同时又歌颂了张迁本人在任谷城长时的政绩，有"路无拾遗，犁种宿墅"的赞语。碑文还特别颂扬了张迁在抵抗黄巾农民起义中的赫赫战功："黄巾初起，

烧平城市，斯县独全。"张迁因此由谷城长升任荡阴令，该碑即张迁在谷城的旧吏韦萌等41人捐资，为表彰张迁的功绩所立。

《张迁碑》较《衡方碑》晚18年，两碑均为歌颂"功德"，但他们的书法艺术都很精湛，各有独到之处。《衡方碑》的书法以体丰骨壮而著称，笔画端正，折角敦方，顿挫分明，应规入矩，被公认为汉隶方整类的典型作品，其用笔大都以圆笔为主。方家归纳其笔法有以下三个特点：一是间架特别稳重，字字如千斤磐石，蹲踞其位，仪态敦厚；二是以粗壮、古拙之行笔，造成一些部首绝对方整的形象；三是运用收笔时重顿的笔法来配合造型的淳朴，显出独特的风格。《张迁碑》字体端直朴茂，雄强遒劲，自明代出土以来，便被奉为珍品，成为书法爱好者临摹的范本。后世对其书法有"枯老古拙，如龟如鳖，重浊轻清，斩钉截铁，蚕不并头，雁不双设，外方内圆，内揠外拓"的评语。其用笔特点，以方笔为主，字画二分书稍壮，形状龙威虎震，剑拔弩张，表现得气势万钧。值的指出的是，《张迁碑》的额为篆书，一般篆书书体瘦长，唯此扁平，独具风格。

隶书是汉代书法艺术的突出成就，字体的肥瘦大小，结体运笔，变化无穷，各尽其妙，在书法史上占有重要的位置。它上承前代篆书的一些规则，下启魏晋南北朝、隋唐楷书的风范，作为汉隶的典型作品，《衡方碑》《张迁碑》实为我国书法艺术的宝贵遗产。

图3 汉张迁碑 全称《汉故谷城长荡阴令张君表颂》，碑方座圆首，周边饰有蟠螭盘环浮雕

唐《双束碑》

　　唐《双束碑》(图4)全称《岱庙观造像记碑》，因碑身双束并立，又俗称《鸳鸯碑》。双束碑身高2.36米，宽0.5米，碑身三面环刻，书体均为楷书，立于唐高宗显庆六年(661)。

　　该碑内容为唐6帝1后在泰山斋醮造像活动的记录。撰文者和书写者皆不出自名家之手，但碑的造型，独具特色，有着深刻的政治寓意。双碑石嵌入同一碑座和碑首之中，碑首为九脊歇山顶状，雕刻极为精细，有部分饰件遗失，碑座为长方形。碑首代表天，碑座代表地，双碑代表高宗李治和武后则天，寓意二人共同治理天下。这与当时的历史背景相吻合。武则天，14岁入宫为李世民的才人，太宗死后，削发为尼，30岁时被高宗李治召为昭仪，永徽六年(655)被册封为皇后，从此涉足朝纲。据史书记载："百事奏事，上或使皇后决之。后性明敏，涉猎文史，处事皆称旨。由是始委以政事，权与人主侔(相等意)矣。"双束碑立于武则天初摄朝政，与高宗共掌天下之时。其造型是按则天武后的旨意来设计的，也是武则天权力欲望的一种体现。

　　《双束碑》环刻唐宋记事诗文26则，其中20则为唐代6帝1后斋醮造像之事。在这20则记事中，有8首直接与武则天有关，

图4　唐《双束碑》　全称《岱庙观造像记碑》，是泰山最早的唐代碑刻。碑身双束嵌入同一碑座和碑首之中，俗称《鸳鸯碑》

除最早的一首是她和唐高宗所为外，其余7首均系武则天改唐易周称帝之后的15年中所为。如此频繁地在泰山行道家之事，而且行道时间7日、3日、12日不等，最后一次行道竟达49天，其用心无非是祈求元始天尊等道教神人，保佑她的大周江山永固和本人凤体万寿无疆罢了。

《双束碑》还有一个显著的特点，就是使用了武则天的12个新造字，它们分别是：

以上造字不仅在斋醮刻文中被使用，而且在同一时期的题刻诗文中也被频繁使用。例如在一首诗文中，"天、地、年、月、初、人"6字都用武则天造的字，且"天、年"两字在诗中竟被重复使用3次，可见武则天的造字在当时是得到推广的。但使用时间较短，基本与她执政时间相同。在中宗李显复国后的斋醮纪事刻文中已不再使用武则天的造字，就是一个有力的证明。

双束碑原立于王母池西侧之岱岳观内，1960年在虎山水库西侧建亭一座，将此碑立于亭内，亭因此得名为"双束碑亭"。1968年，翟所淦等老一辈文物工作者，为保护部分珍贵泰山碑刻，将此碑等挖坑埋入岱庙内炳灵门外两侧，坑内放置细沙，以利于保护。1982年该碑重见天日，1983年10月移立于岱庙碑廊。

法古事礼——封号祭祀碑

大宋封祀坛颂碑

该碑立于宋大中祥符二年（1009），碑高4.5米，宽1.65米，方座圆首，碑文楷书，宰相王旦撰文，裴瑀书并篆额，碑阴刻众题名，已不能认读，现立于岱庙天贶殿东南侧（图5）。

碑文溢美夸张，引经据典，洋洋洒洒3700余字，开始部分是对封禅事由做出铺垫：

> 于是锡天瑞[1]，出坤珍[2]，觉悟于蒸民[3]。鲜不登泰山蹑梁父[4]，聿崇于明德[5]。

图5　大宋封祀坛颂碑　岱庙内现存唯一的帝王封禅记事碑，宰相王旦撰文，翰林待诏裴瑀撰书

① 锡天瑞：天赐与的符命，这里指天书。言君主得到了上天的认可。

② 出坤珍：地出坤珍，这里指泰山礼泉出，与天瑞之意相同。

③ 觉悟于蒸民：觉悟，醒悟；蒸民，众百姓。谓使百姓醒悟。

④ 鲜：很少。蹑：登。梁父：泰山东南方向30公里处一小山，是古帝王禅地的地方。

⑤ 崇：推崇。明德：美德。与上句之意为：很少有得到符瑞而不来泰山祭天，到梁父祭地以报天地之德的。

继而又对前代帝王的封禅之礼进行了陈述：

沿袭之规①寖广。巡狩之仪□□，五载际于虞典②，一纪因乎周制③，所以彰善瘅恶④，观民设教⑤者也……光武纪号⑥，石磈于故封⑦；开元陈信；□玉蝶之不秘⑧，典章斯在，风烈可观⑨。□□难行，礼从兹绝⑩。

碑文对宋真宗封禅之礼，记载的较为详尽：

礼前一日，未质明⑪备法驾至于山趾⑫，更衣于帷殿⑬。上乃乘轻舆，陟绝巘⑭，跻日观⑮，出天门。筑圆台于山上，度地宜而循古制也⑯。……辛亥，祀昊天上帝，设天书位于左次，登歌⑰乐作……二圣严配⑱，定位侧向……

---

① 沿袭：依照旧例行事。规：制度。该句谓依照旧例进行封禅的制度止息荒废。

② 五载：指五年一巡狩的制度。际：适当其时。虞典：虞书。

③ 一纪：古称十二年为一纪，此指十二年一巡狩。因：因袭。周制：周朝的礼仪制度。

④ 彰善瘅恶：表彰美善，憎恨丑恶。

⑤ 设教：设施教化。整句意为：省视万方，观看民之风俗，以设于教。

⑥ 光武纪号：指汉光武帝刘秀。

⑦ 石磈：石匣。意为汉光武帝来泰山封禅时，玉简刻好即装入石匣，缄封后埋入地下。

⑧ 唐玄宗开元十三年封禅泰山，在祭祀时问：前世为何秘玉蝶？贺知章曰：玉蝶以通于天，前代或祈长年，希神仙旨，尚微密，故外莫知。帝曰：朕今为民祈福，无一秘，请即出玉蝶以示万寮。今岱顶唐摩崖，即唐玄宗封禅时的祭文（玉册文）。

⑨ 典章：礼仪制度。斯存：皆存。风列：遗风。

⑩ 礼从斯绝：封禅之礼达到了极点。

⑪ 未质明：天未明。

⑫ 法驾：皇帝的车驾。山趾：山脚下。

⑬ 帷殿：用帷幔扎设的临时宫殿。

⑭ 上：指皇帝。轻舆：轻便山轿。陟：登。绝巘：陡峭的山峰。

⑮ 跻：登。日观：指日观峰。

⑯ 度地宜：因地制宜。循古制：遵循古代祭天的制度。

⑰ 登歌：升堂奏歌。古代举行祭典时，乐师登堂而歌，其所奏乐曲为"登歌"。

⑱ 二圣：指太祖赵匡胤和太宗赵光义。严配：恭敬陪祭。定位侧向：将二圣牌位置于天帝之侧。

亚献终献，作之乐章……鳌忭山呼，声震层霄之外①。山下设坛四成②，如圜丘之制。乃命茂亲③，以承大祭。

相传，宋真宗骑马上泰山，至壶天阁北，马不能上，拨马而回，此地因而得名"回马岭"。但碑中所记，宋真宗上泰山是乘轻便山轿。此碑文证明"回马岭"的地名，不是源自宋真宗。该碑文叙述详细，资料性较强，是研究宋代封禅大典的重要实物资料。

大宋东岳天齐仁圣帝碑

立于宋大中祥符六年（1013），碑高8.2米，宽2.15米，龟趺螭首。碑文正楷，尹熙古撰书篆额，晁迥撰文。碑位于岱庙配天门西南向，与"宣和重修泰岳庙记碑"并称为岱庙两大丰碑（图6）。

该碑是岱庙最早的龟驮碑。提起龟驮碑，人们往往要问，古时为什么要用龟来驮碑呢？其原因如下：一是龟自古以来就与龙、凤、麒麟并称四灵；二是龟喻长寿，如晋人郭璞《游仙》诗："借问蜉蝣辈，宁知龟鹤年？"以龟负碑，符合万古流芳之意；三是龟能负重，用其所长；四是龟习文，龟自古就与文字有关，如甲骨文；古代还有传说河出图，即灵龟负书而出。龟趺碑造型，在明代中后期有所演变，更具装饰性，按"龙生九子"之说，它被呼作赑屃。其特征为：龙头、龟背、鹰爪、蛇尾。因此，龟和赑屃不能一概而论。

该碑是宋真宗加封泰山为"天齐仁圣帝"的记事碑。碑中对泰山神封号一事进行了陈述。文载：

---

① 鳌忭：欢欣跳跃。山呼：旧时臣民在皇帝举行颂祝仪式时，叩头高呼："万岁！万岁！万万岁！"

② 山下设坛：在山脚下设祭地坛。四成：四层。

③ 茂亲：有才德的亲属，多指皇帝之弟。

开元十三年（725），始封神曰"天齐王"，礼秩加三公一等。绵历五代，寂寥无闻。

唐代的"天齐王"是泰山神的第一次加封，其后至宋真宗封禅泰山之后，即大中祥符元年（1008），泰山神又得到了第二次加封。文载：

封峦之后①，复增懿号曰"仁圣天齐王"。

事隔三年，宋真宗又将五岳之神皆加封帝号，于是泰山神升封为"天齐仁圣帝"。碑刻最后的碑铭，颂扬了泰山的雄姿峻貌，描述了修建岱庙的情景：

图6 大宋东岳天齐仁圣帝碑 是岱庙内最早的龟驮碑。高8.2米，誉为岱庙两大丰碑之一

有诏改作②，俾受全模③。协心董役④，丰资庀徒⑤，持殚功倍⑥，雷动星敷⑦。大厦咸新⑧，群黎改观。

_____

① 封峦：宋真宗封禅泰山。
② 有诏改作：皇帝下诏重新修建。
③ 俾受全模：谓使工匠接受完备的庙宇模型。
④ 董役：督察工程有关事务。
⑤ 丰资：充实建庙财物。庀徒：做工之人。
⑥ 持殚：技艺用尽。
⑦ 雷动：如雷震动，形容人多势众。星敷：做工之人像星星一样布满工地。
⑧ 咸新：全部更新。

该碑阴面刻明万历二十四年（1596）山东巡抚张允济题写的楷书"五岳独宗"四个字。

去东岳封号碑

该碑立于明洪武三年（1370），明太祖朱元璋御制，碑高6.55米，宽1.6米，碑龟趺螭首，碑文正楷，位于岱庙天贶殿西南向。

朱元璋是明代的开国皇帝，出身布衣平民，靠戎马征战，创立了大明江山，此《去东岳封号碑》立于他登基后的第三年。碑文主要有三部分内容。

其一，叙述了泰山的方位，高大峻貌乃为古帝王登封之地。

> 皇帝制曰：磅礴东海之西，中国之东，参穹①灵秀，生同天地，形势巍然。古昔帝王登之，观沧海，察地利，以安民生。

其二，歌颂了朱元璋创立的伟业政绩。

> 曩者元君失驭②，海内鼎沸，生民涂炭。予起布衣③，承上天后土之命，百神阴佑④，削平暴乱，正位称尊，当奉天地，享鬼神，以依时⑤统一人民，法当式古⑥。

其三，叙述了去前代封号，以"东岳泰山之神"命其名的因由。文载：

---

① 参穹：参天，高入云天。
② 曩者：以前。元君：元朝末代君主。
③ 布衣：平民百姓。
④ 阴佑：暗自默助。
⑤ 依时：按照时势。
⑥ 法当式古：应当效法古人。

今寰宇既清①，特修祀仪。因神有历代封号，予起寒微，详之再三，畏不敢效②。盖神与穹同始，灵镇一方，其来不知岁月几何，神之所以灵，人莫能测，其职受命于上天后土，为人君者何敢预焉。惧不敢加号，特以"东岳之神"名③其名，以时祭神，惟神鉴之。

该碑全文仅226字，言简意明，一改前代引经据典、文辞烦冗典丽的风格，给人以耳目一新之感。

明洪武祭祀碑

该碑立于明洪武十年（1377），碑高4.37米，宽1.55米。碑方座螭首，楷书碑文，位于阁老池西侧（图7）。
该碑是朱元璋遣李文忠、吴永舆、邓子方代祭泰山神时立。碑文载：

然于神之祀，若以上古之君言之，则君为民而祷，岁有春祈秋报之礼④。于斯之际，有望于神而祭者⑤，有巡狩于所在而燎瘗者⑥。今予自建国以来，十年于兹，国为新造，民为初安，是不得亲临所在而祀神也。特遣开国忠臣李文忠、道士吴永舆、邓子方以代予行，奉牺牲祝帛于祠下⑦，以报效灵。

① 环宇既清：言天下太平。
② 效：效法。
③ 名：用作动词，命。
④ 岁有：每年有。春祈：春祭。祈风调雨顺，五谷丰登。秋报：秋祭，以谢神的恩赐。
⑤ 该句之意：有的举行望祭。
⑥ 燎：燎祭。将祭品用柴燃烧，其烟直达于天。瘗：埋。将告天之文，秘密埋入地下。
⑦ 祠：指岱庙。

　　碑中陈述了古代祀神的几种方式以及朱元璋不能亲临岱庙祭泰山神而遣使代祭的缘由。

　　此碑是明代最早的一块祭祀碑，碑中规定："自今以后，岁以仲秋诣祠致祭，惟神鉴之。"故明代遣官告祭碑众多，"文革"期间这些碑多被砸毁，原仁安门、配天门两侧所建新展室之基础上屡屡可见。因此该碑又是岱庙内唯一幸存于世的明代祭祀碑，有较高的史料价值。

图7　明洪武祭祀碑　明遣官告祭碑众多，但均毁于"文革"
初期。岱庙内仅此碑幸存于世

言志篇章——颂岱题名碑

张衡、曹植诗文碑

该碑嵌于岱庙汉柏院之东墙壁，碑高0.6米，宽1.07米，碑文隶书，无书写者题名及年号（图8）。

图8 张衡、曹植诗文碑

该碑刻诗两首，其一为汉张衡《四愁诗》，其二为魏曹植《飞龙篇》。汉张衡《四愁诗》诗文如下：

我所思兮在泰山①，欲往从之梁父艰②，侧身东望涕沾翰。美人赠我金错刀③，何以报之英琼瑶④。路远莫至倚逍遥，何为怀忧心烦劳。

---

① 泰山：喻当时帝王。
② 梁父：泰山下小山，此喻小人。
③ 美人：喻君子。金错刀：西汉时刀名，一说为王莽所铸钱币名。
④ 琼瑶：美玉。

魏曹植《飞龙篇》诗文如下：

> 晨游泰山，云雾窈窕。
> 忽逢二童①，颜色鲜好。
> 乘彼白鹿，手翳芝草。②
> 我知真人③，长跪问道。
> 授我仙药，神皇④所造。
> 教我服食，还精补脑。
> 寿同金石，永世难老。

张衡，东汉科学家、文学家，汉安帝时任太史令，顺帝时为河间相，当时天下渐弊，他郁郁不得志，故作《四愁诗》，诗中以泰山喻皇帝，以美人喻君子，以珍宝喻仁义，以小山喻小人。诗文忧伤之感甚浓。《四愁诗》有四首，此碑文为其一。

曹植，字子建，曹操子，富才学，遭其兄曹丕妒忌，备受猜忌。其诗篇掺杂着较浓厚的消极思想，该诗以道家仙人作为精神寄托，表现出郁郁寡欢的思想情绪。

陆机、谢灵运诗文碑

该碑位于岱庙汉柏亭东南侧，镶嵌于墙壁之中，面南，碑较小，高0.62米，宽1.05米，字体小篆，无书写年代及作者姓名（图9）。该碑石刻诗二首：

---

① 二童：童子。此指童颜鹤发的老者。
② 翳：遮蔽。仙草：灵芝草。
③ 真人：道教中得道成仙的男性为真人。
④ 神皇：神仙。

图9 陆机、谢灵运诗文碑

其一，晋陆机《泰山吟》：

> 泰山一何高，迢迢造天庭。
> 峻极周以远，层云郁冥冥。
> 梁甫亦有馆，蒿里亦有亭。
> 幽岑延万鬼，神房集百灵。
> 长吟泰山侧，慷慨激楚声。

其二，宋谢灵运《泰山吟》：

> 泰宗秀维岳，崔崒刺云天。
> 岞崿既崄巇，触石辄迁绵。
> 登封瘗崇坛，降禅藏肃然。
> 石闾何晻蔼，明堂秘灵篇。

陆机，字士衡，晋吴郡人，文学家。文才倾动一时，与其弟时称"二陆"，有《陆士衡集》问世。《泰山吟》为乐府楚调的曲名，这是一首挽歌，歌泰山之高大，可至天庭，言泰山之广阔，可吐纳层云，谓泰山上下聚集着上百的神灵。歌词曲调悲壮、低沉。

谢灵运，南朝诗人，谢玄之孙，其诗长于刻画自然景物，开文学史上的山水诗一派。此《泰山吟》为一首五言律诗，诗从两方面入手，对泰山加以赞扬，赞扬泰山高大雄伟，又赞泰山历史悠久，为古帝王登封降禅之所，属咏赞泰山的诗篇。

孙璋登泰山诗文碑

该碑位于岱庙汉柏院东墙上，高0.69米，宽0.83米，正楷书体。碑周边饰荷花纹。诗为七言，诗文如下：

> 玉柱峥嵘接上苍，揽衣登眺思茫茫。
> 两轮日月双峰近，一统山河万里长。
> 绝漠有君皆入贡，穷荒无地不归王。
> 于今莫奉东封疏，圣治雍熙迈汉唐。

诗的落款是海宁孙璋。碑文中未有年代落款，其文字残缺有8处。从诗文末句"圣治雍熙迈汉唐"分析，雍熙乃宋太宗赵炅使用的第二个年号，延用4年，即984～987年，该碑应为这一时期所立。

张佳胤登岱四首碑

该碑位于岱庙汉柏院东墙壁上，高2.25米，宽0.9米，书体正楷，圆首，周边饰卷云纹。明万历十一年（1583）立，太子太保、兵部尚书张佳胤题诗并书。诗计有四首，皆为七言。

其一

张衡曾赋四愁诗，东望相从及此时。

翠壁千盘随杖转，丹梯一线自天垂。

瑶函偶拾神人字，绛节高居玉女祠。

囊里按图分五岳，真形微被地灵窥。

其二

青空寒露滴芙蓉，挂颊天门倚岱宗。

汉草相传司马笔，秦官犹寄大夫松。

参差三观疲双目，巉岜千岩籍短筇。

方内名山探欲遍，晚年始遇丈人峰。

其三

天鸡听罢曙将分，剑倚峰头接斗文。

仿佛白知山下水，升腾红放海东云。

烟霄身拥三千丈，封禅书传七十君。

怪底衣裾常五色，由来岳气已氤氲。

其四

日月双从岱顶悬，每衣帝座挽青烟。

秦碑突兀青天上，仙岛微茫大海前。

寓目好看吴苑马，颓身哪辨汶阳田。

山中纵失襄城驾，犹胜风尘在市里。

在张佳胤所赋第四首诗中有"秦碑突兀青天上，仙岛微茫大海前"句，这里的秦碑并非指秦李斯小篆，这与乾隆皇帝诗句"本意欲焚书，立碑故无字"所指相同，皆指岱顶玉皇庙前的无字碑，认为该碑乃是秦始皇所立。明清之际思想家、金石学家顾炎武，否定此种观点，考证该碑乃汉武帝刘彻所立。1961年郭沫若登泰山，在其"观日出未遂"一诗中有"摩抚碑无字，回思汉武年"句，对这种观点给予认可。

观海碑

该碑立于岱庙汉柏院西侧，通高2.85米，宽1.38米，方座圆首，书体行楷，明嘉靖十四年（1535）立，张钦书。

碑面"观海"两个大字，字径1米见方，笔力刚劲，有双笔挥洒之势，为大字上乘之作。其取意有二：其一，登泰山观沧海旭日云海玉盘；其二，取"曾经沧海难为水，除却巫山不是云"之意。

碑左右两侧所刻叶份楷书题跋，对张钦书法大加赞赏，跋中有"尤善大书，当其濡笔伸纸，气定神闲，得心应手，端岩遒劲，盖有出乎颜柳筋骨之外者"的赞语。碑原在岱顶，清道光年间已移于岱庙。

大观峰碑

该碑位于岱庙炳灵门外北侧，高2.02米，宽0.78米，碑文楷书，上刻"大观峰"3字，字径0.5米。明嘉靖十一年（1532）立，济南府知府杨抚题写。

该碑本为岱顶"大观峰"所题，因该山峰遍刻历代碑刻及有著名的唐《纪泰山铭》，刻有清康熙帝"云峰"两大字及乾隆诗刻摩崖，远远望去，琳琅满目，洋洋大观，故名之"大观峰"，但碑立于山下岱庙，不知何因。

潘鉴登泰山诗碑

该碑镶嵌于岱庙汉柏亭北侧第二层台基之内，碑高0.52米，宽0.95米，字体为楷书，上刻宁海州学正潘鉴题诗二首，其中一首字迹大部剥蚀不清，另一首诗文如下：

> 泰岳峰高四十程，东巡号令尚存名。
> 地生胜境非人造，殿出重霄是帝成。
> 回视他山如石小，仰观吾道与天平。
> 登临瞻拜心虔恳，自觉飘飘两腋轻。

该碑立于明弘治七年（1494）正月十六日，1959年被镶嵌于此。

登泰观海碑

此同名之碑在泰山共刻两处。其一，刻在岱顶大观峰东侧石壁；其二，刻在四块方整石块上，嵌于岱庙汉柏院东墙上，高0.95米，长3.24米，字体行楷，无立石年代和书者姓名（图10）。

"登泰观海"四字，径0.8米见方，取泰山极顶观沧海、观云海之意。四字书写遒劲雄健，其中"登泰"二字书写独具特色，"登"写作"登"多一撇，"泰"写作"泰"少一点，今人多疑为笔误。从书法角度讲，两字早在北魏时已经有此书写形式，足见书者书道深远，不留名姓，乃谦虚之举。

图10　登泰观海碑　碑有两处：其一，刻在岱顶大观峰东侧石壁；其二，嵌于岱庙汉柏院墙，即该碑

张鹏翮汉柏、唐槐诗碑

碑计有两块，均刻立于清康熙五十六年（1717），为张鹏翮题诗撰写。汉柏诗碑高1.85米，宽0.68米，碑文行书，位于岱庙汉柏院。诗曰：

古柏千年倚碧峦，太平顶上觉天宽。

晴空白鹤时来舞，云外逍遥得静观。

吟唐槐诗碑，高1.8米，宽0.65米，方座，碑首已失，碑文行书，立于岱庙唐槐南侧。诗曰：

潇洒名山日正长，烟霞为侣足徜徉。

谁能敧枕清风夜，一任槐花满地香。

以上两诗均为即景作，诗文给人一种清静、超脱的感觉。在唐槐诗中，用清风夜、满地香道出了当年唐槐枝繁叶茂，槐花铺地与名山古庙相映成趣的景色。可惜的是唐槐早已枯死，今只保留了树身，有汉白玉护栏保护。1952年在唐槐树身空洞处补栽一国槐，今国槐已是郁郁葱葱，此谓"槐（怀）中抱子"。

秋兴八首诗碑

碑嵌于岱庙汉柏亭第二层台基南侧，碑呈长条状，高0.48米，宽5.74米，书体大草，乾隆四十九年（1784），泰安知县四川绵州何人麟书并跋（图11）。

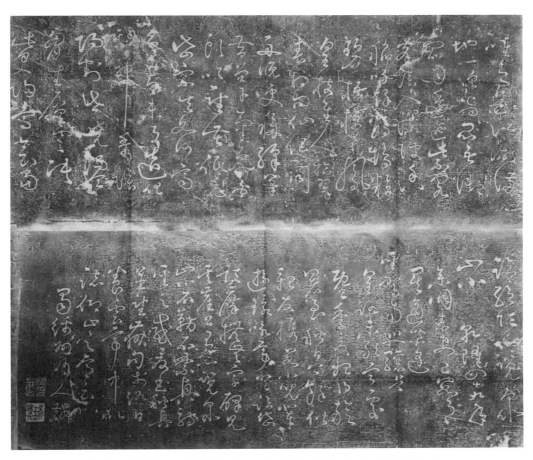

图11　秋兴八首诗碑（局部）　碑呈长条状，高0.48米，宽5.74米。清何人麟书

　　该碑书写唐代大诗人杜甫的《秋兴八首》及《望岳》诗，后附跋文。草书行笔流畅，有高山流水之势，整篇布局一气呵成，被誉为泰山草书之冠，但辨认起来亦颇不易。现附题跋及诗文如下：

跋文：

　　乾隆四十九年余调泰安已数月矣，适恭逢圣驾南巡，骧首皇路，未敢宁处，暨季夏始得旋署。至秋日公馀，偕亲友，携数小儿辈，游环咏亭，登临岱顶，摩抚无字碑，见其崖上有"一览众山小"石勒，不禁兴诗圣之感，爰书"秋兴"并"望岳"句于浴日养云亭中，以志仰止之意云。蜀绵州何人麟。

《秋兴八首》，以原碑为准。

其一

玉露凋伤枫树林，巫山巫峡气萧森。
江间波浪兼天涌，塞上风云接地阴。
丛菊两开他日泪，孤舟一系故园心。
寒衣处处催刀尺，白帝城高急暮砧。

其二

夔府孤城落日斜，每依北斗望京华。
听猿实下三声泪，奉使虚随八月槎。
画省香炉违伏枕，山楼粉堞隐悲笳。
请看石上藤萝月，已映洲前芦荻花。

其三

千家山郭静朝晖，日日江楼坐翠微。
信宿渔人还泛泛，清秋燕子故飞飞。
匡衡抗疏功名薄，刘向传经心事违。
同学少年多不贱，五陵衣马自轻肥。

其四

闻道长安似奕棋，百年世事不胜悲。
王侯第宅皆新主，文武衣冠异昔时。
直北关山金鼓震，征西车马羽书驰。
鱼龙寂寞秋江冷，故国平居有所思。

其五

蓬莱宫阙对南山，承露金茎霄汉间。
西望瑶池降王母，东来紫气满函关。
云移雉尾开宫扇，日绕龙鳞识圣颜。
一卧沧江惊岁晚，几回青琐点朝班。

其六

瞿唐峡口曲江头，万里风烟接素秋。
花萼夹城通御气，芙蓉小苑入边愁。
珠帘绣柱围黄鹄，锦缆牙樯起白鸥。
回首可怜歌舞地，秦中自古帝王州。

其七

昆明池水汉时功，武帝旌旗在眼中。
织女机丝虚夜月，石鲸鳞甲动秋风。
波漂菰米沉云黑，露冷莲房坠粉红。
关塞极天唯鸟道，江湖满地一渔翁。

其八

昆吾御宿自逶迤，紫阁峰阴入渼陂。
香稻啄余鹦鹉粒，碧梧栖老凤凰枝。
佳人拾翠春相问，仙侣同舟晚更移。
彩笔昔曾干气象，白头吟望苦低垂。

其五诗文中，"宫"字一曰"高"；其八诗文中，"余"字一曰"残"；"吟"字一曰"今"。

秋兴八首之后书杜甫"望岳"诗：

岱宗夫如何？齐鲁青未了。

造化钟神秀，阴阳割昏晓。

荡胸生层云，决眦入归鸟。

会当临绝顶，一览众山小。

杜甫的望岳诗，着重在"望"字上渲染，发挥诗人的想象力，描写逼真，寥寥数十字，成为颂岱诗文中的不朽之作。该诗末句中原作"凌"绝顶，误书为"临"绝顶，一字之差，诗意相差甚远，特此指出。

清定亲王诗碑

碑位于岱庙配天门西侧，6块石碑排列在一起，下部石基，两侧砖砌，上部灰瓦卷棚顶，独立形成碑墙，计高3.02米，宽3.95米。石碑周边饰以回纹，碑文行书。清代道光年间定亲王（乾隆帝四世孙奕绍袭封号）书并题（图12）。

碑墙刻诗6首，对联1幅。联曰：

时同野鹤看桃去

或领山猿采药回

道光十二年（1832）书赠浚川大炼师（时为岱庙主持），同年"题雨花道院赠浚川大炼师"诗一首，曰：

朝礼名山意至虔，羽衣导引进南天。

图12　清定亲王诗碑　碑由6块石碑排列一起组成，独立形成碑墙

烟云缭绕神仙宅，花雨缤纷道德篇。

自与苍松同老健，不求丹药契真诠。

相逢直似曾相识，握手殷勤证宿缘。

该诗为定亲王朝岱而作，诗题为"题雨花道院"，但对该院着墨较少，主要抒发了作者对浚川大炼师的赞美和相见如故的心情。道光十三年，浚川炼师赴京拜访定亲王，定亲王喜而又作：

千里遥来老炼师，殷勤握手慰遐思。

东风恰送青鸾驭，西苑重逢白鹤姿。

代致虔诚经默诵，惟祈丰裕岁咸宜。

小园尽可容仙侣，且缓行旌数日迟。

此次相见，定亲王款留大炼师数日，临行时二人相约3年后再度相会。时隔三载，道光十五年（1835）浚川炼师再度进京拜访，花甲之年的定亲王乘兴赋诗：

云鹤翩翩踏软尘，不辞千里肯来宾。

重游竟践三年约，相见欣逢六秩辰。

洒扫亭台留法驭，康疆耆老即仙人。

世间亦有蟠桃会，无事谈元自率真。

浚川炼师离京返泰，分别时定亲王又赠诗一首：

款留晨夕语从容，斋馔园蔬不腆供。

海屋添筹欣止鹤，山林返旆羡犹龙。

停云暂启临漪榭，观日曾登绝顶峰。

分手长途天气热，会看凉雨护仙踪。

以上四诗一联，分别作于道光十二年、十三年、十五年，而碑墙整体统一，系一次完工。从文字书写和布局分析，似一气呵成，推测应为道光十五年二人相见时所书，其后立碑。

朱德诗碑

立于岱庙汉柏院影翠池东侧，通高1.82米，宽0.7米，字体行书（图13）。诗文如下：

泰山不算高，一千五百八。

飞过两千一，他把头低下。

落款：朱德一九六〇年六月二十八日合肥起飞回京

朱德委员长曾于1955年6月来泰，游览了泰山黑龙潭一带，但未留下墨迹。该诗句是朱德同志1960年6月由合肥乘飞机回北京，从空中俯瞰泰山时所写的一首五言诗。诗句朗朗上口，表现了老帅豪迈高昂的气魄和博大胸怀。诗中一千五百八是大约数（泰山实际高度1545米），与后面一句相协韵。诗中"它"字写作"他"，将泰山人格化描述，颇有情趣。

该碑1979年刻立于岱庙东御座，1984年与陈毅诗一起移立于汉柏院。

图13　朱德诗碑　　　　　　　　　　图14　郭沫若题句碑

郭沫若题句碑

挟泰山以超北海，碑位于岱庙东御座环廊西壁。碑高1.56米，宽0.7米，字体行草。书法苍劲潇洒，书于1965年10月24日。

　　该碑是郭沫若同志为原泰山管理处所题。题句"挟泰山以超北海"出自《孟子·梁惠王上》。

　　驭大鹏而游南溟，碑位于岱庙东御座环廊东壁。碑高 1.56 米，宽 0.7 米，字体行草，书于 1965 年秋（图 14）。该碑题句"驭大鹏而游南溟"语出《庄子·逍遥游》。两块石碑东西相对，词句内容气势宏大，似一副楹联，可见郭老知识之渊博。

"天子"风骚——乾隆御制诗碑

奉皇太后登岱而赋

碑嵌于岱庙汉柏亭南侧台基之上，高 2.35 米，宽 0.99 米。边饰云纹，书体行草，陪奉皇太后登上泰山时所题。

诗文：

> 十八盘前侯大安，天门双阙倚栏杆。
> 万年王母会仙母，此日和鸾接彩鸾。
> 云看吐吞成幄幔，辇教扶掖度巉岏。
> 南山献寿无须比，宝算崇齐泰岳端。

落款：戊辰仲春奉皇太后登岱麓敬志一律，御笔。

该诗为乾隆十三年（1748），乾隆帝亲自陪奉皇太后登泰山时所赋。《泰安县志·序记》载：我皇上践位之十有二年，诏布天下，将以来年春孟，东巡狩，亲奉皇太后銮舆秩于岱宗。又载：戊辰二月初四日，皇上奉皇太后起銮出京，既幸孔林抵于泰安二十有九日，祀于岱庙，遂登山，一切望祀礼仪及赏赉赐敕悉遵圣祖仁皇帝旧制。

登山过程写道：

> 其令截漕赈贷并饬，所过之地方毋出明年租税。庚辰发曲阜后三日壬午至于岱宗，翌日将事于岱庙，寻登山，山路新平治不险。其险处没浮梁易登陟，皇帝骑而上，诸王侍臣或骑或肩舆从，过玉皇庙朝阳洞小憩，至极顶，驻跸行宫，明日侍皇太后祀山上，又明日偕下。

该诗所题之地十八盘，故原诗刻于十八盘东侧石崖，此碑为山下所立。

谒岱庙

碑位于岱庙天贶殿前大露台上的东御碑亭内，碑高3.16米，宽1.11米。碑方座方首，碑身及碑首的阳面阴面浅刻二龙戏珠图案。字体行书，为乾隆帝御笔（图15）。

图15　乾隆谒岱庙诗碑

碑四面刻诗计五首：

面东碑文刻乾隆皇帝于乾隆十三年（1748）春，陪奉皇太后朝圣之后登岱，首谒岱庙时作《祀岱庙二律》。诗中言朝礼山神乃为民求福。

其一

释奠回銮礼岱宗，绳先不为事登封。

地灵自是神凭宇，庙古还看黛蔚松。

阶下崎釜临介石，殿中肃穆仰苍容。

己躬那更求多福，祈岁心殷惠我农。

其二

祀视三公旧典行，配天生物镇苍精。

崇朝所冀云蒸雨，大德应符震出亨。

寝殿端居帝偕后，仙坛陪享弟随兄。

泰山林放如相拟，久矣禋宗不易明。

西碑文是乾隆皇帝于乾隆十六年（1751）南巡回銮时谒岱庙诗。

岱宗遥望谢重登，岱庙森严玉陛升。

只有丰年祈帝贶，愧无明德答神凭。

唐槐汉柏形容古，时景民风气象增。

迅矣三年成瞬息，向来欣戚总难胜。

面北碑文刻于乾隆三十六年（1771）《谒岱庙六韵》。

亿祀神庥永，百年庙貌新。

佐天生万物，护国福烝民。

庆落卜良日，展诚恰仲春。

扶桑石突兀，炎汉柏轮囷。

肃拜经九载，慈宁值八旬。

抒忱颙有吁，介寿愿重申。

面南碑文刻于乾隆四十一年（1776）《谒岱庙六韵》，诗曰：

庆落当辛卯，来瞻兹丙申。

安舆欣茇止，古庙展诚纯。

即此康强吉，孰非锡羡仁。

东方生众物，万祀佑斯民。

松柏哪论旧，丹青尚落新。

所希绵懿寿，命驾岂辞频。

此碑与西御碑亭之碑，遥遥相对，碑的规制及装饰图案一致。

题唐槐

碑立于乾隆十三年（1748），后佚，碑高3.48米，宽1.06米。碑文行书，方座方首，碑身周边及碑首饰有云龙纹。乾隆皇帝御制御书。

兔目当年李氏槐，

枒槎老干倚春阶。

何当绿叶生齐日，

高枕羲皇梦亦佳。

落款：戊辰季春御题

碑阴亦题刻乾隆帝御制诗，但字迹磨失，不可认读，仅御题二字尚可辨认。此碑1997年3月，由泰安市博物馆在清理唐槐北建筑垃圾时发现，从位置判断，应立于唐槐东侧，面对延禧门而立。

登岱二首

碑嵌于岱庙汉柏院之东墙壁，碑高2.3米，宽0.93米，字体行草，碑质地石灰岩，字迹部分剥蚀。碑刻乾隆皇帝登岱诗二首，皆为七言，诗文如下：

其一

丹梯纤陟穿云脚，翠观平临待日头。

地回顿教尘虑净，瞰空惟觉幻身浮。

果然万古宗天下，讵独千秋镇兖州。

大慰平生景仰志，可无警句半岩留。

其二

天齐才让天居上，进步竿寻百尺头。

众皱峰如能变化，太空云与作沉浮。

岂缘乘兴凌千仞，敬识凭高御九州。

继述何能覆敢不，乾坤亭里久延留。

该碑是乾隆皇帝1748年首次登泰山，恭依皇祖诗韵，御笔书写而成。碑风化较为严重。

过泰山再依皇祖诗韵

碑嵌于岱庙汉柏院之东墙壁内，碑高2.32米，宽0.99米，字体行草，字迹部分风化，上刻乾隆皇帝登岱诗两首。

其一

才看积雪消峰脚，又觉轻云翳日头。

岂是山灵邀客住，故教岚气作烟浮。

赓吟尚忆尧登顶，结揽遐思禹画州。

阿那天门门左侧，云巢三日我曾留。

其二

仄路盘旋出塞口，岱宗俯视众峰头。

试思前度游如在，了识百年梦亦浮。

稍喜省方近吴会，岂辞问路自齐州。

若云此地山川景，只合驱车不合留。

该碑是乾隆皇帝于乾隆十六年（1751），第二次登泰山时，御笔题写，诗文系乾隆帝依皇祖康熙帝的诗韵而写成的两首诗。碑风化较甚。原诗文刻立于岱顶碧霞祠，后附乾隆二十七年（1762）夏四次登山作诗一首。

过泰山三依皇祖诗韵

碑位于岱庙东廊内，碑高2.42米，宽0.93米，字体行书。阴阳两面各刻诗，刻乾隆二十二年（1757）、二十七年（1762）二次来泰安所赋诗四诗。

面东诗文：

其一

方山一宿停清跸，泰岱岩岩见举头。

南指遥程春晓发，东来紫气马前浮。

圣踪永古并崇岳，恺泽于今在九州。

纵是瞠乎嗟莫及，觐扬敢不意深留。

其二

灵岩石路盘山脚，齐甸春光动陌头。
案衍遥从西峪度，岚炊不碍晓烟浮。
瓣香寸意驰仙阙，舆地千年镇兖州。
忧乐向来何处著，思量结习岂应留。

落款：过泰山三次依皇祖诗韵　　丁丑孟春下浣　御笔
面西碑文：

其一

春巡南国孤行跸，按辔高山仰马头。
可匹何曾吴岭风，既成乃复大江浮。
便教一问峰兮谷，未许多劳郡与州。
清晓载登午言降，那因胜处恣耽留。

其二

五岳之中宗首出，谁能昆脚与皆头。
神传杜句真称独，象拟韩文信不浮。
结揽圣情昭泰麓，照临民隐遍齐州。
继绳今日伊予责，敢不聪听一意留。

落款：登泰山五依皇祖诗韵　　壬午孟夏月　御笔
此碑两面四诗，皆乾隆皇帝过泰山依其祖父清圣祖康熙诗韵作诗并撰书，其诗末尾一字皆押韵在"留"字上。该碑从下部断裂，加固保护。

题环咏亭

　　该碑原刻于岱庙西院环咏亭东墙，环咏亭今废，1959年镶嵌于汉柏亭基础方台上。碑高0.95米，宽0.64米。诗是乾隆皇帝第7次来泰安时所作，时乾隆四十一年（1776）。诗曰：

　　　　　　四面回廊环古屋，题诗嵌壁满其间。
　　　　　　不须品第咏而去，否恐虚今当往还。

　　落款：丙申暮春月中浣　　御题

题登封台

　　碑嵌于岱庙汉柏院之东墙上，高0.66米，宽1.32米，字体行草，诗为乾隆五十五年（1790），乾隆皇帝第6次登上泰山极顶时，题"古登封台"诗句，这一年也是乾隆皇帝一生中最后一次登泰山。

　　　　　　登封降禅古来传，总属夸为可鄙旃。
　　　　　　造极至今凡六次，无他只谢愧心虔。

　　落款：庚戌季春上浣　　御题

题朝阳洞

碑位于岱庙汉柏院东墙上，高0.66米，宽1.3米，字体行草。诗曰：

翠微洼处数间屋，陟降人兹憩以常。
日观高峰应早见，底须幽洞诩朝阳。

落款：庚戌季春　御题

该诗为乾隆五十五年（1790）乾隆皇帝最后一次登山所题，诗句描述了登山途中朝阳洞周围的景致。

题壶天阁

此碑嵌于岱庙汉柏院之碑墙中，字体行书，碑高1.6米，宽0.78米。落款"庚戌季春御题"，当为乾隆五十五年（1790）所立。诗文曰：

壶天阁据路之中，于是传餐足憩躬。
便可轻舆徐以进，未能策马愧于衷。

诗中介绍了壶天阁所处地理位置以及道路陡峭的情形，道出了只能乘轿缓缓而上，不能策马扬鞭之心境。

题桃花峪

碑嵌于岱庙汉柏院之东墙上，高0.72米，宽0.76米，字体行草。诗文曰：

石栈崎岖陟峻层，几枝灼朵倚崇峻。

落英不付东流水，哪许人间认武陵。

落款：庚戌季春上浣

时为乾隆五十五年（1790），乾隆皇帝最后一次登山题泰山东路桃花峪诗。

岱庙沧桑——创建重修碑

大宋天贶殿碑铭

　　立于宋大中祥符二年（1009），碑通高3.86米，宽1.5米，方座圆首。北宋文学家、史学家杨亿撰文，尹熙古篆额并书写碑文。碑今立于岱庙天贶殿西南（图16）。

图16　大宋天贶殿碑铭　碑阴刻明天顺五年重修东岳神庙碑记

该碑是宋真宗封泰山，谢天书创建天贶殿之后所立。碑文宣扬古帝王因受命于天得祥瑞而发迹：

> 故伏羲受龙图以作八卦①，轩辕得龟篆②以朝万灵，放勋获玉泥青绳之文③，帝舜膺赤文绿错之瑞，夏商以降，绩用昭明④，故大禹梦苍水之符……西伯之赤雀止户，武王之白鱼入舟，皆盛烈通于神祇⑤。

碑中详细记载了真宗夜梦神人及泰山降天书的经过：

> 惟元年仲夏⑥，既望之后夕，上复梦神人⑦，谕以谆谆之意⑧，期以来月⑨，锡符于泰山⑩……是月之六日也⑪，粤有梓匠⑫，晨诣灵液亭给斤斸之役⑬，草露方渥⑭人迹罕至，忽得黄素于灌莽之上⑮。其文有："皇帝崇孝育民，寿历遐岁"之言⑯。

天书逐级急送进京，宋真宗亲迎天书于含芳园。碑文还详细叙述了天气变

---

① 伏羲：太昊。龙图：河图，传说的龙马从黄河负图而出，伏羲接受河图，因而作八卦。
② 轩辕：黄帝。龟篆：洛书。传说神龟负文而同，列于背，有数至于九。
③ 放勋：帝尧。
④ 昭明：显著。
⑤ 盛烈：盛大的功业。神祇：天地之神。
⑥ 元年：指宋大中祥符元年，仲夏指阴历五月。
⑦ 上复梦神人：皇帝再一次梦见神人。
⑧ 谕：告知。此指神人告知皇帝。
⑨ 期：约定。
⑩ 锡符于泰山：在泰山赐天书。
⑪ 是月之六日：指六月六日。
⑫ 梓匠：木匠。指泰安的木匠董祚。
⑬ 诣：到。灵液亭：宋真宗在天书观礼泉建亭，赐额"灵液亭"。给：供应。斤斸之役：斫木头的活。
⑭ 草露方渥：草上露水正浓。
⑮ 黄素：黄色的绢，指泰山降天书。
⑯ 寿历遐岁：寿命久远之意。

化，并极尽颂扬之辞，载：

> 弁冕端委①亲拜于苑中②，玄图秘文③，复遍示于群下。先是阴云待族④，大雨濯枝⑤，需泥治道之是艰⑥，沾服废礼之为惧⑦。是日也⑧，悬宇澄霁⑨，佳气郁葱⑩。

碑中概述了岱庙的沿革及创建天贶殿的情景：

> 且复讨论前载，追求遗范。辉景下烛，秦既作畤⑪。珍瑞云获，汉亦起宫⑫。其后因轨迹而增崇⑬，建名称而不朽者⑭，非可以悉数也。乃诏鲁郡申饬⑮攸司，爰就灵区茂建清宇⑯。授规于哲匠⑰，董役以廷臣⑱，朴斫前施⑲，墍涂咸备⑳，

---

① 弁冕：此指皇冠。端委：礼服端正而宽长者曰"端委"。

② 苑：指含芳园。皇帝在含芳园亲自拜受天书。

③ 玄图秘文：指天书。

④ 先是：接受天书的前一天。待族：聚结。

⑤ 濯枝：古称旧历六月大雨为"濯枝雨"。

⑥ 需：柔软。治道：疏通道路。艰：担忧。谓：担忧泥土柔软，不能疏通道路。

⑦ 沾服废礼之为惧：惧怕沾濡衣服，搁置了接受天书的典礼。

⑧ 是日：这一天。指接受天书这一天。

⑨ 悬宇：指京城上下。澄：清明。霁：雨后初晴。

⑩ 佳气：泛指美好的景象风光。古代美化帝王，思想所至，呈现吉兆景象。

⑪ 辉景：日晕的亮光。古人以"辉景"为禅瑞。下烛：下照。秦：指秦代。畤：祭天地之所。

⑫ 珍瑞云获，汉亦起宫。意为因得到珍奇的祥瑞，汉代兴建了宫殿。1996年，在岱庙仁安门安装避雷设施时，挖出了汉代的瓦当，对上述记载，给予补证。

⑬ 因：沿袭。轨迹：车的辙迹，此指前人留下的规章制度。

⑭ 建名称：议定尊号。不朽：永不磨失。

⑮ 乃诏鲁郡攸司：于是命当地的官署。

⑯ 爰就灵区：指神灵所居住的区域。清宇：此指庙宇。

⑰ 授规于哲匠：把建筑的规则授予明智而富有才艺的工匠。

⑱ 董役以廷臣：朝廷中的大臣来督察工役。

⑲ 朴斫前施：先施行朴素的雕饰。

⑳ 墍涂咸备：以泥涂屋。涂：粉饰。咸：都。

法大壮而取象①，曾不日以克成②。

接着碑中对建成后的天贶殿进行了夸张描述：高大的庙宇，高耸入云，周围清澈的泉水环绕，就像上天赐予的一般，既而选择良辰吉日，为天贶殿"揭之题榜"③。此时，众多元鹤④聚集在天贶殿，顷刻在清亮的鹤鸣声中，落下一些羽毛飞走了。此段描述为天贶殿增加了一层神秘色彩。

碑阴刻明天顺五年（1461）重修东岳神庙碑记，薛瑄撰文，陈铨行书，李颙篆额。

宣和重修泰岳庙记碑

刻立于宋徽宗宣和六年（1124），碑高9.25米，宽2.1米，龟趺螭首。翰林学士宇文粹中撰文，朝散大夫张漴楷书碑文并篆额。碑位于岱庙汉柏院西侧（图17）。

该碑规制宏大，是岱庙内最大的一通碑，龟座是一块整石雕刻而成，硕大的龟趺、精美的雕刻是北宋石刻艺术的代表，石龟重达20余吨，号称山东省第一大龟，在全国也不多见。游人多驻足欣赏，有"摸摸龟头不发愁，摸摸龟腚不生病"的传说。螭首有八龙相交，龙首分别垂于碑侧，组成一个大的云朵，望之巍巍壮观。碑中记载了自宋建中靖国元年（1101）至宋徽宗宣和四年（1122）降旨增建重修岱庙的记事。重修后的岱庙："峛然如清都紫极⑤，望之者知其为神灵所宅。""凡为殿、寝、堂、阁、门、亭、库、馆、楼、观、廊、庑合八百一十有三楹⑥。"其规模之大，创历史最高水平。碑文还对宋徽宗皇帝的政绩大加颂扬：

---

① 法：效法。大壮：盛壮。取象：决定建筑物的形象。
② 曾不日以克成：不久即按期完成。
③ 揭：揭示。题榜：书写于匾额上的题字，指天贶殿匾额。
④ 元鹤：玄鹤。古代传说中鹤千年变苍，又千年变黑，称玄鹤。
⑤ 清都：天帝居住的宫阙。紫极：帝王宫殿称紫极。
⑥ 楹：间。

臣窃伏①观皇帝陛下，临御②以来，夙霄之念③，无一不在于民者，发号出令，以诚以告④；颁恩施惠，以生以育；设官择人，以长以治⑤；制法垂宪⑥，以道以翼，以训以齐。政成化孚⑦，中外宁谧⑧。于是国有暇日以修典礼，民有余力以事神祇。

图17　宣和重修泰岳庙记　碑制宏大，高9.25米，宽2.6米。岱庙内第一大丰碑，仅龟座重达20余吨

此段记载多有粉饰，与历史大相径庭。徽宗宣和六年，山东及黄河以北许多地区的农民群起举事，金兵则乘机大举南侵，北宋王朝危机四伏，危在旦夕，何谈"政成化孚，中外宁谧"。该碑立后两年，徽钦二帝被金兵虏走，北宋王朝灭亡。

碑阴刻明万历十六年（1588），山东巡抚李戴和巡按吴龙征题"万代瞻仰"四个大字。田东撰书，书体楷书，庄重醒目，用笔遒劲，题字可谓锦上添花，一碑可观宋明两代书法的特征。

---

① 窃伏：私下暗暗地。
② 临御：继帝位。
③ 夙霄之念：早晚所思念的事。
④ 以诚以告：用以晓示警诫官吏和百姓。
⑤ 以长以治：使国家长治久安。
⑥ 制法垂宪：制定规章制度，下达法令。
⑦ 政成化孚：政事成功，教化诚信。
⑧ 宁谧：安宁。

大金重修东岳庙之碑

碑立于金大定二十二年（1182），通高6.37米，宽1.85米，厚0.85米，龟趺螭首，规制宏大。碑文楷书，党怀英篆额，杨伯仁撰文，黄久约楷书。位于岱庙天贶殿东南侧，面西（图18）。

碑中记载了重修岱庙的过程，文中载：

> 大定十八年，岁在戊戌春，岳庙灾，虽门墙俨若，而堂室荡然。主上闻之，震悼不已，俾治有司不戒之罪。

图18　大金重修东岳庙之碑　党怀英篆额，杨伯仁撰文，黄久约楷书。因三人皆为名家，故有"三美碑"之誉

第二年派官修之：

> 出内帑钱以贯计者□有□□，黄金以两计者二百四十有六，及民之愿出资以助者几十万千。且运南都之材以足之。复诏其工役，勿烦吾民，给以佣值，故皆悦而忘劳矣。二十一年辛丑冬告成。凡殿、寝、门、阆、亭、观、廊、斋、库，虽仍旧制，加壮丽焉。

以上记载对我们研究岱庙的兴废及古建筑的确切年代提供了宝贵资料。

126

该碑的书、撰者也均出自名家之手。《金史·列传》称："怀英能属文^①，工篆籀，当时称为第一。"《泰山志》载："久约善书，史独阙焉，观此碑结体展拓，而笔格秀整，当不愧为大手笔也。"此一石合三人之能而萃为一碑，实属罕见，故有"三美碑"之誉，又有"金源一代金石之冠"之赞。

东岳泰山之神庙重修碑

此碑刻于明天顺五年冬，碑文刻在大宋天贶殿碑铭之碑阴，碑额篆刻"东岳泰山之神庙重修碑"。碑文行书，薛瑄撰文，陈铨书写，李颙篆额。

碑文开头部分对岱庙的地点、功用及现状做了阐述：

> 东岳泰山之神，故有庙，在山之阳，朝廷有大典礼，大政务则遣使告焉。庙屋历年既久，类多圮漏弗治。

碑中对重修岱庙的过程也有较详细的记载：

> 铨^②始至泰安，谓修葺岳庙，固所以祇若朝命，致谨大神，然尤当以省民财重民力为本。财匮民劳^③，事亦非可。因询及守庙者，俱言数十年所积礼神之物甚富。遂遣人持市木之巨细与其他修屋之不可缺者^④……始事于天顺庚辰秋七月^⑤，次年辛巳夏五月讫工^⑥，殿宇、周廊、门观、缭垣^⑦，悉

---

① 《金史》卷一百二十五列传第六十三云："怀英能属文，工篆籀，当时称为第一。"
② 铨：指当时的济南府知府陈铨。
③ 匮：穷尽。民劳：百姓疲劳。
④ 市：动词，购买。
⑤ 天顺庚辰七月：天顺四年（1460）。
⑥ 次年辛巳：天顺五年（1461），这两句指开工竣工的时间。
⑦ 观：台榭。缭垣：围绕庙院的城墙。

皆完备，不陋于前，不侈于后。咸愿刻石，以纪其事。

从上述文字看出，陈铨体恤民情，以省民财、重民力为本，因地制宜，利用礼神之财物，完成了重修岱庙的使命。从刻石纪事于宋碑之阴，也足以证明陈铨节约为本这一做法。需要说明一点：借前代人所立石碑刻字者，多见于明代，做法有两种：一是借用前代碑阴刻字，对原碑无损害；二是毁前代人刻文，而重新刻上自己的碑文，此举对碑刻构成一大损害。碑的后半部分刻碑铭，赞扬了泰山的雄险峻貌和磅礴气势，超出《诗·鲁颂》"泰山岩岩，鲁邦所瞻"的观点，并提出了"匪鲁邦瞻"的新观点。铭文最后载：

逮我圣祖[①]，道复古隆，斥绝僭诞[②]，率由大中[③]。岳镇海渎，悉正其名，惟岱宗神[④]，神称允格[⑤]。

以上碑文就明太祖朱元璋，遵循占制，废弃前代对泰山神的虚妄封号，悉正其名之事做了记述。该碑原宋碑文面东，今面西，皆因借用碑阴时移动所致。

重修东岳庙记

刻于清康熙十七年（1678），碑高5.93米，宽1.53米，厚0.48米，龟趺螭首。碑文正楷，山东布政使施天裔撰文，立于岱庙天贶殿大院阁老池西北向。

该碑碑额篆刻"皇清重修岱庙碑记"8字，碑文刻"重修东岳庙记"。碑文对岱庙自创建以来，历代对它的祭告重修做了叙述：

---

① 圣祖：指开国皇帝朱元璋。
② 斥绝：废弃杜绝。僭诞：指超越身外虚妄的封号。
③ 率由：遵循成规旧事。大中：指无过不及、恰如其分的道理和原则。
④ 岱宗神：泰山神、岱宗泰山的别称。
⑤ 神称：神的称号。允格：合乎法式、准则。

……而宋则改置今地①，历金、元、明代加崇饰，各有记②。盖自宋东封③驻跸来，历代祝厘④率于此，凡朝廷祭告册书，亦必刻石庭中，我皇朝未之有易。其规模宏丽俨若王居。

按着记文又将明末兵荒马乱，岱庙荒废的景象做了交代。文载：

……明之季⑤，兵饥荐臻⑥，四方祈报⑦，由辟之氓，不至于是⑧，崇宫□阁，縶于榛莽⑨。风雨之所摧，鸟鼠之所窜，榱桷浥腐⑩，丹碧渝败⑪，倾圮秽杂⑫，实为神羞……

在这种情况下，由施天裔和武举张所存负责，开始了历史上历时最长的一次重修岱庙的工程，时间始于康熙七年（1668）春二月，告成于康熙十六年（1677）夏五月，修庙工程长达10年。更有价值的是，该碑阴还附有张所存撰写的"重修岱庙履历纪事"。纪事中将这次浩大的修庙工程的时间、用工情况、所费财力、所购材料、所植树木、所建殿庑、斋堂、亭坊等一一刻记，是岱庙现存的最详细的重修记事碑，是我们今天重修岱庙、恢复旧制时可参照的珍贵的资料。

---

① 今地：指岱庙。
② 指历代重修碑记。
③ 东封：指宋真宗封禅泰山。
④ 祝厘：祭神祈福。
⑤ 明之季：指明朝末年。
⑥ 兵饥：战争造成的饥饿。荐臻：频接而来。
⑦ 祈报：祈求，古时遇水旱灾则祈，如愿而报，此指全国遭水旱灾。
⑧ 由辟之氓，不至于是：辟，偏僻；氓，指百姓；意偏僻地方的百姓不到这里来了。
⑨ 縶：摒弃。榛莽：杂草丛生状。
⑩ 榱桷：椽。腐：潮湿腐烂。
⑪ 丹碧：指彩绘。丹碧渝败：指彩绘脱落。
⑫ 倾圮秽杂：倒塌荒芜。

乾隆重修岱庙记碑

立于清乾隆三十五年（1770），碑高5.2米，宽1.5米，厚0.5米。该碑为御制御书，碑龟趺方首，位于岱庙天贶殿东南向（图19）。

该碑形制雄伟，制作精细，上刻满、汉两种文字，俗称"满汉碑"，位于岱庙天贶殿东南向。又因为当年碑面磨制细腻，光滑似镜，可鉴人影，又名"亮碑"，今采访几位八旬以上老人，其回忆皆证明确有此事。该碑为庆贺乾隆皇帝60寿辰、恭逢圣母皇太后八旬万寿而重修岱庙时所立。重修工程的起止时间，因与碧霞祠重修时间相同，故详记于乾隆重修碧霞元君庙记碑中，可惜该碑已毁，查《泰山志》得，重修时间自乾隆三十四年（1769）春始至三十五年（1770）冬止，历时近两年。但该碑对古帝王封禅的由来和演变记载

图19　乾隆重修岱庙记碑　该碑刻满、汉两种文字，俗称"满汉碑"。因制作精细，立碑后光滑似镜，可鉴人影，又名"透明碑""亮碑"

甚详。文载：

> 然自七十二家之说兴^①，而昭姓考端^②，大号显名，铺陈极乎迁之书、相如之文^③，世世封土作礛^④，琢玉成牒；甚者以上山恐伤木石，以遇风雨为德未至^⑤，以举火辄应为得行秘祠^⑥。盖由柴望一变为封禅，由封禅再变为神仙^⑦，而汰侈^⑧益无等矣。

碑中接着对清代未行封禅之因做了交代，康熙二十三年（1684）是康熙帝继位后的第一个甲子年，大臣曹禾请求康熙皇帝行泰山封禅之礼。康熙皇帝下旨请九卿辩论此事，九卿建议行燔柴之礼，设祭山岳，以求丰年，康熙帝采纳了此建议。乾隆皇帝继承先皇遗训，每巡狩天下，都亲自到岱庙行祭祀之礼，是古帝王中来岱庙最多的一位。

该碑原有碑亭保护，1929 年毁于孙良诚部，今柱基犹存。

重修遥参亭碑记

刻于 1858 年，该碑镶嵌于遥参亭正殿前廊东照壁，碑宽 1.45 米，高 0.64 米，书体楷书。清咸丰年间，知泰安府事伍尧来秀撰文书写，1858 年立。

碑中记载了遥参亭创建的沿革及重修的过程：

---

① 管仲曰：古者封泰山禅梁父者，七十二家。

② 昭姓：古帝王把天下据为自己一姓所有，一旦占有天下，即来泰山封禅，播告天下。考瑞：考查诸侯的符瑞。古时天子封诸侯，将玉制信物赐予诸侯，定期检查，称考瑞。

③ 迁之书：指司马迁的《史记·封禅书》。相如之文：指司马相如的《封禅文》。

④ 封土作礛：古帝王封泰山，将玉册文放入玉匣，以金绳扎之，置于石礛中，秘埋地下。

⑤ 以遇风雨为德未至：指秦始皇上泰山，中途遇暴雨，皆因德行未到。

⑥ 举火：指燔柴祭天。辄应：上天接受之意。

⑦ 封禅再变为神仙：指汉武帝来泰山封禅，惑于"能成仙登天，长生不死"之说。

⑧ 汰侈：骄奢浪费。

遥参亭者本与岱庙相连，唐宋以前，名曰遥参门，凡有事于岳者，必先于此瞻拜，而后入，实岱庙中央之门户也。

从碑文中不难看出，唐宋以前遥参亭实属岱庙之门户，是朝拜者遥拜之地。至明代"因其规模狭隘，发帑兴修，复加恢廓，奉元君像于其中，始于庙隔。"此时遥参亭已初具规模。乾隆三十三年（1768）巡抚富明安重加修葺，使其殿宇恢宏。自此至咸丰丁巳年间的89年中"古殿倾颓，金身脱落"。府事伍尧来秀认为："忝守是邦，亟应择吉兴作，以壮观瞻。"于是"广为劝募"，"神佑好义，乐输者，辐辏麟集"。重修工程自咸丰七年（1857）至咸丰八年（1858）春三月完工。该碑记为同年所立。

（本书古文注释录自姜丰荣先生的碑文考释，特此说明。）

岱庙古籍

赵桂芝　著

引　言

　　岱庙为全国重点文物保护单位。岱庙内藏大量古籍，是岱庙文物的重要组成部分。

　　岱庙古籍近4万册，覆盖面广、版本齐全，有很高的研究利用价值。

　　20世纪80年代，尘封多年的古籍得以整理、著录、上架，并为社会提供服务。多年来，共接待各级、各界数千人次，同时为《泰山志》《泰安市志》的编纂和地方文史研究提供了大量的资料。

　　岱庙古籍大多数为岱庙旧藏，部分为社会征集。古籍中经部10类，史部15类，子部14类，集部4类，丛书2类。以卷册数量排列为史部、子部、集部、经部、丛书。最早版本为明成化年间刊本，最晚为民国版本。版本形式有刻本、石印本、抄本、木活字本、铜版本、铜印本、影印本，还有少量的复印本。基本为线装本，有少量的旧平装本，经卷多为卷摺式，也有少量毛装本。

　　根据国家善本书标准，岱庙古籍中有善本550套，7700余册，其中经部66种，史部138种，子部114种，集部215种，丛书24种。明版善本2800余册，有成化、嘉靖、万历、天启、崇祯年间的版本。清版善本主要是康熙、乾隆年间的版本，顺治、雍正年间的较少。珍稀善本为明版《道藏》和《书史纪原》。《道藏》为万历年间御赐，并存有万历帝颁赐《道藏》的圣旨一帧。《道藏》和圣旨堪称泰山镇山之宝。《书史纪原》为一部书法史著作。此书曾为曹寅所藏，书内有董其昌手书序并图章，还押有曹楝亭藏书章。书最后一页末行有"雪芹校字"四个行楷小字，下有一方文"长相思"的方篆章。善本中还有《津逮秘书》等一部分精刊书。

　　本书选择部分岱庙善本书做简要介绍，以使读者对岱庙藏书有较全面的了解。

经　部

《急就篇》

经部小学类。汉史游撰，唐颜师古注，宋王应麟补注，明崇祯年间汲古阁毛氏重刊本。开本24.7厘米×15.5厘米，版框19厘米×12.7厘米，半页8行，行18字，间或有双行小字注，下书口印有"汲古阁"字样。每页均有原加双层衬纸。线装本。

《急就篇》四卷，正文一卷，全五册。编次为序、正文。序曰："《急就篇》者，其源出于小学家。"一册、二册卷前押有阳文篆章"牛次原珍藏""心迹双清""卓山珍赏"，三册、四册、五册前均押有阴文篆章"牛次原珍藏"。

颜师古序

罗愿跋［淳熙十年（1183）］

王应麟后序

《急就篇》为社会征集。

《篆字汇》

经部小学类。清余佟夫编，康熙三十七年（1698）多山堂刊本。开本25.6厘米×15.2厘米，版框19.8厘米×12.7厘米，半页8行，行字不等，白口，线装本。下书口印有"多山堂"字样。

《篆字汇》十二集，全十二册。编次为序、目录、正文。分子、丑、寅、卯、辰、巳、午、未、申、酉、戌、亥共十二集。每册封面左上方和中下方分别有手书"篆汇奇观""味经堂"字样，并押有阳文"味经堂"花篆一方。印色与扉页内篆章明显不同。每册扉页上均押有形状各异、数量不等的篆章，有阳文"仙露明珠""半芋""鹤亭""怀思堂""一字云瞻号鹤亭"，阴文"达观""石舫""相永瑞""铁岭永瑞"等。第一册扉页后一页为书名页，版框中有"篆字汇"三个大字。

文曰："篆而冠正字于其上，使阅者知某字某篆，或一字而一篆，或一字而数篆至数十篆，诸凡钟鼎金石录古文大小篆无不备载。"

梁佩兰序［康熙三十年（1691）］

《篆字汇》为社会征集（图1）。

图1 《篆字汇》内文本字篆字及注解

史　部

《御定历代纪事年表》

史部编年类。清王之枢等纂修，康熙五十四年（1715）官刻本。开本29.3厘米×17.8厘米，版框22厘米×12.3厘米，半页9行，满行26字。表半页6行，行10格，白口，线装大本。存全一百卷，五十册。

序题："康熙四十四年春，朕南巡吴会，有儒生龚士炯进其所编《历代年表》若干卷，起陶唐而终于隋。朕惜其用心之勤而业未竟也，乃命侍郎周清原、内阁学士王之枢续之，讫于元至正之末，凡一百卷。"是书编次为序、历代三元甲子编年、历代年表进呈表、纂修者纪事年表、凡例、目录、正文。序首页上押有方形、长方形阳文篆章四枚："桐城张氏珍藏""龙眠文瑞公裔孙之印""桐山张氏守素堂图书""笃素堂张晓渔校藏图籍之章"。序末押有阳文方篆章"笃素堂藏书"。每册书首均押有形状不同、数量不等的阳文篆章："张谨夫图书印""筱渔子读一过于松爱吾庐""桐山张筱渔氏手抄秘笈""古桐菊荪们谨甫氏印""筱渔张氏手校藏书""曾在张谨甫处"。

陈邦彦序［康熙五十四年（1715）］

《御制历代年表》为社会征集。

《绎史》

史部纪事本末类。清马骕著，康熙九年（1670）刊本。开本29厘米×17.2

厘米，版框18.8厘米×13.5厘米，白口，大线装本。全书一百六十卷，存一至八十五卷、一百二十二至一百六十卷，十八册。

全书分五大部分。太古部分包括《开辟原始》《皇王异说》，以及《太皞纪》《炎帝纪》等十卷；三代部分包括《禹平水土》《夏禹受禅》等二十卷；春秋部分包括《鲁隐公摄位》《齐桓公霸业》等七十卷；战国部分包括《三卿分晋》《田氏篡齐》等五十卷；外录部分包括《天官书》《律吕通考》等十卷。此外还有《世系图》三十七种、《地理图》八种、《天象图》十种、《古玉图》八十五种、《建置图》八种、《谱表》四种、《古文学摹印》八种。是书仿袁枢纪事本末之例，纪事则详其颠末，纪人则备其始终。其事迹皆博引古籍，排比先后，各冠本书之名。其相类之事则随文附注。每卷之后附有评论，对历史事件进行分析和判断。

封面、封底及书内均押有大篆和九叠文合刻为一的长方印章，篆文为"监督大通桥运务户部公司关防"（9.5厘米×6厘米）。

李清序［康熙九年（1670）］

马骕徵言

《绎史》为岱庙旧藏。

《李氏藏书》

史部别史类。明李贽撰，万历二十七年（1599）刊本。开本28.1厘米×17.1厘米，版框23.2厘米×14.2厘米，半页9行，行20字，白口，单鱼尾，每页内有原加双层衬纸，线装本。存四十七册。

是书采摭战国至元事迹编为纪传，纪传之中，又各立名目。卷前设目。焦序曰："……一藏书，一焚书，一说书。焚书、说书刻于亭州，今为藏书，刻于金陵，凡六十八卷。"自序曰："藏书者何？言此书但可自怡，不可示人，故名曰《藏书》也。而无奈一二好事友朋，索览不已，予又安能以已耶？但戒曰，览则一任诸君览观，但无以孔夫子之定本行罚赏也，则善矣。"

焦竑序［万历二十七年（1599）］

刘东星序［万历二十七年（1599）］

梅国祯序

祝世祯序［万历二十七年（1599）］

方时化序［万历二十七年（1599）］

《李氏藏书》为岱庙旧藏。

《平叛记》

史部杂史类。清东莱毛霦撰，康熙五十五年（1716）精刊本。开本24.8厘米×16厘米，版框18厘米×12.8厘米，半页9行，行19字，小字双行，白口，单鱼尾，线装本。全二卷，二册。

是书记崇祯四年（1631），叛兵李九成等攻围莱州始末。大旨著知府朱万年、总兵杨御蕃、参将彭有谟、巡抚御史徐从治、谢琏等死守全城之功，著孙元化、刘宇烈、余大成抚寇误国之罪。始于是年闰十一月二十八日吴桥之激变，终于崇祯六年四月十三日麻坨之捷，分日记载，有纲有目，其事皆毛霦所目睹，故纤悉具备。自序曰："平叛纪者，记孔叛平也。孔叛始自吴桥继而破登，继而围莱，凡历十有八月而始驱之海外，平叛所为纪也。"又云："使当年文武诸臣，谁为墨守，谁为血战，谁为痛哭而乞师，谁为选愞而纵寇，为功为罪靡不昭然于奕世下矣！虽然，是纪之作，不过野老余间纂述旧眘已耳。"

辜光序［康熙五十五年（1716）］

自序（康熙重光单岁涂月上浣芙蓉岛上逸民毛彬书）

《平叛记》为岱庙旧藏。

《朱批谕旨》

史部诏令奏议类。清雍正年间官刻本，朱墨套印（图2）。开本30厘米×18.5厘米，版框21.4厘米×15.5厘米，半页10行，行21字，白口，单鱼尾。黄丝线装本。封面均无题签，右下方有一阳文方形篆章"腾达堂章"。

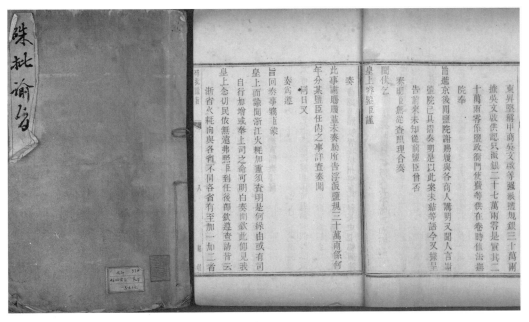

图2 《朱批谕旨》内文朱批与奏折，朱墨双色套印

《朱批谕旨》存一函六册。

第一册共100页。上奏折者为河南巡抚、后任甘肃巡抚的石文焯，时间为雍正元年六月至雍正五年九月。

第二册共99页。上奏折者为天津总兵官、后任广西巡抚的韩良辅，时间为雍正元年至雍正五年八月。

第三册共88页。上奏折者为云南永北镇总兵官、后任办理西路军需湖北巡抚的马会伯，时间为雍正元年十月至雍正八年三月。

第四册共123页。上奏折者为江苏巡抚张楷，时间为雍正三年四月至雍正四年五月。另一上奏折者为湖南巡抚印务布政使、后任福建巡抚的朱钢,时间为雍正二年七月至雍正六年九月。

第五册共114页。上奏折者为浙江巡抚印务吏部侍郎、后任吏部尚书的福敏,时间为雍正三年八月至雍正六年二月。另一上奏折者为山东巡抚印务侍郎塞楞额,时间为雍正四年十一月至雍正六年四月。

第六册共107页。上奏折者为广东巡抚印务臣付泰,时间为雍正六年十一月至雍正八年十月。另一上奏折者为四川巡抚王景灏,时间为雍正二年八月至雍正三年十二月。

每册下书口有上奏折者姓名。

《朱批谕旨》为岱庙旧藏。

《金华征献略》

史部传记类。清王崇炳撰,雍正十年(1732)婺束藕塘贤祠刊本,开本23.8厘米×15.2厘米,版框18厘米×12.7厘米,半页10行,行20字,白口,对鱼尾,存二十卷六册。

编次为序、引例、目录、正文。其书记金华先贤事迹。分十二类:考友传目十二,忠义传目二十五,儒学传目三十四,名臣传目五十三,文学传目六十七,政绩传目三十九,隐逸传目八,贞烈传目七十六,仙释传目十七,方技传目二,来宦传目一百〇一,游寓传目八。序曰:"自元以前,则本之史传,及吴师道《敬乡录》、宋濂《人物志》。自明以后,则更搜采诸书以补之。然乡曲之私,所录不免泛滥。其序例谓事迹或无可称,而列之名臣者,乃序爵之义。不知乡间耆硕,原不当以录秩为重轻,若概加采录,则是公卿表而非耆旧传矣。"

赵元祚序〔雍正十年(1732)〕

诸锦序〔雍正十一年(1733)〕

《金华征献略》为岱庙旧藏。

《梁氏族谱》

　　史部传记类。泰安梁震甲修。清光绪十一年（1885）刊本。开本26.2厘米×16.6厘米，白口，单鱼尾，线装本。封二版框居中为"梁氏族谱"，右侧为"光绪丁酉年菊月重镌"，左侧为"家祠藏板"。存全四卷四册。

　　乾隆四十四年（1779）九世孙景康作"前梁氏旧谱序"；嘉庆十四年（1809）十世孙廷楷作"续修前梁氏族谱序"，又十世孙廷珍序；嘉庆十四年修谱凡例，十一世孙作"前梁氏规序、凡例"；道光二十三年（1843）十二世孙熔成作"再续修族谱序"，又序；同治四年（1865）十二世孙作"前梁氏续修族谱序"，十四世孙震甲又序；光绪十一年（1885）十四世孙震甲作"续修族谱序"。

　　《梁氏族谱》为岱庙旧藏。

《赵氏族谱》

　　史部传记类。泰安赵氏修，民国初年刊本。开本27.5厘米×17.7厘米，版框20.8厘米×11.8厘米，小黑口，单鱼尾，线装本。存全四卷附世系表，共五册。

　　《赵氏族谱》记载了泰安赵氏家族从始祖至十一世事迹，时间为清初至民国初年。

　　《赵氏族谱》为岱庙旧藏。

《汶阳汪氏家乘》

　　史部传记类。泰安汪氏修，清光绪二十四年（1898）景徽堂刊本。开本26厘米×17.5厘米，版框19厘米×14.7厘米，白口，单鱼尾，线装本。封二居中为"汶阳汪氏家乘"，右侧为"光绪戊戌春重镌"，左侧为"景徽堂藏板"。

　　同治十二年（1873），黄恩彤题重修序并书楹联；道光十八年（1838），十二世孙文伟创修序、汪行举序、汪汝瀚序、汪文楷序、创修条规十一条、创修族众名次；光绪十二年（1886），汪珊树重修序、汪瑞树重修五世总派序、重修条规八条、重修族众名次；光绪二十三年（1897），汪桓玉续修序、汪珊树续修序、汪殿传续修序、汪殿聚续修序、续修条册衡篆、续修族众名次。卷首目录右下方押一阴文方章"粤国汪氏"藏书章。

　　《汶阳汪氏家乘》为岱庙旧藏。

《会试朱卷》

　　史部传记类。泰安赵氏辑。清同治年间赵氏刊本。开本26.3厘米×14.8厘米，版框17厘米×11.8厘米，每半页9行，行25字，白口，单鱼尾，线装本。封二版框内饰朱色盘龙花纹，居中为书名《钦命四书诗题》。存全一册。

　　《会试朱卷》为赵尔震、赵尔巽同治甲戌科中式试卷，各作四书诗题文四篇。文前附各中式名次（图3）、同考试官。卷首附二人履历、始祖、父母及胞亲世系表（图4），另有受业师、受知师人名若干。

　　《会试朱卷》为岱庙旧藏。

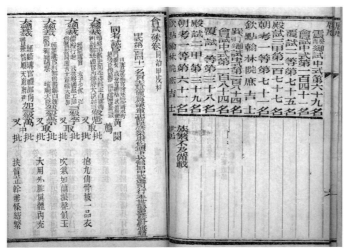 

图3 《会试朱卷》赵尔震、赵尔巽中式名次　　图4 《会试朱卷》赵尔震、赵
　　　　　　　　　　　　　　　　　　　　　　尔巽家族世系表

《泰山退轩先生清芬录》

　　史部传记类。王亨豫辑，民国二十四年（1935）铅印本。开本25.5厘米×15厘米，版框16厘米×10厘米，每半页9行，行32字，线装本。

　　《泰山退轩先生清芬录》不分卷。编目共分16部分：1.遗像6幅；2.正传；3.墓表；4.墓志铭；5.家传；6.行状；7.大事年表；8.编著书目13篇；9.手抄书目60篇；10.搜集泰山文献书目56篇；11.挽联；12.挽诗；13.铭诔；14.颂赞；15.序文；16.祭文。本书记述了退轩先生的生平事迹。

　　《泰山退轩先生清芬录》为社会捐献。

《泰山道里记》

　　史部地理类。清聂剑光著，乾隆三十八年（1773）杏雨山堂刊本。开本24.4

厘米×16.5厘米，版框18厘米×13.8厘米，半页11行，行21字，白口，单鱼尾，线装本。下书口印有"杏雨山堂"字样。

《泰山道里记》不分卷，全书一册，4万余字。这是一部"以路为纲领，以山之脉络为文之脉络"，记叙泰山山脉、道路、名胜古迹、金石的著作。它记载了泰山主脉以及岱东、岱西诸山，兼述徂徕山、灵岩等12支脉。记述翔实，考证严谨。封二版框内印有篆书"泰山道里记"，左侧为"乾隆癸巳年镌聂氏杏雨山堂"，编次为序文、图、正文、跋文。附图有5：泰岳、北宫（岱顶）、红门、岱庙、北宫（灵岩寺）。作者自序称："为著此书，凡四易其稿，历时三十年。"

　　钱大昕序

　　姚鼐序［乾隆四十年（1775）］

　　高怡序［乾隆三十八年（1773）］

　　聂鈫　序

　　望学文跋［乾隆三十一年（1766）］

《泰山道里记》为岱庙旧藏。

《岱览》

史部地理类。清唐仲冕辑，嘉庆十二年（1807）果克山房刊本。开本25厘米×15.6厘米，版框18.5厘米×11.9厘米，半页10行，行23字，白口，单鱼尾，下书口印有"果克山房"字样，线装本。封二版框居中为书名"岱览"，右侧为"长沙唐仲冕辑嘉定钱坫篆"，左下方为"陶山涧北庄藏版"。

《岱览》三十二卷，全十六册，编次为序、目录、岱览图、金石录要、艺文总录、征引书目、正文。《首篇》七卷，分为天章、祝文、仪注、颁赐、目录。《总览》七卷，分为原岱、岱礼、岱庙。《分览》十二卷，分为岱顶、岱阳、岱阳东西、岱阴东西。《附览》八卷，分岱麓诸山、汶水川泉、徂徕、新甫、灵岩、琨瑞山。《博览》四卷，分岳牧、文献、虞衡、齐谐。《叙览》一卷，为陶山自序。全书每卷之前皆有图，共征引正史等各种经籍665种，收入碑碣766通，详尽记载了泰山的历史和风貌。

英和序［嘉庆十二年（1807）］

洪亮吉序［嘉庆十二年（1807）］

吴锡麟序

《岱览》为岱庙旧藏。

《岱史》

史部地理类。明查志隆辑，清顺治十一年（1654）重刊明版本。原为万历十五年（1587）盐运司刻本。开本27.5厘米×17.5厘米，版框21.6厘米×15厘米，半页9行，行19字，白口，线装本。全十八卷七册。

此书凡为三考、二表、四纪、五志，故以"史"名编。《考》为图考、星野考、形胜考，《表》为山水表、疆域表，《纪》为狩典纪、望典纪、遗迹纪、灵宇纪，《志》为宫室志、物产志、香税志、灾神志、登览志。

卷端载康熙三十八年《南巡纪事诗》等。原题："赐进士督理山东盐课监察御史岭南谭耀定，赐进士山东都转运盐使司运使豫章甘一骥阅，赐进士山东都转运盐使司同知西浙查志隆辑，赐进士山东右政前翰林院学士河北张缙彦删补，乡进士山东都转运司以道臣行事登封付应星重刻。"按付应星重刻时补刻112版，题"张缙彦删补"，实则有补而无删。

于慎行序［万历十五年（1587）］

谭耀序［万历十五年（1587）］

张缙彦序［顺治十一年（1654）］

付应星序

《岱史》为岱庙旧藏。

《泰山志》

　　史部地理类。清金棨纂辑，嘉庆六年（1801）刊本（图5）。开本26.5厘米×17厘米，版框18.5厘米×13.7厘米，半页11行，行22字，间有双行小字，行21字，黑口，单鱼尾，线装本。存全二十卷十册。

　　是书凡纪三卷、图一卷、志十卷、记五卷、叙录一卷。纪有《天章纪》二卷（清帝御制泰山诗文）、《盛典纪》一卷（清帝巡岱活动），图为《卷考》一卷（山脉各图），志有《岱志》三卷（山水胜迹艺文）、《支山志》一卷（泰山支脉诸山）、《川泉志》一卷（泉流水系）、《祠庙志》一卷（寺庙祠宇）、《秩祀志》一卷（历代告祭礼）、《封禅志》一卷（帝王封禅泰山）、《郡邑志》一卷（泰山沿革、疆域）、《人物志》一卷（泰山历代名人），记有《金石记》四卷（历代泰山石刻

图5 《泰山志》序言及卷帙封面

碑碣）、《逸事记》1卷（掌故逸事），《叙录》1卷（历代泰山著述介绍及作者后记）。是书始写于乾隆六十年（1795），告成于嘉庆三年（1798），历时4年。

余拱乾序［乾隆五十九年（1754）］

阮元序［嘉庆六年（1801）］

《泰山志》为岱庙旧藏。

《西域闻见录》

史部地理类。清椿园氏著，乾隆四十二年（1777）刊本。开本16.2厘米×11厘米，版框12.5厘米×9.3厘米，每半页9行，行21字，小黑口，巾箱本。存八卷一册。

编次为序、目录、舆图、正文。卷次《新疆纪略》二卷，《外藩列传》二卷，《西陲纪事本末》二卷，《回疆风土记》一卷，《军台道里表》一卷。卷目下方押有阳文篆章"癸未进士丁酉考官"，下押有阳文篆章"八年穷县令两任假同知"。

是书记载椿园在西陲边疆的所见所闻。

椿园七十一年序［乾隆四十二年（1777）］

《西域闻见录》为岱庙旧藏。

《西湖志》

史部地理类。清王露总修，李卫裁定，雍正九年（1731）纂，两浙盐驿道库藏版。开本25.2厘米×16厘米，版框19.8厘米×13.7厘米，半页9行，行19字，间或双行小字38字，白口，单鱼尾，线装本。存全四十八卷十二册。

明嘉靖间田汝成曾创修《西湖浏览志》。雍正三年（1725），敕命浙江总督李卫疏浚西湖，当时李正奉诏纂修《浙江通志》。因田汝成后无人续修《西湖志》，命王露总其事，苏滋恢、后鄂等分任纂修。仿通志的体例，分以门类，列目20，定凡例10则。浙江省、杭州府县官员51人参修。

编次为序言、凡例（20则）、纂修职名、总目、后序、正文。

卷次为水利二卷，名胜二卷，山水二卷，堤塘一卷，附堰闸、桥梁一卷，园亭一卷，附书院、寺观四卷，祠宇二卷，古迹三卷，名贤三卷，方外二卷，物产一卷，冢墓二卷，附塔院、碑碣二卷，又附钟鼎、撰述一卷，书画一卷，艺文十一卷，附序列、题跋辨、杂著、诗、词、竹枝词、闺秀诗、诗话二卷，志余二卷，外记二卷。

此书设水利卷异于旧志。

李卫序［雍正十二年（1734）］

郝玉麟序［雍正十三年（1735）］

程之章序［雍正十二年（1734）］

王纮序

张若震序

顾洛美序［雍正十三年（1735）］

吴进义序［雍正十三年（1735）］

《西湖志》为岱庙旧藏。

《泰山王氏仅好书斋藏书志》

史部目录类。泰安王次通编。1942年手抄本。附有铅印书目。开本28.8厘米×19.5厘米，白口，大线装本。下书口有"仅好书斋编目"字样。是书不分卷，全一册。全书分十四部分，一题额、序，二联句，三遗像，四图画，五处士传，六仅好书藏书记，七藏书目录（按四部分类），八退轩著录书目，九退轩手抄书目，十退轩收集泰山文献书目，十一退轩藏书题跋，十二集藏书约，十三退轩说，十四藏书跋语。本书广集泰山书目，对研究泰山文献有较高的参考价值。

《泰山王氏仅好书斋藏书志》为社会捐赠。

《景徽堂汪氏金石志》

史部目录类。宁阳汪氏修。清光绪二十三年（1897）刊本。开本26厘米×17.5厘米，版框18.2厘米×14.2厘米，每半页9行，满行20字，白口，单鱼尾，线装本。存全三卷三册。

卷一制诰、皇朝诰命、旧祠图（图6）、旧茔图、重绘祠图、重绘茔图、汪氏世系年代表、汪氏年表、汪氏里居、墓志铭、文澜公请祀乡贤文牍、古钟碑题名。卷二墓表、汪家城宫。卷三墓表、屏文、家传、行述、祭文、赞、诗。

题曰："诰命琢石勒铭表陇阡也，志墓碑论述题咏示褒扬也，志序赞采访古迹考文献也，志钟碑广罗旧闻征事实也。"

汪家树序［同治十二年（1873）］

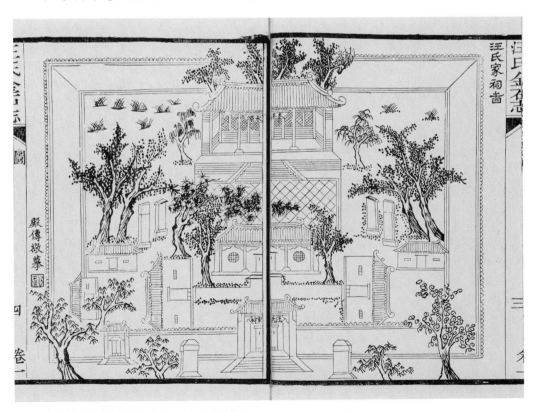

图6 《景徽堂汪氏金石志》卷一内汪氏家祠图

汪汝霖诰命［同治五年（1866）］

汪宝树之祖父母诰命［光绪十五年（1889）］

汪宝树之父母诰命［光绪十五年（1889）］

汪家树之胞叔父母诰命［光绪二十年（1894）］

《景徽堂汪氏金石志》为岱庙旧藏。

子 部

《火龙经全集》

　　子部兵家类。刘基、焦玉同校。明永乐刻本，南阳石室藏本。开本24.5厘米×15.6厘米，版框17厘米×12.5厘米，黑口，单鱼尾，页内有双层补纸，半页7行，大小字不等，满行15字，间有小字夹注。线装本。一册三卷。

　　封面无题签，有一方阳文篆章"石崖"。封二版框居中为书名《火龙经全集》，右侧为"诸葛武侯编辑"字样，左侧上为"内分五种"、下为"南阳石室藏本"（图7）。序首页右下角和全书末页左下角各押有一同封面篆章。

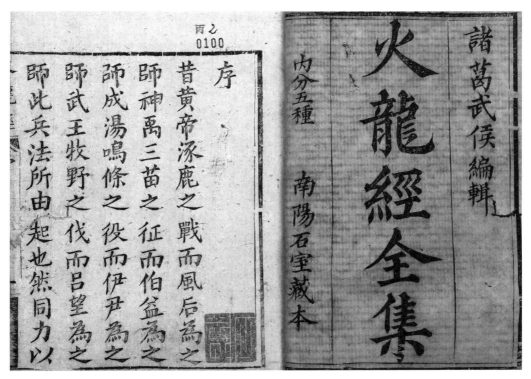

图7 《火龙经全集》封二版框内书名及堂号

　　编次为序言、总目、正文。卷上目次：火攻总说、选用火兵诸法要诀、神火药、毒火药、烈火药、飞火药、法火药、烟火药、逆火火药、飞空火药、日起火药、夜起火药、喷火药、爆火药、炮火药、水火药、火弹药、五里雾、追魂雾、烟球毒药、神火、神烟、法烟、青烟、红烟、紫烟、白烟、黑烟。"火攻总说""选用火兵诸法要诀"主要记编绘原因、选兵用将及兵阵之法。自"神火"以下详记各种火药的功能、用途及配方。

　　卷中（火器图说上）目次：炮类、铳类、箭类、器械类、喷筒类。五类火兵器中每种兵器占一页，半页图半页文。图为兵器形状，文详记重量、尺寸、使用方法等（图8）。

　　卷下（火器图说下）目次：牌类、球类、杂器类、禽兽类、水具类、地付类，附万弩齐发说。六类火兵器中，每种火器占一页，半页图半页文。文详记火器用途、使用方法。"万弩齐发说"记弩阵法，并附轮流发弩式、轮流进弩式、轮流上弩式三图。

　　此书对研究中国古代兵器有重要的参考价值。

　　此书作者不详。

　　《火龙经全集》为岱庙旧藏。

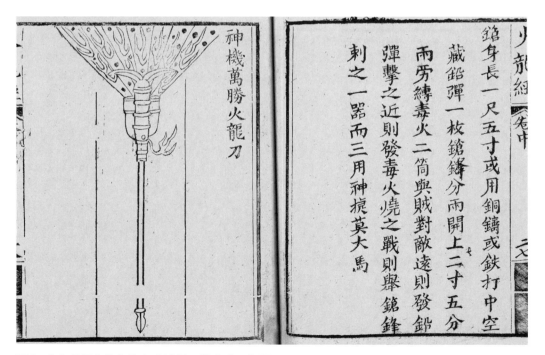

图8　《火龙经全集》卷中"神机万胜火龙刀"图

《食物本草会纂》

　　子部医家类。清沈李龙纂辑，乾隆四十八年（1783）书业堂刊本。开本23.8厘米×15.5厘米，版框18.1厘米×11厘米，白口，单鱼尾，线装本。存十二卷十册。封二天头印有"乾隆癸卯年新镌"，版框内居中为书名《重镌食物本草会纂》，右侧为"精镌绘像"。左下方有"金阊书业堂藏版"。

　　编次为序、凡例（8则）、食物本草图［水部、火部、谷部、菜部、果部（图9）、鳞部、介部、禽部、兽部，共305幅］、正文。每卷前有卷目。卷一题："西湖沈李龙云将甫纂辑，孙渭鸿举、侄孙潜南河校阅。"自序题："予年来知病由口入，故于日用饮食间，殊切戒严。但苦《纲目》太繁，而他本太简，因广

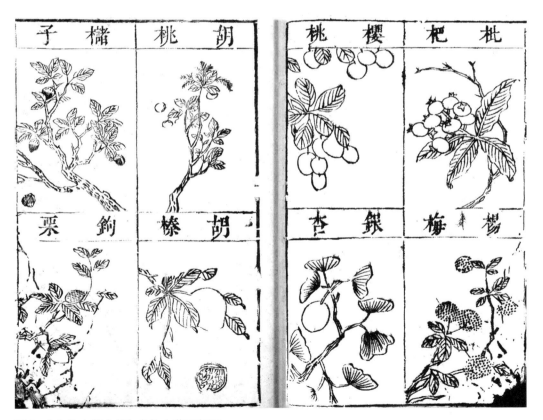

图9 《食物本草会纂》食物本草果部图

辑群书，除近时坊刻十余种外，博求往古，如淮南王崔浩之《食经》、竺暄之《膳馐养疗》、孙思邈之《古今食治》、孟诜之《食疗》、陈良士之《食性》、昝殷之《食经心鉴》、娄居中之《食经通说》、陈直之《奉亲养老》、吴瑞之《日用本草》、汪颖之《食物八类》、宁原之《食鉴》、周宪王之《救荒本草》，一一穷搜其精要，益以见闻，著是为编。末后附以《日用家钞》《脉学秘传》，俾世之读是书者，人人可以鉴物穷理，庶不致名不析而误取，性不识而误食以戕其生矣。"

沈李龙序《康熙三十年（1691）》

《食物本草会纂》为岱庙旧藏。

《幼幼集成》

子部医家类。清陈复正辑订、刘勷校正。乾隆十六年（1751）金裕堂藏板。开本24.7厘米×15.5厘米，版框19.8厘米×13.2厘米，半页10行，满行24字，白口，单鱼尾，线装本。存全六卷六册。

封二天头为"裘叔度、梁荆来鉴定"。版框居中为书名"幼幼集成"，右上侧为"罗浮陈飞霞道人辑订，庐陵刘采孟先生校正"，右下侧为"金裕堂藏板"。左侧周虚中识："集成者，幼幼全书也。其中癖警风之悖谬，晰指纹之精微。哭乎，秘传神火之功验，莫不有本、有标、有表。禀阴阳，有寒热虚实，条分缕析，界限井然。俾后之业医者无误治之虞，保赤者荷生全之德。先生之仁心仁术可以不朽矣。岂寻常浅陋之士所能旁赞一辞哉？夫先生之学，上溯轩岐，下逮秦汉以来唐宋元明大家之书，广搜博览，皆有以剖其真伪，别其醇疵，而撷其精华，故能聚千腋以成裘，缀万花而成锦，命曰集成不亦宜乎。"

是书凡六卷，计数十万言。编次为序、小引、跋、凡例、总目、正文。凡例十二项，正文包括辨证治案及痘麻正变总赋、杂歌共百数十条。

裘曰修序

陈复正小引《乾隆十五年（1750）》

刘勷跋《乾隆十六年（1751）》

《幼幼集成》为岱庙旧藏。

《泰山药物志》

子部医家类。泰安高仲岱撰。1939年大陆书社铅印本。开本26厘米×15.5厘米，版框15.5厘米×12厘米，每半页11行，行20字，间有双行小字，白口，单鱼尾，线装本。

《泰山药物志》八卷四册，编次为额卷、总序、首卷、序文、项卷、身卷、尾卷。身卷有四：卷一，特产药物，以门类分为十二大特产、古有今无之特产、奇异物品、神奇物品、仅有之特产（又分草类、花木树果类、菜蔬类、鸟虫鱼类、石类，续补）；卷二，通产药物，草部；卷三，通产药物，木部；卷四，通产药物，分为鳞鱼部、人部、补遗门。尾卷，泰山药物之余事。

本书是一部介绍和研究泰山及附近各地所产中草药的著作。对于研究泰山药物史有很高的价值。

有序、颂函、跋、赞语十三篇。

《泰山药物志》为岱庙旧藏。

《外科活人定本》

子部医家类。明龚居中撰，清顺治十八年（1661）刊本。开本23.4厘米×15厘米，版框25厘米×13.3厘米，白口，单鱼尾，线装本。封二天头为"新镌出像"，版框居中为书名《外科活人定本》，右侧为"云林龚应圆先生手著"，左下方为"醉畊堂重梓"，下书口刻有"天德"字样。存全四卷四册。

编次为序、卷目、正文。卷一：调治心法、秘传口诀、十善症候、十恶症候、服药性、搽药性、敷药法、插定法、生肌法、常用方、锭子方、生肌散、太乙万灵膏、图形七症、脑发、痄腮毒、上发背、中发背、下发背、腰肾发、骑马痈、图形十症、对口发、上搭手、中搭手、下搭手、正发背、肾囊发、天蛇毒、蛇头、膝发、人面发、图形十三症、鬓发、眉发、耳风毒、颐发、髭须发、肩背发、乳发、胸发、手背发、便发、掌心发、脚跟发。卷二：图形十一症、赤面疔、蝼蛄三串、郛根痈、肚肋痈、脐痈、肾气游毒、痔漏、鞋带痈、脚心痈、图形十一症、眉风毒、耳门痈、耳根痈、颏痈、肩发痈、大腰带、内肘毒、外肘毒、了指毒、内臁疮、外臁疮、图形十三症、鬓痈、赤面疯、挑针毒、项痈、结喉痈、裸疗、痰核、马刀疮、上下肋痈、腿游毒、臀痈、指风刺、图形十五症、上眼丹、下眼丹、白面疔、髭毒、乳癖、爽胝、心肚痈、肚便痈、手心毒、手腕毒、便毒、鲤鱼便、鹤膝风、膝腿毒、脚拐毒。卷三：瘿瘤总论诸症、流注、大麻风、杨梅疮、疮癣牙喉症诸症图形、头面牙疮、鼻口舌牙病、喉风。卷四：帏战、杖疮、折伤、疔疮、金疮、破伤风、汤火、诸鲠误吞、诸刺、急救诸方、中毒、兽伤、虫伤。附经验通用方并治诸药丸散法。

周亮节序［顺治十八年（1661）］

《外科活人定本》为岱庙旧藏。

《医门法律》

子部医家类。清喻昌撰，乾隆二十八年（1763）重刊本。开本25厘米×15.3厘米，版框18.3厘米×12.5厘米，半页11行，满行24字，白口，单鱼尾，线装本。封二版框中书有"医门法律"，右上方为"新建喻嘉言先生著"，左下方写"后附尚论编寓意草"。卷一终左下方书"新化三味书室校刊"。

《医门法律》六卷，存三卷。编次为序，正文。每卷前设有卷目。卷一：望色论、闻声论、问病论、切脉论、合色脉论、营卫论、络脉论、答问、申明内经法律、申明仲景律书、先哲格言。卷二：热混暑三气门、秋燥论、三气门诸方、三气门律条、秋燥门诸方。卷五：疟症门诸方、痢疾论、痢疾门诸方、痰饮论、痰饮脉论、痰饮留伏论、痰饮门、咳嗽论、关格论、关格门诸方、咳嗽门诸方。

杏园主人序

《医门法律》为岱庙旧藏。

《御制医宗金鉴》

子部医家类。清鄂尔泰等撰，乾隆四年（1739）内府刊本。开本25厘米×16厘米，版框19.2厘米×13.4厘米，半页10行，行24字，间或有小字。封面书签下押有阳文章"书业德辞□□"，封二版框上饰凤云纹，下饰盘龙卷云纹，版框上部居中印"御制"二字，下部居中为书名"医宗金鉴"，下饰卷浪纹。

鄂尔泰奏疏："皇上特命纂修医书，以正医学，臣谨详加酌议，所修医书不必另行开馆，即于太医院衙门内将现在闲房照例量加修葺。"

弘昼奏疏："臣谨查得院使钱斗保等以古今医书甚繁，虽诸大家多所发明，或博而不精，或杂而不一，皆当改正注释，以利天下时用。请将大内所有医书发出，命下京省，令将新旧医书并家藏秘书及世传经验良方集送太医院纂修成书。"

参加纂修诸臣共计80人。

敕撰卷目为《订正伤寒论注》十七卷、《订正金匮要略注》八卷、《删补各医方论》八卷、《四诊要诀》一卷、《运气要诀》一卷、《诸科心法要诀》五十四卷。

弘昼表［乾隆七年（1742）］

钱斗保奏疏［乾隆四年（1739）］

吴谦奏疏［乾隆四年（1739）］

鄂尔泰奏疏［乾隆四年（1739）］

弘昼奏疏［乾隆五年（1740）］

《御制医宗金鉴》为岱庙旧藏。

《佩文斋书画谱》

子部艺术类。清孙岳颁等撰，康熙四十七年（1708）内府刊本。开本24.4厘米×15.4厘米，版框16.5厘米×11.2厘米，半页11行，行21字，白口，单鱼尾，线装本。存全一百卷，六十四册。

原题："朕万几燕闲，披览典册间，临书家名迹，每观前代纪录，书画诸书种类错互，漫无统纪，遂即佩文斋所有者编茸之，使各以类相从，为一百卷。凡书画之源流、古今工于此者之姓氏、以至闻人之题跋、历代之鉴藏悉备，考而慎其择，亦可谓详且尽矣。"

编次为序文、凡例、纂辑姓氏、纂辑书籍目、正文。凡论书十卷、论画八卷、历代帝王二卷、画一卷、书家传二十三卷、画家传十四卷、无名氏书六卷、画二卷、御制书画跋一卷、历代帝王书跋一卷、画跋一卷、历代名人书跋十一卷、画跋七卷、书辨证二卷、画辨证一卷、历代鉴藏十卷，分门列目，征事考言。所引书凡1840种，每条之下各注所出。康熙四十四年孙岳颁等5人奉旨纂辑，王世绳等6人校刊，康熙四十七年刊印。

御制序［康熙四十七年（1708）］

《佩文斋书画谱》为岱庙旧藏。

《书史纪原》

子部艺术类。明夏兆昌编纂，蒋源刻，天启四年（1624）石印本。开本26.5厘米×16.5厘米，版框20厘米×13.5厘米，半页10行，行20字，中间或有双行小字注释。每页均有原加双层衬纸，白口，单线鱼尾，线装本，书口有"蒋源刻"字样。全一卷二册。

《书史纪原》断限起自三皇五帝，迄于元代；体例以人为纲，兼及域外；内容为介绍每位书家在书体、书法方面的创作、发展及书学论著。原刻流传极少，《四库总目》未曾著录，但被闵景贤辑刻入《快书》(天启六年刊)中。

是书纸质已黄脆。上册卷首依次为作者友人胡震亨序、作者自序、董其昌手书序。董序为草书，序末押两方图章："宗伯学士"(阴文)，"董其昌印"(阳文)(图10)。从胡序中得知，夏兆昌于天启四年夏刻成此书后，

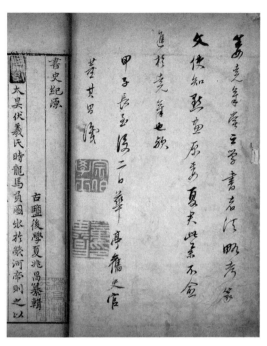

图10 《书史纪原》董其昌序、手迹、款识及印章

即携书到南京，董其昌为书写序即在此时，作者将董序原件订入书中珍藏。

《书史纪原》卷首及下册首页均钤有"栋亭曹氏藏书"印章。上册作者序下押有丁氏藏书章"日照丁氏绂臣京华所得"(阳文)。上、下册末页左下方均押有一方闲章"长相思"(阴文篆书)，从意法看，行家认为是明末清初意法；从印色看，非现代所有，与丁绂臣藏书章也不同。下册末页最后一行署有"雪芹校字"四字(图11)，为行书小楷。书中有"雪芹"描摹、校正和落款共20字。

近人金玉黻辑《辽海丛书》(民国辽海书社排印本)收有曹寅藏书目《栋亭书目》，卷三《子部·说部》

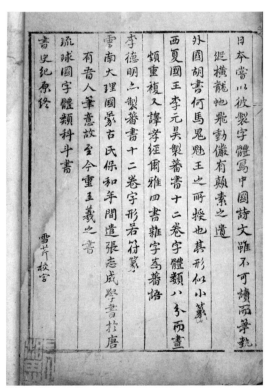

图11 《书史纪原》下册末节"雪芹校字"及印章、印文"长相思"

便著录有这部书："《书史纪原》，明古盐夏兆昌序纂，一卷二册。"

胡震亨序

夏兆昌自序［天启四年（1624）］

董其昌序

《书史纪原》为社会征集。

《伯牙心法》

子部艺术类。明杨抡辑，万历三十七年（1609）刊本。开本26厘米×16.5厘米，版框23厘米×14厘米，半页8行，行16字，曲谱字不等，白口，单鱼尾，线装本。

《伯牙心法》不分卷，全书两册，共辑琴曲269段。凡《宫音》三曲：流水，冲和吟，梅花三弄；《商音》六曲：墨子悲歌，湘妃怨，释淡章，客窗新语，静观吟，箕山秋月；《角音》三曲：苍梧引，闺怨操，陋室铭；《徵音》五曲：耕歌，渭滨吟，塞上鸿，关雎，石上流泉；《羽音》三曲：水龙吟，汉宫秋月，论海龙吟；《商角音》三曲：古神化引，神化引，庄周梦蝶；《慢宫调》一曲：八极游；《黄钟调》一曲：大雅；《凄凉调》一曲：离骚操；《清商调》一曲：飞鸣吟。无词者23段。每词各有解题。

俞彦序［万历三十七年（1609）］

《伯牙心法》为岱庙旧藏。

《青山琴谱》

又名《大还阁琴谱》。子部艺术类。清徐祺撰，夏溥校，康熙十二年（1673）大还阁刊本。开本22.3厘米×12.5厘米，版框16.2厘米×10.2厘米。半

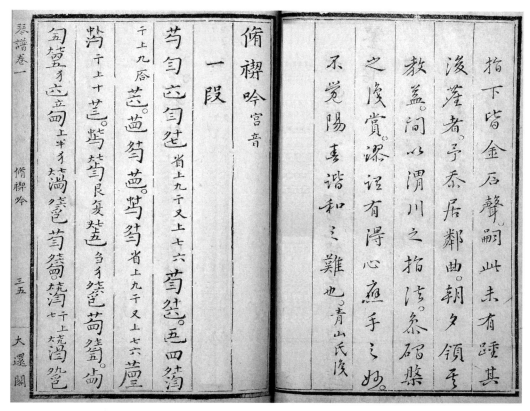

图12　《青山琴谱》卷一宫音修褉吟谱

页7行，行17字，白口，线装本。存全七卷四册。封二版框居中为"琴谱"，右侧为"徐青山先生订正"，左侧为"大还阁藏板"。下书口有"大还阁"字样。

编次为序、琴说、自序、琴况、凡例、目录、正文。琴况为二十四条：曰和、曰静、曰清、曰远、曰古、曰澹、曰恬、曰逸、曰雅、曰丽、曰亮、曰采、曰洁、曰润、曰圆、曰坚、曰宏、曰细、曰溜、曰建、曰轻、曰重、曰迟、曰速。琴谱共六卷，每卷设曲目若干，曲目后有跋。卷一宫：洞天春晓、阳春、和阳春、修褉吟（图12）、双鹤听泉。卷二商：古交行、白雪、风雷引、秋江夜泊、桃源吟、静观吟。卷三角：溪山秋月、苍梧怨、列子御风、良宵引。卷四徵：涂山、樵歌、醉渔唱晚、关雎、山居吟、洞庭秋思。卷五羽：佩兰、雉朝飞、乌夜啼、汉宫秋、春晓吟。卷六商角：庄周梦蝶、炎凉操、神化引；徵羽：平沙落雁、无射、离骚；犹宾：潇湘水云。

蔡毓荣序［康熙十二年（1673）］

钱棻序

陆符序

伊恒序

徐愈琴况

夏溥自序

《青山琴谱》为岱庙旧藏。

《古玉图谱》

　　子部谱录类。宋淳熙敕编，宋龙大渊等编纂，刘松年图，乾隆四十四年（1779）重刊，内府本。开本30.2厘米×18厘米，版框23.3厘米×14.6厘米。半页85行，行17字。图居框中，右侧为玉器时代和名称，下附铭文字数，左侧为玉器铭文，白口，线装大字本。存全一百卷十册。图谱编次为宋淳熙古玉图谱原序、龙大渊等19位编纂人员姓名、重刊序、总目、正文。全书共分九部：图宝部四十四卷，压胜部三卷，舆服部二十卷，文房部十卷，薰燎部五卷，饮器部九卷，彝器部三卷，音乐部四卷，陈设部二卷。序曰："乾隆三十八年闰三月奉旨采访遗书，始购得此图谱钞本；即恭加缮校，上之。四库全书馆今年复取原本读之，见其考据详明，绘画工妙，盖与《宣和博古图》相表里。"

　　龙大渊序

　　颖长序［乾隆四十四年（1779）］

　　《古玉图谱》为岱庙旧藏。

《东书堂重修宣和博古图录》

　　子部谱录类。宋王黼撰，明蒋阳翻刻，清黄晟重刊，乾隆年间天都黄氏刻本。开本30.1厘米×18.2厘米，版框24.3厘米×14.8厘米，半页8行，行17字，白口，线装大字本。全四十二卷，二十四册。存博古图录三十卷，古玉图二卷，考古图十幅。

每卷前有卷目。每图先记器物名称，下方为器物图，图反面页上为铭文拓片，下为真书译文。每图都有器物尺寸、重量、容量、铭文字数、字形、器形等的文字说明。（图13）

洪世俊序［万历三十一年（1603）］

蒋阳序［嘉靖七年（1528）］

《东书堂重修宣和博古图录》为岱庙旧藏。

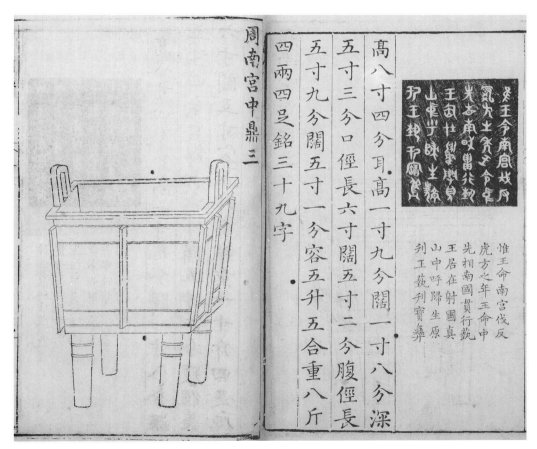

图13 《东书堂重修宣和博古图录》器物图及铭文、铭文楷体、器物尺寸

《虫天志》

子部谱录类。明沈弘正撰，清康熙四十六年（1707）华及堂重刊本。开本26.8厘米×17.4厘米，版框16.5厘米×11.5厘米，半页8行，行16字，白口，线装本。下书口刻"畅阁"二字。封二版框内为书名"虫天志"，左下方有"华及堂印行"字样，上押篆章"移□书屋"。存全十卷三册。

编次为重刻序、原刻序、沈氏虫天志凡例、目录、正文。是书共十卷六部：曰斗、曰舞、曰能言、曰传书、曰识字、曰奏技，集鸟兽虫鱼异事。

汪森序〔康熙四十六年（1707）〕

钱希言序

《虫天志》为岱庙旧藏。

《畜德录》

子部杂家类。清席启图纂辑，康熙二十五年（1686）绳武堂刊本。开本26.3厘米×17厘米，版框20.7厘米×13.7厘米，半页8行，满行18字，间或有小字，白口，单鱼尾，线装本。存全二十卷十册。封二版框居中为"畜德录"，右侧为"席啸滨先生辑"，左侧为"绳武堂藏板"。

是集取周秦以来迄于元明嘉言善行，分为二十一类，间附批评。是书前有序文五，后有跋文。卷分二十：曰立志、曰为学、曰读书、曰省克、曰家制、曰孝友、曰勤俭、曰莅官、曰康济、曰忠诚、曰处世、曰厚德、曰度量、曰名节、曰智识、曰养命、曰劝戒、曰养生、曰间适、曰女范、曰杂识。

首序右下押方篆章，上为"常山世家"（阳文），下为"鸟田之印"（阴文）。卷一右侧下押长方篆章"常山王路鸟田"（阳文）。

汪琬序［康熙二十三年（1684）］

缪彤序［康熙二十五年（1686）］

陆龙其序

朱用纯序

钱肃润序

陆燕哲序［康熙二十二年（1683）］

《畜德录》为岱庙旧藏。

《画禅室随笔》

子部杂家类。明董其昌撰，梁改亭鉴定，清康熙五十九年（1702）掞藻堂刊本。开本24.2厘米×15.2厘米，版框16.5厘米×10.9厘米，半页8行，白口，对鱼尾，线装本。存全四卷四册。

封二天头有"梁改亭先生鉴定"字样。版框居中为书名《画禅室随笔》，右侧为"华亭董玄宰先生著"，左下方为"掞藻堂藏板"。原序首页押有大小不等篆章六方：阴文有"奉高王氏藏书""戚氏历臣""王亨豫"；阳文有"竹荫山房""协岭""次通"。梁序首页押有小型方圆篆章"豫""次通""子英"。卷一终左下方押阳文篆章"只传此家"。

编次为原序、序、目录、正文。卷一：论书（论用笔、评法书、跋自书、评古帖）；卷二：论画（画诀、画源、题自画、评旧画）；卷三：评诗评文、纪事纪游；卷四：杂言、楚中随笔、禅说。

方拱乾序

梁穆敬序［康熙四十一年（1702）］

《画禅室随笔》为社会征集。

《封氏闻见记》

子部杂家类。唐封演撰，清乾隆二十一年（1756）雅雨堂刊本，开本25.7厘米×16.1厘米，版框17.8厘米×13.5厘米，每半页10行，行21字，白口，单鱼尾，线装本，全十卷一册。下书口印有"雅雨堂"字样，封二版框居中为书名"封氏闻见记"，右侧为"乾隆丙子镌"，左下方为"雅雨堂藏版"。

原题："封氏演唐代宗时人，与陆长源友善，天宝中同张柬之曾孙绅在太学，先后举进士，大历中为县令，德宗时官至御史中丞，尝撰《古今年号录》一卷、《钱谱》一卷、《闻见记》五卷。《年号录》《钱谱》二书并亡，唯《闻见记》独存，然流传绝少。"

卷末附有跋文，题："杂家言用稗史氏之不足，而读封氏书，于唐事知所未知，其编类亦备，富哉言乎。明姑苏吴岫识。"

又题："《封氏闻见记》，自六卷至十卷，昔友人唐子畏见借所钞，特以不全为恨，近又于柳大中借钞前五卷，庶几为全书，然第七卷中全局俱欠，止存末后一纸耳。嗟哉！古书之难得如此。富室子弟，积书万卷而不读，亦独何心哉。朱良育记。万历辛丑假西岩秦翁藏本校过，右二跋亦从此本录出。常熟孙伏生允伽记。原本系吾吴方山家藏物也，向为邑中前辈孙伏生所得，孙复从西岩秦翁假别本细勘，不可谓不加详矣。余与伏生孙岷自善，乃得假而录之。虞山陆贻典敕先识。时崇祯辛巳仲春二十有六日也。是岁重午后六日晚将原本勘竟。"

庐见曾序［乾隆二十一年（1756）］

《封氏闻见记》为岱庙旧藏。

《事类赋》

子部类书类。宋吴淑撰注。明嘉靖十一年（1532）剑光阁刊本。开本24.2厘米×16厘米，版框19.3厘米×14.5厘米，每半页12行，行大小字不等，白口，单鱼尾，线装本。上书口有"崇正书院"四字。书签居中为"增广事类赋"，上刻"剑光阁"字样。存全三十卷六册。

《事类赋》分十四部：天部三卷，岁时部二卷，地部三卷，宝贷部二卷，乐部一卷，服用部三卷，什物部二卷，饮食部一卷，禽部二卷，兽部四卷，草木部、果部、鳞介部各二卷，虫部一卷。

宋绍兴丙寅仲夏廿三日右迪功郎特差监潭州南岳庙边惇德、左儒林郎绍兴府观察推官主管文字陈绥、右从政郎充浙东提举茶监司干办公事李端民校勘。

明嘉靖壬辰常州府无锡县（今无锡市）学生倪奉、施渐、浦锦、陆子明、苗子宴、秦采、俞寰、华复初、安如石重校。

边惇德序［绍兴十六年（1146）］

华云序［嘉靖十一年（1532）］

《事类赋》为岱庙旧藏。

《山堂肆考》

子部类书类。明彭云举纂著，张仪伯编辑，焦竑等重校，万历年间石渠阁刊本。开本24.5厘米×15.3厘米，版框19.9厘米×12.4厘米，半页11行，行22字，白口，单鱼尾，线装本，封二版框居中为书名"类书山堂肆考"，右侧为"彭云举先生编辑"，左下方为"梅墅石渠阁藏版"，存二百二十八卷，补遗十二卷，四十九册。

编次为序（原序、自序、重修序）、跋、小记、凡例、焦竑等参订人姓名、冯任等重订人姓名、总目、正文。分宫集：天文、时令、地理、君道、帝属、臣职；商集：臣职、仕进、科等、学校、政事、亲属；角集：亲属、人品、形貌、性行、文学、字学、谥法、人事、诞育、民业；徵集：释教、道教、神祇、仙教、鬼怪、典礼、音乐、技艺、宫室、器用、珍宝、币帛、衣服、饮食；羽集：饮食、百谷、蔬菜、花品、草卉、果品、树木、羽虫、毛

虫、鳞虫、甲虫、昆虫；补遗。书成于正德十年（1515）。自序后钤一印曰
"奉训大夫"。

万历二十三年至四十七年序、跋、记十则。

《山堂肆考》为岱庙旧藏。

《续板桥杂记》

子部小说家类。清珠泉居士著。乾隆五十七年（1792）酉酉山房精刊本。开
本17.8厘米×11厘米，版框13厘米×8.2厘米，半页8行，行18字，白口，单
鱼尾，巾箱本。封二版框居中为书名"续板桥杂记"，右侧为"苕南珠泉居士
著"，左侧上为"雪鸿小记附"，下为"酉酉山房藏板"。天头有眉批。

《续板桥杂记》三卷，附《雪鸿小记》一卷，存全二册。编次为弁言、续文
序、题词、缘起、正文。上卷为雅游，中卷为丽品，下卷为轶事。

序文右下方押阴文方篆章一方"癸未进士丁酉考官"，阳文方篆章一方
"八年穷县令两任假同知"。卷中附霜桥苞雪鸿小记题词、黎松门雪鸿小记
小引、题词，卷下有雪鸿小补遗、小记跋文、题后孙维睿题总跋、鸥亭题
总跋。

弁言默堂主人题

黎松门序［乾隆六十一年（1796）］

青阁居士序

研香序

白沙胡棣园、沮溪潘秋水、苕溪潘柳塘、同里丁柳溪、金愚泉、沈平子、
孙萼南题词

苕南珠泉居士缘起

《续板桥杂记》为岱庙旧藏。

《正信除疑无修证自在宝卷》

子部释家类。明万历四十年（1612）重刊本。开本39厘米×13.2厘米，版框28.8厘米×13.1厘米，每半折页4行，满行13字，大字经折本，覆黄底绿花绵面，封面居中印金框蓝色书签，印有烫金"正信除疑无修证自在宝卷"字样，封底覆蓝布底面，全一册。

全卷二十五品。卷首附长52.5厘米、宽27.6厘米儒、释、道三圣像长卷，佛祖释伽文佛居中坐在莲花座上，左侧坐大成至圣先师，右侧坐太上老君，另左右有佛道仙人各四人，并饰有卷云纹。长卷左侧附三龙牌：牌一居中刻"皇图永固，帝道遐昌，佛日增辉，法轮常转"，牌二居中贴饰兰底烫金字"皇帝万岁万万岁"，牌三上中印"御制"二字，居中印有"六合清宁，七政顺序。雨阳时若，万物早丰。亿兆康和，九幽融朗。均跻寿域，溥种福田。上善攸臻，障碍消释。家崇忠考，人乐慈良。官清政平，讼简刑楷。化行俗美，泰道咸亨。凡序有生，俱成佛果"。

卷终题"万历壬子孟秋校证，乙酉年重刊"，左侧附宫灯，下饰莲花底，上饰火焰纹灯盖，宫灯左侧有一双手合十的护法神，立于云雾之中。

《正信除疑无修证自在宝卷》为岱庙旧藏。

《泰山圣母护世弘济妙经》

子部道家类。清萧松一沐手脱稿，泰安府城西关粮食市碧霞宫存板。开本27.5厘米×12厘米，经折本。

该经不分卷，全一册。蓝布覆面底。卷首为三仙坐像，居中为泰山圣母碧霞元君，左侧为送子娘娘，右侧为眼光娘娘。图左侧刻一龙牌，框内刻"当今皇

图14　《泰山圣母护世弘济妙经》神像　中为碧霞元君、右为眼光娘娘、左为送子娘娘，送子娘娘左为龙牌

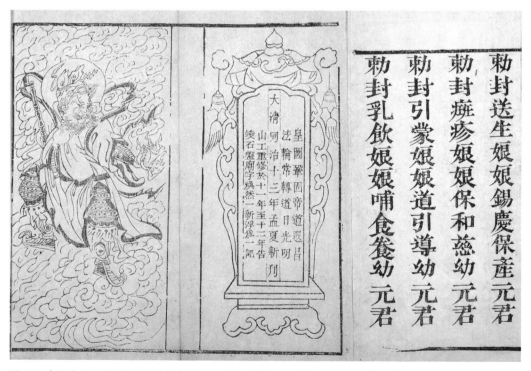

图15　《泰山圣母护世弘济妙经》卷末　右为碧霞元君封号，中为书牌，左为护法神像

帝万岁万万岁"（图14）。龙牌左侧为诵经小序。编次为太上老君说天仙玉女碧霞元君护世弘济妙经、娘娘诰、土地咒、收经赞、敕封圣号，后附捐款人姓名钱

数。卷末刻一龙牌，框居中为"大清同治十三年孟夏新刊"，两侧为"皇图巩固，帝道遐昌，法轮常转，道日光明。山工重修于十一年，至十二年告竣，石盘庙宇焕然一新，浮为记"。牌左侧刻一护法神（图15）。

《泰山圣母护世弘济妙经》为岱庙旧藏。

《神仙鉴》

子部道家类。清徐衟述，李理赞，乾隆年间柸屋玞楼秘书，生生馆刊本。开本23.3厘米×18厘米，版框18.2厘米×13厘米，半页10行，行22字，单鱼尾。下书口印有"华藏"字样。首序下书口有"生生馆"字样。线装本。存全二十二卷四册。

编次为序、说议10则、总目、正文。全书共分三集：首集仙真衍派八卷，二集佛祖传灯八卷，三集圣贤贯脉八卷。每卷内设九节目录。附华藏像图60页，共绘有人物303人。每页为一独立画面，每幅画面为一个故事，每幅画页天头书有画中人物的姓氏。画面首页为"太上老君""释迦文佛""大成至圣"道、释、儒三圣坐像，右下方有"古岩载峻写"字样。卷内天头间或有眉批。

张继宗序［康熙三十九年（1700）］

绎堂二禅师序［康熙五十一年（1712）］

徐衟序

《神仙鉴》为岱庙旧藏。

《增注庄子因》

子部道家类。清林云铭撰，康熙五十五年（1716）文盛堂刊本。开本23.5厘米×15.8厘米，版框20.3厘米×13.3厘米，半页9行，行22字，间或有小字。封面书签上方印"文盛堂"，框内居中为"增注庄子因"。封二天头印"康熙丙申年重镌"，右侧为"三山林西仲先生评述"，左侧为"是书原本扫尽诸家纰缪，久为海内赏识，兹恐学者或费探索，因损益原注，别抒新诠，逐字训诂，逐句辨定，逐段分析，细加圈点截抹，俾古今第一部奇书，而目毕呈，开卷便得，真古今第一部奇解也。先生嘉惠苦心，比原本较切矣！识者珍之。挹奎楼主人谨识"。

《增注庄子因》六卷，存全六卷六册。编次为序、凡例计五则、总论、杂说计二十六则、卷目、正文。卷一内篇：逍遥游、齐物论、养生主。卷二人间世、德充符、大宗师、应帝王。卷三外篇：骈拇、马蹄、肤箧、在宥、天地、天道、天运。卷四刻意、缮性、秋水、至乐、达生、山水、田子方、知北游。卷五杂篇：庚桑楚、徐无鬼、则阳外物。卷六寓言、让王、盗跖、说剑、渔父、列御冠、天下。

林云铭序［康熙二十七年（1688）］

《增注庄子因》为岱庙旧藏。

《道藏》

子部道家类，明万历御赐官刻本（图16）。开本35厘米×13厘米，存二百二十七函五百七十六目一千五百七十八卷。

明万历二十七年（1599）神宗朱翊钧颁赐岱庙《道藏》一部并赐圣旨一帧（图17）。

所存经卷均为经折式，黄绫复面底，每册封面上有长22.5厘米、宽4厘米的蓝绫黑框书签粘于封面中上方。书目为黑体真书，书目下方为直径约2厘米的圆框，框内为阴文《千字文》某字和汉字数码。封一为长90厘米、宽27.5厘米的三清讲经图（图18）。三清正面居中，全图有道教各路神仙约176人，图左侧有长26.5厘米、宽10.5厘米的龙牌，牌内有大小两个黑框，上框长2.4厘米、宽1.1厘米，框内有"御制"二字，下框长16厘米、宽6.5厘米，框内从右至左为5行半4言文，又半行刊行时间。卷内正文半页5行，行17字，字径约2厘米，黑体真书。每函末卷末页附一武士图，武士一手执缨枪，一手执经卷，肩际有葫芦放出三只蝙蝠，脚下踏有一蛇，像立云雾中。武士图右侧有同封一尺寸相等的龙牌，牌内有"御制"二字，下框内有"大明万历戊戌年七月吉日奉旨印造施行"字样。

《道藏》为《正统道藏》翻刻本。

《道藏》为岱庙旧藏。

图16 《道藏》书封及卷帙

图17 《道藏》万历帝颁赐《道藏》圣旨

图18 《道藏》卷首三清讲经图

《上清灵宝大成金书》

子部道家类。明林灵真撰集，周思得重修集，无刻书年月，约嘉靖年间石印本。开本30.7厘米×19.2厘米，版框23厘米×14.5厘米，半页曲谱6行，字曲相间，字12行，满行26字，小黑口，对鱼尾，黄绫面底大线装本。存全四十卷四十册四函。该谱集中列有正一派各种法事经韵及赞颂辞章。

《上清灵宝大成金书》为岱庙旧藏（图19）。

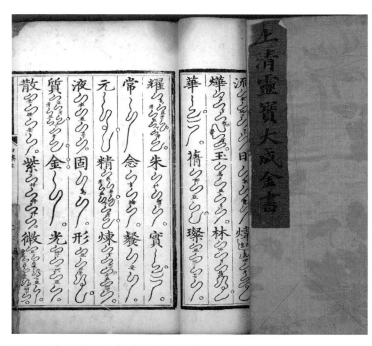

图19 《上清灵宝大成金书》书封及道教曲线乐谱

集　部

《石堂全集》

　　集部别集类，清释元玉著，光绪七年（1881）徐宗幹重刊本。开本26.2厘米×15.5厘米，版框20厘米×12.7厘米，每半页9行，行24字，白口，单鱼尾，线装本。封二版框居中为书名"石堂全集"，右侧为"泰山祖珍禅师著"，左上侧为"石堂近稿""金台随笔"，下为"普照寺藏板"。

　　石堂为古翁禅师所居之处。古翁禅师名元玉，号祖珍，别号石堂老人，晚号古翁。石堂位于泰山之西凌汉峰之下。康熙年间古翁居此，与江山民、孔壁六（贞瑄）、张方平、赵临若、范靖赤莳荷种菊，诗酒徜徉，著有《石堂集》《金台随笔》等书。

　　全书共十卷四册。编次为序、石堂记、祖珍禅师小像、小像记、祖珍和尚塔铭、普照禅林图记、普照寺图。卷一语，卷二颂偈，卷三文，卷四诗，卷五四言诗，卷六五言诗，卷七七言诗，卷八五言律诗，卷九七言律诗，卷十五言绝句。

　　张肇昌序［康熙十三年（1674）］

　　高珩序

　　吴云序

　　吴云语、语录别序

　　成宏序［康熙十五年（1676）］

　　吴云石堂记

　　徐宗幹祖珍禅师小像

　　祖珍和尚塔铭［康熙五十二年（1713）］

　　朱卿云题《普照禅林图记》

孙果伦题《普照禅林图记》［光绪七年（1881）］

《石堂全集》中有《石堂近稿》《金台随笔》一册。蒋大庆跋中提："嘉庆年间在寺中读书时，得元玉四世传孙瑞菴所藏《石堂集》板，并购得《金台随笔》《石堂近稿》二种。"道光年间知县徐宗幹据原版重刊，补《石堂近稿》《金台随笔》入《石堂全集》。

《石堂近稿》以诗为主，间有文。

徐炜然序［康熙二十九年（1690）］

韩冲序［康熙二十八年（1689）］

《金台随笔》不分卷。其内容分为法语、杂著、尺素、诗偈四部分。记录祖珍禅师的语言、著作、书信和诗赋。

陈达于序［康熙二十九年（1690）］

蒋大庆序［嘉庆二年（1797）］

徐宗幹跋［道光十年（1830）］

《石堂全集》为岱庙旧藏。

《泰山石堂老人文集》

集部别集类。清释元玉著，赵新儒校刊，民国二十二年（1933）铅印本。开本26.7厘米×156.5厘米，版框12.6厘米×10厘米，每半页11行，行25字，上间有眉批，小黑口，对鱼尾，线装本。下书口有"泰山书屋藏版"字样。

赵氏序中曰："民国十五年战役，寺中驻兵张宗昌、孙传芳所部也。树木斫伐殆尽，集板亦为兵士支床，散乱不可名状。余十七年由南归里，乃同寺僧搜罗共得百四十余片，校修付梓人，共印三百部，惟年之漫漶，错讹杂出，不便省览，发愿校勘，以广流传。"又曰："刊行其中第三卷，大都文言，为石堂平居讲论道义之作。"

《泰山石堂老人文集》不分卷，一本。内容源本《石堂集》第三卷，有文章、评论、铭诔文辞、书信等共72篇。

《泰山石堂老人文集》为岱庙旧藏。

《余霞集》

集部别集类。宁阳黄恩彤著。成书于光绪初年。清宣统元年（1909）济南国文报馆石印本，开本26.3厘米×15厘米，版框17.2厘米×13厘米，每半页11行，行21字，间或有双行小字。扉页居中为书名《余霞集》，后为"宣统元年□月济南国文报馆石印"，白口，单鱼尾，线装本。存全三卷二册。

自序［光绪元年（1875）］

《余霞集》为岱庙旧藏。

《知止堂文集》

集部别集类。宁阳黄恩彤著，清光绪六年（1880）刊本。开本25厘米×15.5厘米，版框17.2厘米×13厘米，每半页11行，行21字。白口，线装本，存全八册一函。是书由作者亲自缮录，将其30岁至50岁所作诗文为正集十三卷，50岁至60岁为续集六卷，又别为外集六卷。

文集中诗文有赋、四言诗、五言诗、五言律诗、七言律诗、五言绝句、七言绝句、论、书、序、议、说、考辨、传、记、墓志、祭文、骈体、书后、铭、五言古诗、碑文、琐语、问答等。

自序［光绪十年（1880）］

《知止堂文集》为岱庙旧藏。

《六休居士轶稿》

集部别集类。高安默著，高方珽等编辑。民国十九年（1930）大陆书局石印本，开本26.7厘米×15.8厘米，版框21厘米×13.2厘米，每半页8行，行20字，小黑口，单鱼尾，线装本，存二卷二册。扉页版框居中为书名"六休居士轶稿"，右侧为"中华民国十九年岁次庚午年月初版"，左侧为"大陆书局印刷所石印"。

六休居士为高安默之别号。是书共收辑高安默所著碑记、谱序、墓志等文27篇，杂体诗50余首。是书对泰山地方文献的研究有较重要的参考价值。首序右下方押一王氏阴文藏书章。

西湖渔文序［民国十七年（1928）］

铉宝鋆序

高方璞序［民国十六年（1927）］

高公子小传

高方珽序［民国十六年（1927）］

《六休居士轶稿》为岱庙旧藏。

《孙明复小集》

集部别集类。宋孙复撰。民国二十四年（1935）铅印本。开本20厘米×13.5厘米，版框13厘米×3.7厘米，每半页10行，行25字。扉页一印"纪念亡友侯仲楠先生"，背页印"中华民国二十四年五月印"。扉页二印"孙明复小集三卷"，左下侧印"日照丁汝彪集汉碑字署"，背页印"据清光绪十五年冬问经精舍刊本校印"。白口，单鱼尾，线装本，存全三卷一册。

序曰："案《文献通考》载孙复《睢阳子集》十卷,《宋史·艺文志》亦同。此本出自泰安赵国麟家,仅文十九篇、诗三首,附以欧阳修所作墓志一篇,盖从《宋文鉴》《宋文选》诸书钞摄而成,十不存一。然复集久佚,得此见其梗概。"重刻序称："明复先生小集杂文十八篇,诗三篇,泰安聂君钺手抄,藏于笥者有年,惧其久而湮没也。乃谋付梓以广其传诒书京师乞予志其刻之岁月。"后附王亨豫作侯君仲楠传:"侯君卒年仅四十有六,君清贫而侃直狷介,不苟取。尝主教邑学,病中应得备全,坚不取,友人为刊书资,书未取而君殁。今将刊孙明复集以成君遗志。"序后附孙泰山先生像,后为徐宗幹赞词。

徐守揆序

钱大昕重刻序〔乾隆三十七（1772）〕

孙葆田序〔光绪十五年（1889）〕

《孙明复小集》为岱庙旧藏。被收入《泰山丛书》。

《竹啸轩诗钞》

集部别集类。清沈德潜撰,乾隆十六年（1751）精刻本（图20）。开本27厘米×17.5厘米,版框17.5厘米×13.1厘米,半页10行,行19字,白口,单鱼尾。存全十八卷二册。

封二版框内有正楷大字书名两行:"竹啸轩诗"一行,"钞"字一行。"钞"字下印有大、小两方篆字印章。小章在上,为阴文"沈德潜印";大章为阳文"泡溟之螺"。卷一首页右下方有长方、方形两方篆章。长方章在上,为阴文"曲阜孔玉双";方章为阳文"静庵诗词书画印章"。

编次为序、正文。一至十七卷诗钞,十八卷文钞。

魏世效序

《竹啸轩诗钞》为社会征集。

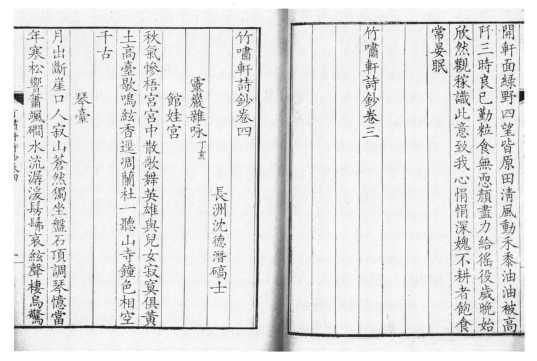

图20 《竹啸轩诗钞》精刊本内文

《诚意伯文集》

　　集部别集类。明刘基撰，成化六年（1470）石印本。开本26.5厘米×16厘米，版框20.7厘米×13.8厘米，半页11行，行21字，黑口，对鱼尾，线装本。存《诩运录》一卷、《郁离子》二至四卷，共两册。每册序前均押有阴文方篆藏书章"癸未进士丁酉考官""八年穷县令两任假同知"。

　　杨守陈序［成化六年（1470）］

　　王景诩运录序［永乐二年（1404）］

　　徐一夔郁离子序［洪武十九年（1386）］

　　《诚意伯文集》为岱庙旧藏。

《泰山图题词》

集部总集类。清黄浊兰图、李祖年等题词。光绪年间成书，民国二十五年（1936）铅印本，开本26.3厘米×15.1厘米，版框18.2厘米×17.1厘米，每半页10行，行24字，白口，单鱼尾。线装本。

《泰山图题词》不分卷，题词诗50余首，作者不同。后附黄浊兰的《游泰山记》。

《泰山图题词》为岱庙旧藏。被收入《泰山丛书》甲集。

《岱粹抄存》

集部总集类。泰安王建屏辑，民国十八年（1929）济南慈济印刷所铅印本。开本26厘米×14.7厘米，版框19厘米×11.2厘米，每半页10行，行25字，白口，单鱼尾，线装本。下书口有"济南慈济印刷所承印"字样。

《岱粹抄存》不分卷，一册。为王介藩根据十卷本的《岱粹抄存》录辑。主要有吴士恺的《重修遥参亭碑》、张四教的《石堂八散人记》、徐宗幹的《重修和圣祠碑记》、赵尔萃的《天然池记》、赵国麟的《宋氏族谱序》等。另外还有碑文、序文、行状、墓志铭等多篇，各类诗数十篇，对研究泰山历史文化具有一定的史料价值。

《岱粹抄存》为社会捐献。此书被收入《泰山丛书》。

《阮亭选古诗》

　　集部总集类。清王士祯选，康熙年间精刊本，天藜阁藏版。开本24.5厘米×
15.5厘米，版框19.1厘米×13.5厘米，半页10行，行21字，黑口，单鱼尾，线
装本。存全十七卷一册。

　　编次为总目、诗作者姓氏、诸名家序文、王士祯撰凡例（门人蒋景祁、惠
润录）、正文。封面有书签"渔洋山人古诗选"，下押有长方篆章"结翰墨缘"
（阳文）。首序页下押有方篆章"在羽斋"（阳文）。凡例页下方押有两方篆章：
"张予定印"（阴文），"汝安"（阳文）。正文页天头大都有眉批，部分页内有间
批。此书精选了自汉至唐120余位名家的诗词。

　　姜宸英序

　　蒋景祁序［康熙三十六年（1697）］

　　《阮亭选古诗》为社会征集。

《箧衍集》

　　集部总集类。宜兴陈维崧辑，蒋国祥校订，康熙三十一年（1692）刊本。开
本26.4厘米×17.2厘米，版框15.5厘米×12.8厘米，半页10行，行19字，黑
口，单鱼尾，线装本，全十二卷，存十卷三册。

　　编次为序、正文。每卷前设目次。每册封面和卷一下方均押有两方印章：
"旧史官"（阴文），"玉双手校"（阳文）。本书主要辑历代名家的五言诗。

　　王士祯序［康熙三十一年（1692）］

　　宋荦序

　　蒋景祁序

蒋国祥序

《篋衍集》为岱庙旧藏。

《纳书楹曲谱》

集部词曲类。清叶堂辑，乾隆五十七年（1792）修绠山房刊本，开本27.9厘米×17.9厘米，版框19.5厘米×13.2厘米，半页字6行配谱6行，行18字，白口，单鱼尾，线装本。存全十四册。

此谱分正续外三集。《正集》四卷设目27个，《续集》四卷设目38个，外集二卷设目32个，另有《补遗》一函四册设目48个，收乾隆时舞台流行的昆剧以及一小部分地方折子戏剧本共300余出，附《玉茗堂四梦》曲谱八卷共二十二目、《西厢记》曲谱二卷。曲词末附科白，注有比较详细的工尺板眼。

王文治序 [乾隆五十七年（1792）]

怀庭居士自序 [乾隆五十七年（1792）]

《纳书楹曲谱》为岱庙旧藏。

丛　书

《津逮秘书》

丛书汇编类。明毛晋缉，崇祯年间汲古阁毛氏刊本。开本26.1厘米×16.6厘米，版框18.7厘米×13.5厘米，半页9行，行19字，间或有双行小字，白口，线装本，下书口印有"汲古阁"字。存九十八册。

编次为题辞、序、小引、正文。一集存目八种，二集存目十种，三集存目四种，四集存目十七种，五集存目八种，六集存目四种，七集存目八种，八集存目七种，九集存目七种，十集存目八种，十一集存目五种，十二集存目八种，十三集存目十种，十四集存目三种，十五集存目十种，共一百一十八种。胡震亨题辞曰："子晋毛君，读书成癖，其好以书行令，人得共读亦成癖。所镌大典，册积如山，诸稗官小说家言，亦不啻数百十种。恳购者零杂难举，欲统为一函。而余向所与亡友沈汝纳氏刻诸杂书未竟而残于火者，近亦归之，君因并合之，名《津逮秘书》。"（图21）

胡震亨题辞

毛晋自序［崇祯三年（1630）］

胡震亨小引

《津逮秘书》为岱庙旧藏。

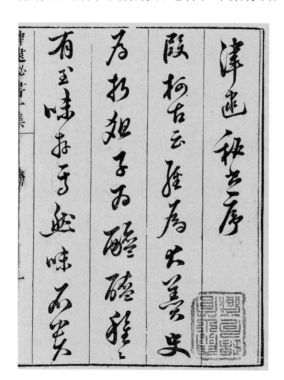

图21　《津逮秘书》毛晋自序

岱庙神轴

王丽娟　著

引　言

　　人创造了神。为神造像是人们的认识艺术形象化的结果。当然，也是对人间世界认识的折射和反映。本书所辑的神轴画，是从岱庙旧藏的大量资料中精选出来的。从这些画中，我们不难看到当时人们在不同时期对神的理解和认识，人世间的喜怒哀乐就浮现在神画之中。从某种意义上说，这也是一幅幅世情图，我们可深深感到人们在"人生"旅途中的苦苦追求及对美好生活的向往，尽管这种追求与向往都是建立在虚幻的基础之上的。

太清

　　道教所称的"三清"之一，即"太清太上老君"，也是最高的天神之一。所谓的"三清"，为道教三清境之一，是太上老君所居之境。"太清"亦指老君，太上老君又称"太清道德天尊"。太上老君说的也就是老子。老子实有其人，是春秋末年著名的思想家，道家的创始人。他姓李名耳，字伯阳，谥聃，故又称老聃，是楚国苦县（今河南鹿邑东）厉乡曲仁里人。道教创立就以老子为祖师爷，并尊为太上老君，奉《道德经》为主要经典，尔后老子被神化，并演绎出许多神奇的故事。

　　关于老子的形象，在《抱朴子》卷十五中描述道：老君"身长九尺，黄色，鸟喙，隆鼻，秀眉长五寸，耳长七寸，额有三理，上下徹足有八卦"。《魏书·释老志》中的太上老君是"乘云驾龙，导从百灵，仙人玉女，左右侍卫……"

　　在"三清"中，老子的传说最多，影响最大，其不仅受到了道教的极度崇拜，也得到了统治阶级的宠信。在唐代，道教一度成为国教，道士也备受青睐。《旧唐书》曾记载了唐高宗李治在行将封禅泰山这样的大典时，把宝押在道士身上，以祈天神福佑。唐高宗乾封元年（666）尊老子为"太上玄元皇帝"，宋真宗大中祥符六年（1013）加号"太上老君混元上德皇帝"。

　　泰山王母池西侧原有"岱岳观"，俗称"老君堂"，即东岳中庙，便是唐高宗李治时所建，岱顶凤凰山老君堂，也为唐建。

　　神轴中道德天尊的形象是一位赤发戴冠长须的老者，手中拿着一把长柄阴阳扇，象

图1　太清

征着世界的最初形成，阴阳的相互作用变化分出天地，万物由此出现，道教谓之为"太初"阶段。

此幅太清神轴绢本绢裱，系明万历年间御制，清光绪年间岱庙道纪[①]张文斋重修（图1）。

玉清

玉清，为三清之一，即元始天尊，为道教第一尊神，也叫"元始天王""虚皇道君"。元始的意义为本源、开始。道教将宇宙生成的根本——"道"神格化，使之成为主宰天上人间至高无上的神灵。天尊是对最高神的尊称。《隋书·经籍志》载："道经者，云有元始天尊，生于太元之先，禀自然之气，冲虚凝远，莫知其极。"在道教经典中，说他居于三天界最高的玉清仙境，并认为元始天尊实际是三清天三位教主的化身。《云笈七签》卷六《三洞经教部》说："三洞之元，本同道气，道气惟一，应用分三，皆以诱俗修仙，从凡证道，皆渐差别，故有三名。"意为虽然三清神名号不一样，但实质是相同的，这实际上是对佛教"三身"的模仿。

泰山扇子崖西侧有元始天尊庙，其他

图2　玉清

---

① 　道纪，掌管道教事务的道官。据《续通志·职官略》所载，明洪武十五年（1382）的设制，府一级设道纪。

还有地母宫、吕祖祠、太阳庙、太阴庙、圣贤洞等。

　　玉清在神轴中的形象是束发戴冠长须，面目和善清净，左手托圆球，以象征世界形成之前宇宙的混沌状态。道教谓之为"元始"阶段。

　　此幅玉清神轴绢本绢裱，系明万历年间御制，清光绪年间岱庙道纪张文斋重修（图2）。

上清

　　上清，为三清之一，即灵宝天尊，又称太上道君，在三清中为第二天尊。道教认为宇宙万物由"道"生成。宇宙分为人类生存的凡尘世界和天神所居的神仙世界。天界共有三十六重天，最高一层的大罗天为"道境极地"。灵宝天尊位居天界的绝霞之外。《道教义枢》引《太真科》曰："大罗生玄元始三气，化为三清天：一曰清微天玉清境，始气所成；二曰禹馀天上清境，元气所成；三曰大赤天太清境，玄气所成。"道经宣扬"一气化三清"之说，即道（元气）化为三元、三气。灵宝天尊就是从第二赤混太无元化生而来。其所主治的上清境称为禹馀天，其气玄黄。据《洞玄本行经》和《上清大洞真经》描述，上清太上道君原来是"二晨精气""九庆紫烟"，后脱胎洪氏，怀三千七百年，诞生在西那天郁察山浮罗之岳，位登高仙，治玄都玉京，有金童玉女各30万人侍卫，万神入拜，天皇抱图。灵宝天尊在宋以前被称为"太上大道君"或"太上道君"，其主要职司为广度天人，慈心于万劫，博济于众生。

图3　上清

　　传说岱庙中供奉的延禧真人，为上清灵

宝天尊的化身。

灵宝天尊的形象一般为束发戴冠长须的老者，手执太极图（或手执如意），象征着世界从混沌到分出阴阳形象的过渡，道教谓之为"混元阶段"。岱庙旧藏的神轴中灵宝天尊手中所执的是一如意。如意在道教中作为法器使用，具有吉祥辟邪的含意。

此幅上清神轴绢本绢裱，系明万历年间御制，清光绪年间岱庙道纪张文斋重修（图3）。

玉皇大帝

玉皇大帝，又称玉皇上帝，简称玉帝，全称是"昊天金阙无上至尊自然妙有弥罗至真玉皇上帝"，亦称"玄穹高上玉皇大帝"。在道教中地位仅次于"三清"，与中天紫微北极大帝、勾陈上宫天皇大帝及承天效法后土皇地祇合称为"四御"。

玉皇其名最早见于南朝梁代陶弘景所著《真灵位业图》，时为玉清境元始天尊属下，居玉清三元宫右位第十一。后经道教将其人格化以及封建统治者的推崇，因此玉皇大帝在民间得到了广泛的崇拜。又因其统辖天神、地祇、人鬼，以至被认为是天界的最高统治者，其影响远远超过了道教崇奉的"三清"。宋真宗大中祥符七年（1014）封玉皇大帝圣号为"太上开天执符御历含真体道玉皇上帝"，宋徽宗政和六年（1116）又加封玉帝尊号为"太上开天执符御历含真体道

图4　玉皇大帝

昊天玉皇上帝"。全国各地建玉皇庙、玉皇观众多。泰山的玉皇庙建到了泰山的极顶处，泰山民间称其为玉皇顶，正殿中祀明铸玉皇大帝铁像。

由于玉皇大帝已人格化，因此玉皇大帝的形象也一如人间帝王打扮，身着龙袍，头戴珠旒冕冠，双手持海水江崖星月图玉笏，相貌威严肃穆，两旁站立着持扇的侍女。

此幅玉皇大帝神轴绢本绢裱，系明万历年间御制，清末重修（图4）。

文昌帝君

图5 文昌帝君

文昌本为文曲星，亦称"文昌星""文星"，是中国古代对魁星之上六星的总称。文昌星被古代星相家认为是吉星，主大贵，后被尊为主宰功名、禄位的神。元仁宗延佑三年（1316）封梓潼神为"辅元开化文昌司禄宏仁帝君"，文昌与梓潼遂合二为一，称文昌帝君。

文昌作为星神曾祀于泰山斗母宫内。

文昌帝君的画像为文官形象，其右手握一柄如意，身旁左右各立一书童，俗称天聋地哑。在文昌帝君的脚右边是魁星，左边是朱辰。其中魁星的影响较大。魁星即"奎星"的俗称，被尊为主宰文章兴衰的神。因"取之字形"，故魁星头部像鬼。他右手持笔，左手持墨斗，表示由他来点中试者的名字，也就是所谓的"魁星点斗"。

此幅文昌帝神轴绢本绢裱，系明万历年间御制，清末重修（图5）。

太乙（一）救苦天尊

天神，另有星名、古帝王、仙人之说。如《史记·封禅书》曰："天神贵者太一。"《绘图三教源流搜神大全》："太乙，天神也。"《史记·天官书》载："中宫天极星，其一明者，太一常居也。"《神农本草经》有神农向太一子请教药物知识的记载。《隋书·经籍志》说的"消灾度厄之法"便是在"夜中，于星辰之下，陈设酒脯饼饵币物，历祀天皇太一，祀五星列宿"。这大概就是太乙之所以被称为救苦天尊的由来。关于太乙救人于危难之时的传说也颇多。如《拔度备湖宝签》中讲道：不仅是被打入血池地狱的女性，凡是被打入地狱的人，只要他们的亲族或遗族带着太乙救苦天尊传授的神符向神祈祷，下地狱的亲人便一定能得救。

关于救苦天尊的形象，在《道教灵验记》中描述道：太乙救苦天尊坐在五色莲花座上，九头狮子口吐火焰，簇拥莲花座，火焰包围着天尊，天尊周围和头上有九色神光缭绕，神光的锋芒如万箭指向四面八方；天尊头上有七宝华盖，背后的树枝上挂满宝花，光芒四射，许多真人、力士、金刚、神王、玉童玉女侍卫天尊身旁。岱庙神轴中太乙救苦天尊的形象是：九头狮子脚踏莲花，身负莲座，救苦天尊坐于莲花座之上。天尊头的上方及身体的周围缭绕着朵朵祥云，身边有真人手举华盖侍卫，还有一真人手捧宝卷站在下方。

此幅太乙救苦天尊神轴绢本绢裱，系明万历年间御制，清光绪年间岱庙道纪张文斋重修（图6）。

图6 太乙（一）救苦天尊

城隍

城隍是一方城池的保护神，后为道教所信奉。城是都邑四周供防御之用的墙垣，隍即无水的城堑。城隍，也就是一方地域具有一定守防之功用的设施，因其保护性被引申演化为神灵。据说城隍神起源于《周礼》蜡祭八神之一的水（即隍）庸（即城）以及《易经》的"城复于隍"。最早见于记载的是三国吴赤乌二年（239）东吴孙权在安徽芜湖所建城隍祠。古时人们认为，人在现世干了坏事，哪怕不为人所知，城隍神的下属也会全部向城隍神报告。干了坏事的人死后必会受到城隍神的严厉审判。因而人们对他十分敬畏。《北齐书·慕容俨传》中就有敌军进攻某城，因城隍神大显神威，而打败了敌人。唐朝时期，城隍神信仰十分盛行，郡县皆祭城隍，当时的张说、张九龄、杜牧、李商隐等文人都写过祭城隍文。宋以后，祭祀城隍遍及全国。到了明代，明太祖为城隍神规定了级别，封京师城隍为帝；开封、临濠、东和、平滁府为王；州为公；县为侯。至大德十一年（1307）则去封号，府、县的城隍一律称为城隍神。在《续道藏》中的《太上老君说城隍感应消灾集福妙经》上称城隍为"剪恶除凶、护国保邦"之神，说他能"应人所请，旱时降雨，涝时放晴，以保谷丰民足"。

图7　城隍

神轴中的城隍身着红色官服，手持笏板，神态和蔼慈祥。题曰："本县城隍尊神。"城隍右边的童子手托香炉，左边的钟馗手捧生死簿。其上方有三名骑祥龙、天马、彩凤的使者腾云驾雾，手持一长方形盒飞向天界。最上方的女神似为碧霞元君，正俯身伸双手等待使者的到来。

此幅城隍神轴绢本绢裱，系明万历年间御制，清末重修（图7）。

土地

土地，又称土地公或土地爷，是道教神系中地位很低的小神，但民间信仰极为普遍。旧时凡有人群聚居的地方就有土地神存在。该神源于古代的"社神"崇拜。《孝经纬》说："社者，土地之神。地阔不可尽祭，故封土为社，以报功也。"认为土地长育万物，使人生存，因此要每岁祭祀，以酬其功。祭祀"社神"的日期，称为"社日"，一般分为春社和秋社。秦汉以后，总司天下土地的社神逐渐演变为与天帝相应的"后土皇地祇"，由国家专祀。而各个地方、乡村的社神则逐渐演变为土地神。

汉唐以后，土地庙遍布全国各地。庙中土地像一般用石凿刻或泥塑成，其形象常为一穿袍戴帽的白发老翁，有些土地爷旁边还塑有一老妇人形象，称为"土地奶奶"。人们祭祀土地，求的是年岁丰登，家人殷富。

图8　土地

在神轴中，土地神是一位身着绿色官服，手持笏板的白发老者，题曰"当境尊神"。在他的身前是手托香炉的童子，身后是手持兵斧的鬼卒。上方有四位脚踏祥云的天神，他们手中各持一面"年直、月直、日直、旹（时）直"牌。

此幅土地神轴绢本绢裱，系明万历年间御制，清末重修（图8）。

青龙

图9　青龙

"青龙"亦作"苍龙"，古代神话中的东方之神，即二十八宿中之东方七宿——角、元、氐、房、心、尾、箕的总称。因为其组成的形状像龙，位置在东方，按"五行"说，东方属木，其色青，因此称为"青龙"。而在《史记·天官书》中则把"青龙"称为"苍龙"。道家常把四方之神作为护卫神，以此来壮威仪。其所处的位置并非是随意的，一般是朱雀在前，玄武在后，青龙在左，白虎在右。数目多少也不相同，如在《抱朴子·杂应》中描述老子形象时说："左有十二青龙，右有二十六白虎，前有二十四朱雀，后有七十二玄武。"后来，四神又有了名字，青龙叫作孟章，白虎叫作监兵，朱雀叫作陵光，玄武叫作执明。这时的四神已完全被人格化了，在道教宫观中成为守门的护卫神。

青龙作为星神曾祀于泰山斗母宫。泰山岱庙内的配天门，原也祀青龙、白虎、朱雀、玄武四星神。现泰山顶碧霞祠山门内，还立有青龙的塑像，青龙居东，白虎居西。作为护卫神，青龙的形象为古代武将打扮，身穿铠甲，手持利剑，脚踏一龙，以示其身份。而在神轴内的青龙是以天神的面目出现，其形象似人间文官，五人一组，双手持玉笏，头的四周闪耀着头光，脚下、身边祥云缭绕。

此幅青龙神轴绢本绢裱，系明万历年间御制，清光绪年间岱庙道纪张文斋重修（图9）。

白虎

白虎是古代神话中的西方之神，即二十八宿中西方七宿——奎、娄、胃、昂、毕、觜、参之星神。因其组成的形象似虎，位于西方，色白，故称为白虎。同青龙、朱雀、玄武合称为四方四神。白虎原也是作为星宿神祀奉，后成为道教守护神。因其总是同青龙左右相对，所以在宫观中往往是有青龙必有白虎。在泰山碧霞祠、原岱庙配天门都祀有白虎。

在神轴中白虎被称为右班神虎，其形象为武将打扮，身穿铠甲，手持兵斧，脚边有一白虎。

此幅白虎神轴绢本绢裱，系明万历年间御制，清末重修（图10）。

图10　白虎

真武大帝

真武大帝，即玄武，古代神话中的北方之神。关于其来历，民间和道教有不少说法，比较有代表性的说法是：古代人们将天上星辰分为二十八宿，每七宿组成一组。人们认为天体既按一定的规律运行，星辰也一定有各种神灵支配。于是将东西南北四组星宿按其排列的图形命名为四种动物，即东方青龙、西方白虎、南方朱雀、北方玄武。玄武所支配的北方七宿即斗、牛、女、虚、危、室、壁。

玄武一词最早见于《楚辞远游补注》："玄武，谓龟蛇，位于北方，故曰玄。身有鳞甲，故曰武。"玄武形象之所以为龟蛇相缠状，是因为古时传说龟蛇为神灵之物，但龟不能繁殖，须与蛇交配才能繁殖后代。宋真宗时，因疆土常受北方辽、金袭扰，因而使得统治者对主理北方的玄武备加崇拜，并加封真武为"镇天真武灵应祐圣帝君"。至于将玄武改为真武，乃是因避讳始祖赵玄朗的名字。元成宗时真武被封为"元圣仁威玄天上帝"，真武的名气越来越大，对真武大帝的信仰可谓遍及全国。明永乐年间，朱棣又封真武为"北极镇天真武玄天上帝"。

真武也被道教作为护卫之神。后经附会，谓其脱胎净乐国善胜皇后，产母左胁，长而勇猛，不统王位，得玉清圣祖紫元君传授无极上道，命其赴太和山修炼，久而得道飞升，玉帝册封为玄武。太和山即因此更名为武当山，取非玄武不足以当之之意。使其由护卫神而成为道教所尊奉的大神。民间传说真武雷神专司水火，因北方属水，龟为水族，水能胜火。另外北斗主死，因此真武又能主宰人的生死寿命。

玄武作为星神曾祀于泰山斗母宫。

在神轴中真武大帝束发长须，身穿黑色长袍，脚下为合体龟蛇，从者一人执旗，一人仗剑。

此幅真武大帝神轴绢本绢裱，系明万历年间御制，清光绪年间岱庙道纪张文斋重修（图11）。

图 11　真武大帝　　　　　　　　图 12　东方五斗

东方五斗

　　东方五斗，道教尊奉的星辰神名。五斗指金、木、水、火、土五星。《史记·天官书》曰："天有五星，地有五行。"古时人们把五星视为日月的灵根，天胎的五藏，地上的五岳之山，就像五行之星。而且还将五星喻为人的心、肝、脾、肺、肾。道教吸收阴阳五行说后，认为"五星则东岁星[①]，于时主春，于物

────────────

[①]　岁星即木星，简称为"岁"。

属木，于人为貌，于五常为仁；南方荧惑①，于时主夏，于物属火，于人为视，于五常为礼；西方太白②，于时主秋，于物为金，于人为言，于五常为义；北方辰星③，于时主冬，于物为水，于人为听，于五常为智；中央镇星④，于时主四时，于物为土，于人为思，于五常为信"。此处称东方五斗，可能出于《史记·天官书》中"汉之兴，五星聚于东井"。古人非常重视星相，认为"五星分天之中，积于东方，中国利；……五星皆从辰星而聚于一舍，其所舍之国可以法致天下"。所以东方五斗被视作吉相。

五斗星君原祀泰山斗母宫内。

神轴中五斗星君均为束发留须长者，手中握笏，右上方题有"天仙东斗星君"七字。

此幅东方五斗神轴绢本绢裱，系明万历年间御制，清末重修（图12）。

六星君

六星君即文昌六星，在天相中位于北斗魁星附近。《史记·天官书》载："斗魁戴匡六星曰文昌宫，一曰上将，二曰次将，三曰贵相，四曰司命，五曰司中，六曰司禄。"其中"司禄"星主贵贱爵赏，因此古代星相家认为它是吉星，主大贵，被道教尊为主宰功名、禄位的神。

古人将"魁下六星，两两相比者"的星相称为"三能"。认为"三能色齐，君臣和；不齐，为乖戾。辅星明近，辅臣亲强；斥小，疏弱"。（见《史记·天官书》）因此古时对其十分看重。

六星君原祀泰山斗母宫内。

----

① 荧惑即火星，它的光呈红色像火，亮度常有变化，而且从地上看它在天空中运行的方向也有变化，情况错综复杂，好像使人捉摸不定的样子，故称荧惑。

② 太白即金星，它是最亮的星，光色银白，故称太白，又称"明星"。

③ 辰星即水星。

④ 镇星即土星。

　　神轴中六星君的排列是两两相比的吉相。其中五人手持玉笏，一人手持宝卷。这位拿宝卷的星君大概就是"司禄"星了。在六星君的左上方有一肩扛三股叉的牛头神，这一位大概是传说中的牛郎星，是北方七宿的第二宿，古人又将其称为"牵牛星"或"大将军"。

　　此幅六星君神轴绢本绢裱，系明万历年间御制，清末重修（图13）。

图13　六星君　　　　　　　　　　　　图14　五灵五老天尊

五灵五老天尊

　　五灵指心、肝、脾、肺、肾五脏的精灵之气。唐张万福《传授三洞经戒法箓略说》载："二气流降，分化五行，元和降精，凝魂生身，元父玄母，神散五灵。"在《洞经示读》中则曰："五灵，精神魂魄意也。"

五老为神号，在《天皇至道太清玉册》中谓五行之祖气是为五老，即玉清昊极元老、虚皇灵光始老、玄华宝天真老、露渺太灵祖老、婆郁洪京仙老。

神轴中五灵在上，五老在下，虽神态各异，但都面目清朗，慈祥可亲。

此幅五灵五老天尊神轴绢本绢裱，系明万历年间御制，清末重修（图14）。

达摩

达摩，即菩提达摩，简称"达摩"，意译"道法"。据说，菩提达摩由南印度漂洋过海，来到中国南方，因与梁武帝见解不合，大失所望，于是折苇渡江，进入北魏境内，随后他在洛阳、嵩山一带游历并传授禅法。

图15　达摩

历史上有达摩面壁九年的传说。达摩弟子昙林在《菩提达摩略辩大乘人道四行》的序中说，达摩其人"冥心虚寂通鉴世事，内外俱明德超世表，悲诲边隅正教陵替，遂能远涉山海游化汉魏，忘心之士莫不归信"。认为其禅法的一大特色是"安心"，"安心"的内容是"壁观"。所谓"壁观"，即心如壁立，并非面对墙壁而"观"。达摩根据《楞伽经》如来藏佛性思想，认为众生本具佛性，与佛同一真性，只要凝心壁观，屏除杂念，由定发慧，便可证悟如来藏佛性，进入佛的境界。达摩被称为"西天"（天竺）禅宗第二十八祖和"东土"（中国）禅宗初祖。唐代宗赐谥"圆觉禅师"。史书有"只履西归"的传说。

神画中的达摩双眼圆睁，直视前方，坚毅的面颊上胡须丛生，头上戴着披肩风帽，端坐于山石之上。

此幅达摩画片纸本布裱，系清代工匠画（图15）。

地藏王

地藏王，又名地藏菩萨，其名因"安忍不动犹如大地，静虑深密犹如地藏"而来。为中国佛教四大菩萨之一。

佛教传说，地藏菩萨受释迦牟尼佛嘱咐，在释迦佛天度之后，弥勒佛未出世之前，教化六道（地狱、饿鬼、畜生、阿修罗、人间、天上）众生，拯救一切罪苦，始愿成佛。因此，地藏又称悲愿菩萨，亦称"冥阳救苦大愿地藏王菩萨"。地藏菩萨信仰始于隋末唐初，此时只是作为三阶教主而供奉。五代之后，因《佛说地藏菩萨发心因缘十王经》广为流传，因此解救六道众生出地狱的地藏菩萨与十殿阎王、地狱变和六道轮回等联系起来。

关于地藏王的形象也有不同：唐初时多为菩萨装，舒相坐式；盛唐时是手持锡杖的沙门形象；五代以后比较固定的形象为头戴风帽，双手各持宝珠和锡杖，意为"明珠照彻天堂路，金锡振开地狱门"。

图16　地藏王

但也有的地藏王则是光头大耳的比丘形象或坐骑怪兽的菩萨形象。

神轴中的地藏王头戴五佛冠，结跏趺坐于莲座之上。

此幅地藏王神轴绢本绢裱，系清代工匠画（图16）。

韦驮

韦驮，佛教天神。佛教寺院的第一重殿宇是天王殿，祀弥勒佛。在弥勒佛背后的神龛里，有一尊手执金刚宝杵的将军立像，便是佛教的护法神韦驮。

韦驮本为韦天将军，相传姓韦名琨，是南方增长天王属下的八大神将之一，

居四天王三十二神将之首。据传唐代僧人道宣梦见此神称："弟子是韦将军，诸天之子，主领鬼神，如来欲入涅槃，敕弟子护持赡部遗法。"此神还"往还护助诸出家人"。但后来把韦天将军与佛经中所说的韦驮天相混。韦驮是佛教天神，传说佛涅槃时，有邪魔将释迦牟尼的遗骨夺走，韦驮猛赶急追，终于将遗骨夺回。所以认为他能驱除邪魔，保护佛法。

从宋代开始，寺院内供养韦驮。其形象为童子面相，身着甲胄，手持金刚杵。其姿势通常有两种：一种是双手合十，横宝杵于两腕，笔挺直立；一种是左手握杵拄地，右手叉腰，左脚略向前立，面向大雄宝殿。

韦驮原祀于泰山斗母宫、岱庙西侧法华寺。

此幅韦驮神轴为绢本，系清代工匠画（图17）。

图17　韦驮

长眉罗汉

长眉罗汉，佛教十八罗汉之一，名迦理迦尊者。传说他生下来就有两条长长的白眉毛，原来他前世是一位和尚，因为修行到老，毛发都脱落，只剩两条长眉毛，死后再转世为人，他的父亲就送他出家，终于修成阿罗汉果。

罗汉是梵文阿罗汉的简称，指小乘佛教佛徒达到的最高果位。大乘佛教主张一切众生皆能成佛，为了承担此重任，罗汉成为护法弘法者。

此幅长眉罗汉画片纸本布裱，系清代工匠画（图18）。

图18　长眉罗汉　　　　　　　　　　图19　降龙罗汉

降龙罗汉

降龙罗汉，佛教十八罗汉之一，是在十六罗汉的基础上同伏虎罗汉一起增加为十七、十八罗汉。传说古印度有恶魔波旬，煽动那竭国人，四处杀害和尚，尽毁佛殿佛塔，将所有佛经劫到那竭国去，当时龙王发动洪水淹没其国，把佛经收藏于龙宫，后来降龙罗汉降服了龙王，取回佛经。

神轴中降龙罗汉虽然面目凶恶可怕，但透着刚毅勇猛的气质，其右手捻一宝珠，稳坐于一条扭动的龙身上，被制服的龙张嘴摆尾，绝望地挣扎着。降龙罗汉身后是一个手托佛经的小和尚，一幅大获全胜的画面。

此幅降龙罗汉画片纸本布裱，系清代工匠画（图19）。

天师

天师即张天师张道陵。天师是对其的尊称，因其创道教而为正一派之祖，故世称张道陵为第一代天师。东汉顺帝年间，张道陵在巴蜀地区传道布教，创立了早期道派——天师道（俗称"五斗米道"）。在《神仙传》中说张道陵曾入太学，博通五经，后来感到学习五经对延年益寿无用，遂改学长生之法，并得黄帝九鼎丹法，但因家贫无力购药，于是率弟子到四川鹤鸣居住修炼，著成道书二十四篇。传其得柱下史及东海小童的点化，终炼成仙丹。此后，张道陵不仅精通医术、仙术，还能预测人事。后来又传说他同弟子王长、赵升白日飞天成了神仙。后来的教徒尊称其为张天师，其天师的称号世代子孙承袭，形成了一个以道教为传导的"天师世家"，贯穿了整个道教史。自首创者张道陵至张思溥，已传六十三代，历经一千八百余年。

天师道虽为中国土生土长的宗教，但自六朝唐宋时代，就已传播到海外，如朝鲜、日本。以后又陆续传播到中国台湾、香港、澳门，新加坡，菲律宾，马来西亚，而且已流传到北美和西欧一些国家。

此幅天师神轴绢本绢裱，系明万历年间御制，清光绪年间岱庙道纪傅彬重修（图20）。

图20　天师　　　　　　　　　　　　图21　东岳大帝

东岳大帝

东岳大帝，即泰山神。自古以来，泰山就被奉为神山，而作为"五岳之长""五岳独尊"的泰山神，更是受到帝王的屡加褒封。唐玄宗开元十三年

（725）封为"天齐王"；宋大中祥符元年（1008）封为"东岳天齐仁圣王"，五年又诏加"天齐仁圣帝"；元世祖至元十八年（1281）封为"东岳天齐大生仁圣帝"；明太祖洪武三年（1370）改称"东岳泰山之神"。

关于泰山神的传说有很多记载，如《后汉书·乌桓传》曰：乌桓人死，则"神灵归赤山，如中国人死者魂神归岱山也（即泰山）"。《云笈七签·五岳真形图序》："东岳泰山君领群神五千九百人，主治死生，百鬼之主帅也。"《封神演义》中写到，东岳泰山天齐仁圣大帝"执掌幽冥地府一十八重地狱，凡一应生死转化人神仙鬼，俱从东岳勘对"，所以泰山神成为地狱之神。在十殿阎王中，泰山神主管第七殿。《续道藏·搜神记》中说，泰山为"群山之祖，五岳之宗，天地之神，神灵之府"。因此东岳大帝又称为泰山府君。还传说岱庙汉柏院中的"炳灵宫"，原祀奉的炳灵王是东岳大帝的三太子；泰山碧霞祠所祀的碧霞元君是东岳大帝的女儿。在《河图》方位神系统中，"东方苍齐神名美威仰，精为青龙"，因此，泰山神又名青帝。如此种种说法，使东岳大帝集多种权力于一身。

东岳大帝的庙宇在泰山原有上中下三庙。今东岳大帝祀于泰山岱庙天贶殿内。

神轴中的东岳大帝亦如人间帝王一样，身穿龙袍，头戴十二旒冕冠，双手捧海水江崖星辰玉笏，神态威严。身旁左右站立握笏的一老一少二名侍者，头上方为五彩华盖，周围祥云飘绕。

此幅东岳大帝神轴纸本绢裱，系清光绪十九年（1893）九月创修（图21）。

泰山娘娘

泰山娘娘，即碧霞元君，传说中的泰山女神，亦是道教所尊奉的神。"元君"是道教对女仙的尊称，民间称其为"泰山老奶奶""泰山娘娘""泰山老母"。

关于泰山女神的来历，最早见于晋张华《博物志》，上载："吾是东海女，嫁为西海妇。"之后关于泰山女神的传说一直在民间流传。而由元君之称进入道教神祇的行列则在宋代以后。

据说大中祥符元年（1008）十月，宋真宗在泰山行登封礼毕，还至御帐休息，在泰山大观峰下欣赏风光之际，发现一池清澈的山泉，大臣王钦若说：原来此池泉水淤塞，是陛下来到此地后，水池才重涌泉水，这一定是天神赐福之祥兆。真宗闻此言大喜，遂去水池洗手，忽见一石人浮出水面，捞出一看，是一玉女像，于是宋真宗命有司建一小祠，雕一玉质女神像供奉其内，号为圣帝（泰山神）之女，封为"天仙玉女"，玉女池由此得名。碧霞元君是东岳大帝的女儿一说大概就来源于此。《道藏》本《搜神记》卷一谓其"岱岳太平顶玉女娘娘是也"。

传说碧霞元君神通广大，颇为灵验，能使妇女生子，能保佑儿童，甚至农耕经商、旅行、婚姻、疗病等，祷之则应。在道教《泰山宝卷》中还叙述了碧霞元君的灵迹，以至碧霞元君在民间的影响越来越大。在《碧霞元君护国庇民普济保生妙经》中对碧霞元君的来由、职司、诵经功德以及辅忠助孝、善恶果报等也进行了描述：谓上古之人善良，生而多寿，末世之人奸诈，为恶遭报。众生生生化化，咸由元君做主，"受此沉沦，悲慈不已，为化女流，普度群生，于四月十八日，分真化气，现是慈颜，陟降泰山，静居上境。……统摄岳府神兵，照察人间善恶，罪福照报，感应速彰……大尊告曰人之元神禀受于天，善恶初萌，神明即照，虽处幽隐，心迹自露。举一善念，照显若光之影，人不能见，神已鉴之，即有掌善之神记于善籍，举一恶念，响应如谷里之声，人不能闻，神已闻之，即有掌恶之神记于恶籍。善恶之作虽殊，感召之速则一"。总之，自北宋末至明

图22　泰山娘娘

211

清，碧霞元君在泰山的地位几乎超过了东岳大帝，乃至成为中国北方地区信仰极盛极普遍的女神。

碧霞元君祀泰山顶碧霞祠内。碧霞祠宋名昭真祠，金称昭真观，明称碧霞灵应宫（一作"碧霞灵佑宫"），清乾隆间改为碧霞元君祠。碧霞元君在泰山影响很大，在古代有上中下三庙。

神轴中的碧霞元君慈眉善目，双手持笏板。两旁站着手举凤头幡的侍女。在其下左右为送生娘娘和眼光娘娘，其旁所立一侍女，分别手托一只眼、一童子为其标志。

此幅娘娘神轴绢本绢裱，系明万历年间御制，清光绪年间岱庙道纪张文斋重修（图22）。

眼光娘娘与送子娘娘

泰山娘娘与眼光娘娘、送子娘娘是一神三身，眼光娘娘和送子娘娘均是由泰山娘娘基本职司所衍化出来的形象。泰山娘娘信仰的核心就是在生育基础上发展起来的。这是与泰山始生万物的信仰联系在一起的。送子娘娘能送子自是东方主生的演变，而眼光娘娘能治眼疾，给人以光明，也是与东方崇拜、太阳崇拜一脉相承的。碧霞元君之神职司有所分工变化，反映了人们信仰要求的单一性，也就是说，在一定时期具体要求的普遍化占据了一定的地位，是人们被生子、眼疾所苦的结果。

泰山的遥参亭、王母池、红门宫、斗母宫、碧霞祠均祀有眼光娘娘和送子娘娘。清朝时在金山还建有西眼光殿，殿西还有眼光泉；虎山建有东眼光殿。

神画中的眼光娘娘慈眉善目，右手执笏，左手托一只眼，代表着她的职司。送子娘娘身边有一天真活泼的童子，手中拿着莲花，娘娘左肩的肩搭子中还有两个童子。

眼光娘娘和送子娘娘画片均绢本布裱，系清代工匠画（图23、24）。

图23　眼光娘娘

图24　送子娘娘

十殿阎王中的七殿泰山王

十殿阎王是中国佛教中十个主管地狱的阎王总称。十王分居地狱十殿，故称十殿阎王。泰山王为十殿中七殿之王。后道教沿用此说，他们分别是：

第一殿秦广王，专司人间夭寿生死，统管幽冥吉凶。

第二殿楚江王，司掌活大地狱。凡在阳间伤人肢体，奸盗杀生者入此。

第三殿宋帝王，司掌黑绳地狱，凡在阳间忤逆尊长，教竣兴讼者，被推入此狱。

第四殿伍官王，司掌合大地狱。凡世人抗粮赖租，交易欺诈者入此狱。

第五殿阎罗王，先前本来居第一殿，由于同情屈死者灵魂常常放他们回阳

图 25　七殿泰山王

世报怨，被降职到第五殿。阎罗王是十王中在中国最为人所知的。

第六殿变城王，司掌大叫地狱和枉死城。凡世人怨天尤地，对北溺便涕泣者，被推入此狱。

第七殿泰山王，即泰山神之泰山府君，司掌热恼地狱。凡阳世取骸合药，离人至戚者，发入此狱。

第八殿都市王，司掌大热恼大地狱。凡在世不孝，使父母、翁姑愁闷烦恼者，被投入此狱。

第九殿平等王，司掌酆丰都城铁网阿鼻地狱。凡阳世杀人放火、斩绞正法者，解到本殿，处以极刑，然后交到第十殿。

第十殿转轮王，专司各殿解到的鬼魂，分别善恶，核定等级，然后发往四大部洲投生，男女寿夭，富贵贫贱，逐名详细开列，每月汇知第一殿注册。

神轴中的七殿泰山王，戴冠留须，身穿长袍，左手执笔，端坐桌前。下堂地狱图中有一油锅，几名女鬼正在受油炸之刑。油锅旁一名惊恐万状的女鬼正被鬼卒推下油锅。旁边为钟馗。

清朝时期在岱宗坊以东有酆都庙，供奉酆都大帝，配以冥府十王。

此幅第七殿泰山王神轴纸本绢裱，系清光绪二十六年（1900）孟冬月遥参亭建制（图25）。

托塔天王

托塔天王，因左手托塔而称为托塔天王。在《西游记》中托塔天王是以天神的面貌出现，而在《封神演义》中则是殷纣王的部将李靖，其三子便是哪吒。武王伐纣后，父子四人均被封神。另传说托塔天王实际上是昆沙门天王或多闻天，佛教中把托塔视为护法的天神，其身穿甲胄，左手托塔，右手握宝棒，手中的塔意为供奉释迦。道教则把托塔天王视为镇守北方的神，居须弥山，支配夜叉、罗刹，以大福大德而闻名四方。

神轴中的托塔天王为武将形象，右手托塔，左手仗刀，系作为道教的神供奉，因此又名为鬼爷李靖。

此幅托塔天王神轴绢本，系清代工匠画（图26）。

图26　托塔天王

图27　阎魔王

阎魔王

　　阎魔王，又名"阎罗王""阎罗""阎王"等，原为古印度神话中管理阴间之王，其名由梵文简译而来。传说其是管理地狱的神，他属下有十八判官，分管十八地狱。

　　古人认为生命由魂魄支配，魂对人的精神活动起作用，魄对人身肉体起作用。佛教在这种鬼魂理论的基础上又进一步增加了因果报应，轮回转世之说，并认为人在生前如果作恶多端，罪恶深重，死后就会被打入十八层地狱，永生永世受刑罚之苦。传说地狱共有十殿阎王，阎罗王本为第一殿王，但因他是非分明，公正无私，常为冤死的鬼伸张正义，故被贬到第五殿。在民间百姓的心目中，阎王成为刚正不阿、铁面无私、主持公道的清官形象，进而受到人们的敬畏。

　　古时在泰安社首山一带建有阎王殿，专祀阎王。

　　神轴中的阎魔王赤发直竖、青面獠牙、赤身裸体，结跏趺坐于八头狮驮莲座之上，手结说法印。身边为太乙救苦天尊和一名手持狼牙棒和木瓜的鬼卒。另一边的幡旗上写有：普召十方三界五音男女十类孤魂一切寒林囚子等众来临法会。下方为地狱众鬼和众生相。由画面看，有被五花大绑的为官者；有跪在持幡开道六甲使者牌位前的朝廷命官；有惊恐万状向坐在桌后的"东宫慈父太乙救苦天尊"诉说者；有长舌露在嘴外的吊死者；有身穿素衣、带着孩子的妇女；还有正在行贿和受贿者。虽说是在地狱，可是人间的形形色色在此一览无余，发人深思。

　　此幅阎魔王神轴布本布裱，系清代工匠画（图27）。

判官

　　判官，冥府官职，道教祀奉的鬼神。传说鬼魂被勾摄至冥府后，就到判官府受审。判官的权力很大，审查范围极广，大至杀人放火，小至赖人酒钱，甚至偶或有过不良念头，都须经判官审查。判官审查时，有一面能照见鬼魂生前一切罪孽的镜子，不怕鬼不认账。

传说经判官考量善恶后，鬼魂便进入"六道轮回"："行善的，升化仙道；尽忠的，超生贵道；行孝的，再生福道；公平的，还生人道；积德的，转生富道；恶毒的，沉沦鬼道。"（《西游记》第十一回）堕入鬼道的恶鬼，根据其生前所犯罪恶，分别打入各种地狱。

神轴中判官头戴乌纱，络腮长须，面相威严，怀中抱一本"功过总卷"。身后紧跟一名肩背卷宗、赤发狮鼻、青面獠牙的鬼卒。

此幅判官神轴纸本绢裱，系清代工匠画（图28）。

图28　判官

左班监坛马、温二大天君

左班监坛马、温二大天君，即灵官马元帅、孚祐温元帅。据《绘图三教源流搜神大全》讲，灵官马元帅原是至妙吉祥化身，如来佛以其灭焦火鬼坟有伤于慈，将其降入凡间，以五团火光投胎于马氏金母，因其面露三眼，所以叫三眼灵光。又因其寄灵于火魔王，公主为儿手书左灵右耀，故又名马灵耀。传说马灵耀生下三天便能打仗，但因"笞金龙以泄其愤至不得已"，又投胎鬼子母。后来"又以母故而入地狱走海藏，步灵台过酆都，入鬼洞战哪吒，窃仙桃敌齐

图29　左班监坛马、温二大天君

天大圣"，直到释迦牟尼佛祖为之解和。玉帝以其功德大而敕于元帅官职，专管天下百姓妻财子禄之祝，而且百叩百应。

温元帅名琼、字子玉，后汉东欧郡人（今浙江温州）。传说其母夜里做了一个梦，梦见金甲神一手持玉斧，一手托明珠说：我乃六甲之神，玉帝之将，欲寄母胎托质为人。温元帅生下后极为聪明，十岁便通晓儒经传子史天文等书，却仕途不通。一天见一苍龙堕珠，拾起来吃下去，结果变得"面青、发赤、蓝身"，从此十分英毅勇猛。泰山府君听说其威猛之事，于是召至身边做了佐狱之神。玉帝又下令其为岳府猛将，众神之宗，狱班之首，惟帅能拜金阙，巡察五岳。从

此天宫地府任其来去畅通无阻。

泰山碧霞祠山门内东侧祀马、温二元帅。

在神轴中马元帅居右，手中握一方宝印；温元帅居左，手中执一把铁锏，两神双双凌驾于祥云之上。

此幅马、温二大天君神轴绢本纸裱，系清代工匠画（图29）。

赵公明

赵公明，亦称"赵公元帅""赵元帅"，民间传说中的财神。据说赵公明原

是钟南山人，秦朝时避世山中，精修至道功成，后奉玉帝旨召为神霄副元帅。汉祖天师张陵修炼仙丹时，赵公明奉玉帝旨，授予"正一玄坛元帅"，为张陵守护炼丹炉和斋坛。传说他不仅能驱雷役电、唤雨呼风、除瘟剪虐、保病禳灾，甚至民间的讼冤伸抑、买卖求财等事，其均能使之解释公平、宜利和合。但有公平之事，只要对其祷告，无不如意。被赞为"入化出神凛凛威光耀日，驾风鞭电英英杀气凌霄"。在《封神演义》一书中则讲赵公明是峨眉山罗浮洞的道仙，应闻太师之邀下山为殷纣王抵御武王、姜子牙的进攻。赵公明武艺高强，并有几件颇具神力的法宝。但后来姜子牙采用了陆压的计谋，用咒术将赵公明射杀。

图30　赵公明

周武王夺得天下后，姜子牙奉元始天尊之命，广为封神。赵公明被封为"金龙如意正一龙虎玄坛真君"，统领招宝天尊萧昇、纳珍天尊曹宝、招财使者陈九公、利市仙官妙少司四神，专司迎祥纳福事宜。

　　神轴中赵公明黑面浓须、头戴铁冠，手执铁鞭，威风凛凛，脚下卧一只黑虎，所以赵公明又被称为"黑虎玄坛赵公元帅"。

　　此幅赵公明神轴绢本，系清代工匠画（图30）。

附　岱庙神轴神图一览表

名称	时代	名称	时代
玉帝神轴	明万历	上清圣像神轴	清光绪
左班青龙神轴	明万历	玉清圣像神轴	清光绪
右班陶、辛二元帅神轴	明万历	天师老爷神轴	清光绪
真武神轴	明万历	拾殿（宫）转轮王神轴	清光绪
救苦神轴	明万历	东岳大帝圣像右班神轴	清光绪
上清神轴	明万历	协天大帝左班神轴	清光绪
娘娘神轴	明万历	陆殿卞城王神轴	清光绪
太清神轴	明万历	右配葛、萨二天师神轴	清光绪
太清神轴	明	九宫都市王神轴	清光绪
五师三星神轴	明	二殿（宫）楚江王神轴	清光绪
天师神轴	明	五殿（宫）阎罗王神轴	清光绪
玉皇大帝神轴	明	救苦神轴	清光绪
六星君神轴	明	张、邓天君神轴	清光绪
左班张、邓二大元帅神轴	明	右班监坛陶、辛二大天君神轴	清光绪
土地神轴	明	八殿（宫）平等王神轴	清光绪
白虎神轴	明	四殿伍（武）官王神轴	清光绪
左班五灵五老天尊神轴	明	左判官神轴	清光绪
文昌帝君神轴	明	城隍神轴	清光绪
东方五斗神轴	明	庙子神轴	清光绪
天帝神轴	明	土地神轴	清光绪
城隍神轴	明	七殿泰山王神轴	清光绪
长眉罗汉画片	明	太清圣像神轴	清光绪
降龙罗汉画片	明	右判监坛神轴	清光绪
达摩罗汉画片	明	九殿都市王神轴	清光绪
罗汉画片	明	一宫秦广王神轴	清光绪
砍头鬼画片	清雍正	八宫平等王神轴	清光绪
玉帝圣像神轴	清光绪	六殿卞城王神轴	清光绪

（续表）

名称	时代	名称	时代
四殿武官王神轴	清光绪	左班十四星君神轴	清
柒宫泰山王神轴	清光绪	佛像神轴	清
左班监坛温、马二元帅神轴	清光绪	右相真人神轴	清光绪
左配许、张二天师神轴	清光绪	左相真人神轴	清光绪
右班监坛赵、刘二元帅神轴	清光绪	叁殿宋帝王神轴	清光绪
叁殿宋帝王神轴	清光绪	普照寺住持杲伦像中堂	清光绪
玉老僧中堂	清	道教人物神轴	清
玉师判官中堂	清	左相真人神轴	清
二殿楚江王神轴	清	天师神轴	清
冥府十宫（殿）转轮大王神轴	清	右判神轴	清
右班十四星君神轴	清	左班监坛温、马二大天君神轴	清
当境土地尊神轴	清	冥府一宫秦广大王神轴	清
右班监坛刘、赵二大元帅神轴	清	右班监坛刘、毕天君神轴	清
玉皇大帝神轴	清	左班监坛刘、毕天君神轴	清
阎王判官神轴	清	地藏王菩萨神轴	清
天王神轴	清	冥府神轴	清
托塔天王神轴	清	右赵元帅神轴	清
真武大帝神轴	清	左班城隍神轴	清
鬼王神轴	清	右相神轴	清
左班监坛张、邓二大天君神轴	清	右殿冥府六宫下城大王神轴	清
道德天君神轴	清	右相二大真人	清
五殿阎罗王神轴	清	左相二大真人	清
上清神轴	清	韦驮神轴	清
南方八天帝神轴	清	救苦天尊神轴	清
西方八天帝神轴	清	九宫都市王神轴	清
三殿宋帝王神轴	清	地狱神轴	清
冥府四宫五官大王神轴	清	书礼神轴	清
天仙神轴	清	杨戬神轴	清
上清天帝神轴	清	右班监坛辛、陶二大天君神轴	清
玉清元始神轴	清	文殊菩萨神轴	清
右相真人神轴	清	中王清神轴	清
右班十方灵宝天尊神轴	清	二大天王神轴	清
七殿泰山王神轴	清	右判监坛神轴	清

（续表）

名称	时代	名称	时代
三灵侯神轴	清	上清灵皇大帝牌位	清
天王画片	清	庙堂画片	清
泰上老君神轴	清	道教人物画片	清
刀山地狱神轴	清	天神画片	清
羽化真人焦尚锦神轴	清	正尊大帝画片	清
蓬山圣母画片	清	正尊大帝（老像）画片	清
执花圣母画片	清	正尊大帝（少像）画片	清
苍山圣母画片	清	右天王画片	清
眼光娘娘画片	清	阎王画片	清
泰山圣母画片	清	太上老君画片	清
送生娘娘画片	清	日宫太阳星君牌位	清
孔目娘娘画片	清	玉清元始天尊牌位	清
痘疹娘娘画片	清	月府太阴星君牌位	清
子孙娘娘画片	清	太清道德星君牌位	清
天仙画片	清	勾陈天皇大帝牌位	清
宝供养画片	清	后土皇灵地祇牌位	清
供养像画片	清	雷路神捷赵元帅牌位	清
救苦天尊画片	清	神霄总镇（振）刘元帅牌位	清
太上老君画片	清	上清灵宝天尊牌位	清
地祇天佽太保康元帅画片	清	北极紫微大帝牌位	清
鬼王画片	清	梵气祖母天君牌位	清
黑虎玄坛赵元帅牌位	清	督理幽冥森罗大帝牌位	清
南极长生大帝牌位	清	天上正度真君牌位	清
正乙灵官马元帅牌位	清	正魔演庆真君牌位	清
后土皇地大帝牌位	清	星主北极大帝牌位	清
地祇无私（仁勇）温元帅牌位	清	精忠武穆岳元帅牌位	清
勾陈皇灵大帝牌位	清	金阙玉皇大帝牌位	清
昊天玉皇大帝牌位	清	中元清虚大帝牌位	清
雷声普化天尊牌位	清	上元紫微大帝牌位	清
东极青华大帝牌位	清	洞阳大帝南丹纪寿天尊牌位	清

岱庙传说

黄明 编

引　言

　　泰山是座名山，也因为出了名，它的故事也就格外多。有神话，有童话，有历史人物故事，也有风景名胜传说，等等。从山下到山上，多不胜收。这些故事，都是在民间产生的，有着很浓的泥土气息，有着鲜明的喜和爱、憎和恨。故事的产生，来自平民百姓对泰山一草一木的认识和感悟，同时也是他们世世代代保护、建设、利用泰山的结果。没有疑问，它是泰山文化的重要组成部分。

　　这本小册子，是我们从众多的泰山故事中精选出来的，既然是《岱庙传说》，那么与岱庙有关的也就选了进来。一部分是已公开发表的，一部分则是根据口述整理的。

　　登泰山从岱庙开始，您不妨先听听有关岱庙的故事与传说……

双龙池

在泰山脚下泰安城的通天街北边，紧靠遥参亭有一座方形水池，人称双龙池。

相传很久以前，泰城里的人吃水十分困难，要到山根下的王母池去挑。一年夏天，久旱无雨，泰山上的树木花草大都被烈日烤焦了，王母池中的水也只剩下一小湾，挑水的人成群结队，从山脚一直排到岱庙城墙。这天，有一个白发老太太从山根的红门宫里走出来，手提小瓦罐，出了岱庙南门，把小罐摔在了地上，飘然而去。接着那儿出现了一个清澈的泉眼。人们说这是泰山老母来搭救泰城百姓了。这泉水很旺，涌流不断，四外漫淌。

后来有位姓曹的员外出钱，修了个方形水池，水池两角刻着两个龙头，北面一个吐水，南面一个吸水，把水排到奈河里去了。打那以后，人们便把这池叫作双龙池。

（选自《泰安市泰山区民间文学集成》）

遥参坊上的神石

在遥参坊顶端横梁正中，有一块外形像桃，边有火焰状的石头，虽然经历了二百多年的风风雨雨，但与牌坊其他构件相比有明显区别：它一尘不染，像新安上的一样。据说此石雨淋不湿，雪落即化，很是神奇。

相传，乾隆三十五年，有一天，一个叫王五的石匠工头，在泰山上的一个河边旁开山凿石，干了大半天，全身大汗淋淋，又渴又累，感到非常疲乏，于是就近找到一块大石头坪，半躺半卧的歇息，不一会儿工夫，自己就迷迷糊糊睡着了，并做起梦来。蒙眬中，只见一位身披袈裟、胸前挂有佛珠、满脸白胡须的老和尚站在他的面前，对王石匠说："你这人虽然面带福相，但近期将灾难临头。"王石匠听后大惊，十分害怕，便立即跪在地上恳求大师指点："一看就知道您是一位高僧，求求您告诉我，有何办法解我此难。"大师慢慢开口说道："阿弥陀佛，善哉，善哉！今日你我见面是缘分，你近期有火、水、病三难。"说着，手指着身后的一块大石头说："你必须用这块石头，在一个月内雕琢三块精致的镇牌坊的石头，凿成后要尽快分别安放在泰城内三处繁华地段的牌坊上，你便可化险为夷，消灾免难。"王五忙问道："雕琢什么样的镇坊石呢？"大师微微一笑，没有回答便拂袖而去。大师一走，王五急得大喊："大师，大师，请你告诉我。"这一喊倒把王五自己给喊醒了。

王五睁眼一看，原来是场梦。只是浑身是汗，乏劲无力，他感觉右手里有一个圆圆的东西，伸手一看，原来是一颗佛珠，仔细一看，只见佛珠上浅刻着纹饰图案，图案的周边像火焰状，平面中间还有三个像佛珠样的纹饰图案。王五如获至宝，追忆梦境，历历在目，他知道是有高人指点，便立即双腿跪地，连忙向大师离去的方向跪拜、叩头。然后，起身来到大师所指的那块石头旁，看到石头上面有三个同样大小的桃形轮廓，更感到惊奇了。于是，他就立即着手按照佛珠所示图形，分别在这三个桃形轮廓里雕琢。经过20多天的工夫，终于将三个图案在桃形石的轮廓内雕琢出来了，他小心地把它们运下山来，总共不出一个月，便分别安放在泰城。第一块安放在遥参亭前面的遥参坊上，第二块安放在大关街上河桥东侧的牌坊上，第三块放在财源街西首的牌坊上。王五安放好石头后，还在每个牌坊前都叩了三个响头，便高兴离去。从此以后，王石匠过着舒心的生活，一直到老。

传说，此石为石蛹，是一宝石，能百病皆治，还有扶正压邪、避风防火等功效。正是有此作用，其他两块早已不翼而飞，听说是被日本人偷去了。现在只剩下遥参坊上的一块，因是神石，故仍完好如初。

（根据周文发口述整理）

刺猬复仇

民国初年，岱庙五凤楼上有一群乞丐，其中有一个40多岁的妇女，好吃刺猬充饥。刺猬，当地人们称其为"仙家"。

五凤楼上原有几块面西的石碑，碑身重约1000斤，说也奇怪，这名女乞丐有个习惯，每次睡觉的时候，总爱枕着一石碑而睡。岱庙内的刺猬被这女乞丐吃的也差不多了。有一天，她和往日一样，吃过刺猬后，用自己的袖子擦了擦嘴，便又枕着石碑睡觉，刚躺下不长时间，还没等她睡实，也不知怎的，不偏不斜，整座石碑重重地砸在了这个女乞丐的身上，眼珠都给砸得凸了出来，整个身子砸成一块肉饼。当时在场的地保王有慧、马瞎子费了好大的劲才把石碑移开，其情景惨不忍睹，见者纷纷议论说："这是她吃刺猬的报应啊！"

（根据柳方梧口述整理）

青龙白虎

岱庙里有两尊神像，一个叫青龙，一个叫白虎，很高，都触着房顶。

万历年间，一天早晨起来，庙里的小道士把门刚一打开，就看到青龙神嘴里往外吐火，他赶紧去报告了老道士。老道士怕引起火灾，就报了官府。

县上来人一看，果然吐火，就派人把这个神拉倒了。可拉倒以后又怕得罪了神，就在岱庙里搭了个戏台，唱了三天的戏，以后又把它恢复起来了。

这火是怎么起来的呢？那神像有七八米高，肚子有四米宽，过去有要饭的穷人没地方去，就钻到神像肚子里去睡觉。冬天睡醒一觉还是冷呀，就点着一堆火又睡，忘了灭火，就都出去要饭了。神像都是木结构，里面是空的，外面是泥，那神像的嘴就像烟囱似的，往外吐起火来。

过去都说是神火，实际是人火。

（选自《泰山民间故事大观》）

大蛤献水

在岱庙阁老池的正东，有一块不大不小的奇形石头，你从西南方向看去，活像一只欲要跳起的大青蛙，这就是传说中的"大蛤"。传说它蹲在那里有一千二百多年的历史了，却始终没有跳起来。

相传在唐乾封元年（666）春，高宗皇帝李治和皇后武则天率文武官员、侍从和各国使节来泰山封禅。封禅时，要举行规模宏大的祭祀典礼。按照礼仪，需用明水明火，所谓明火明水，就不是人间的水火，而是天水天火。那些礼官、博士就根据历代封禅的说法，按《周礼·考工记》的记载和东汉大儒郑玄《五经注》的注释，用金锡各一半制"鉴燧"制成圆镜为"日"，名为"阳燧"，在正午日光下取"天火"。用同样材料和方法制成方镜为"月"，名为"阴燧"，在半夜月光下取"天水"。"天火"很快就取得了；可这"天水"不论你怎么"斋戒"，始终也没得半滴"天水"。于是李治下旨，再考查古书古制。后来礼司在《淮南子》一书中查出取"明水"之法，应该用"方诸"，"方诸"就是"大蛤"。说明原《五经注》有误，为了纠正郑玄《五经注》的错误，李治还专门下了一道诏书。

方法有了，可到哪里去弄"大蛤"呢？特别是初春季节，天气很冷，愁的李治吃不下饭，睡不着觉，就在岱庙内到处转悠，时值半夜，他刚穿过"仁安门"后，忽听东北角有一蛙叫，声如鼓鸣，他走下台阶仔细一看，月光下有一大蛤正欲跃起，他急令随从用罍爵接水。盛水的祭器接满了水，这大蛤蟆也就一动不动地变成了石蛤，成了现在这个样子。

据说从此不论什么蛙见了人，一害怕，跳起来逃跑时就会放出一股水。

（根据黄生才口述整理）

金牛回视

岱庙内仁安门后西北方，有一块石头，由南向北看，恰似一只老牛回头望。相传，泰安城西南三十里处有座金牛山，山中藏着一头金牛。每到夜晚，此牛便出来到东牛、西牛村一带游玩饮水。

一天，来了两个云游和尚，发现了金牛的行踪，他们便起了贪婪之意，想把金牛逮走，但缺少打牛棒。后在天津湾村河边瓜地内发现两只脆瓜，这正是打金牛棒。便和种瓜老人讲："这两个瓜我们买下，先预支两吊钱。等满一百天后我们再来摘，到时要多少钱也行。"老人答应后两个和尚又云游去了。老人等到九十九天的下午还不见和尚们来，便认为是哄他。于是便将两个瓜摘了下来。第二天两个和尚果真来了，一看俩瓜已摘下，便着急地说："怎么不到一百天便摘了呢？"老人说："等了九十九天了不见你们来，我便摘了。不要也行，我退钱。"两个和尚无奈抱着试试看的想法一人拿着一个走了。到了晚上金牛出现了，一个和尚朝金牛扔出一个脆瓜，但因早摘了一天，只打断了一只牛角。金牛扭头向泰山奔去。另一个和尚拿着另一个脆瓜紧紧追去。

金牛逃进岱庙，穿过配天门，又逃到仁安门后。两个和尚追进仁安门内，眼看就打着金牛了。泰山神想："泰山的宝物决不能让他人夺走。"便大喝一声："金牛快跑，后面追上了。"这时，金牛猛回头怒视，眼内放出两道金光直向和尚射去。顿时，一个和尚两耳轰鸣什么也听不见了；另一个嗓子疼痛，目瞪口呆，什么话也不能讲了。金牛化作石头永远留在岱庙内。泰山神封两个和尚为天聋地哑把守仁安门。过去仁安门内塑两神像。天聋一手指耳，侧面细听；地哑，张口若呆，都是秃顶，栩栩如生。1928年神像遭破坏。

（柳方梧　供稿）

佞臣柏

　　岱庙内阁老池北偏东一点儿，有一棵拧着长的枯柏。据传，康熙二十八年，康熙皇帝来岱庙朝拜泰山神。被康熙皇帝除掉的权臣鳌拜阴魂不散，想在康熙来时挡道加以迫害，故化作一棵柏树长在通往大殿的甬路中间。可是，泰山神预先向康熙做了点化，康熙心中有数做好了准备。过了仁安门，阁老池北果然有棵大树挡在路中央。于是，康熙怒喝一声："好你个大胆的佞臣鳌拜，竟敢在此作祟，还不快快滚开！如不，派人将其砍掉。"说罢，袍袖向东一摆，柏树立即扭着拧着，转到路东边。第二天早上柏树便全部枯死，树皮尽行脱落，受到了严惩。直到现在，还枯立在路旁，故而人们叫它佞臣柏。岱庙露台前，北有孤衷柏，南有佞臣柏，两树相对，忠奸分明。

　　　　　　　　　　　　　　　　　　　　　（柳方梧　供稿）

扶桑石

　　在岱庙天贶殿的露台前，立有一造型特别、灵珑奇巧的石头，上面刻有"扶桑石"三字。此石正北面对一棵苍古柏树，名叫"孤衷柏"，树干上有一处树疤凹缝，游人在扶桑石正北闭上眼睛，绕着石头正转三圈，倒转三圈，回到原处向前走一字步，如果走到树前，摸着树上的凹缝，就表示有福气或运气好。不过，大部分人在来回转三圈后，已经晕头转向了，因而扶桑石又称迷糊石。

　　扶桑石的名字乍一听挺怪，不知缘何而来。据说秦始皇时有人上书，说东海里有三座神山，分别名为蓬莱山、方丈山、瀛洲山，山上有仙人居住，如果凡人到过三山，就能成为仙人。秦始皇于是派大臣徐福率童男童女三千人，乘船去东海求仙，谁知途中遇上风浪，船被打翻，随行人员当场都被淹死了，只有徐福无意中抱住了一块石头，爬上了一块高地。原来这是一个小岛，岛上有一座山，名叫扶桑山，山上长着扶桑树，树上有玉鸡栖憩。每当日出之时，玉鸡昂首鸣叫一声，接着金鸡也开始鸣叫，金鸡叫后石鸡也跟着鸣叫，石鸡叫了，那么天下的鸡就都叫开了，于是群鸡齐鸣，预示着天快要亮了，真是日出照扶桑。扶桑山上的扶桑石奇形怪状，古拙可爱，救徐福一命的那块石头就是扶桑山上的。由于救命有功，徐福回朝后派人把扶桑石运到皇宫，用以保佑皇帝，安镇天下。后来，由于战乱频仍，扶桑石落入民间，长时间杳无音信。后来才被找到并移入岱庙保存，就是今天人们看到的扶桑石。至于用扶桑石来预测福气和命运的说法，有人说是缘于一个故事，有人说是为了吸引游客而人为设计的，众说纷纭。

（魏华玲 供稿）

孤忠柏 三则

孤忠伯与孤忠柏

岱庙天贶殿南面的小露台上，挺立着一棵苍劲的柏树，这就是有名的"孤忠柏"。说起这棵柏树，还有一段不寻常的来历呢。

1008年，宋真宗赵恒率千军万马，浩浩荡荡，自京都往泰山开来。导行人员早已快马加鞭，通报了当时泰安的县官。县官是个官迷，他每天都挖空心思地算计怎样升官，如何发财。他听说当朝天子要来泰山举行封禅大典，心里便打起了小算盘：嘿！升官发财的机会来了。他眼珠子贼溜溜一转，立即命令手下人："天黑以前，把咱泰安最好的特产送到我府里来。"一个背有点罗锅的差役大着胆儿问："老爷，咱有啥好特产呀？"县官眼一瞪："笨蛋，百年灵芝千年参，黑龙潭里赤鳞鱼，这不是好东西吗？"唾沫星子喷了"罗锅"一脸。"罗锅"小心翼翼地用手抹了抹，赔着笑脸说："老爷，人家皇上吃遍天下的山珍海味，还稀罕咱小县城的这东西吗？"县官听差役话里有话，忙问："那你说皇上稀罕啥呢？""罗锅"使劲儿挺了挺胸，瞧了瞧四周无人，压低声音说："皇上不是要来岱庙祭拜泰山神吗，依小人之见，找一名技高胆大的护驾官，日夜守护着泰山神。皇上见老爷您对泰山神如此敬重，还派专人守护，定会龙颜大喜，说不定，还给您连升三级呢。到时，嘿嘿，您老可别忘了小人哟！"如此荒唐的馊主意，竟被官迷心窍的县官采纳了。

得到上司的赏识，差役顿时觉得自己的"罗锅"挺直了不少。他大摇大摆地顺着校场街往北走，远远地看见前方围拢着好多人，不时传来叫好的喝彩声。他紧跑几步，拨开人群，探头一看，原来是个卖艺人。此人身高体壮，袒露的肩膀晒得黑红，正卖力地打一套拳脚呢。差役傲慢地走上前："喂，跟我到县府里走一趟。"卖艺的是老实人，以为犯了什么规矩呢，乖乖地跟着差役去了。

县官看到找来的人膀大腰圆，浑身透着威武劲儿，非常满意。他打着官腔对卖艺人说："本官命你做泰山神的护驾官，你要认真守护，不得有误。如若不从，皇上怪罪下来，满门抄斩。"善良的卖艺人万般无奈，被逼"走马上任"，每天武士打扮，站在小露台上，任凭严冬酷暑，忠心耿耿地守护着泰山神。

宋真宗来到后，听县官如此这般地汇报完毕，果然很高兴，即刻赐给县官黄金千两，又见护驾官对泰山神忠贞不贰，便封其为"孤忠伯"（爵位中的第三等）。多少年过去了，护驾官"孤忠伯"渐渐地变化成了柏树。但他忠心未泯，依然尽心尽职地守卫着泰山神。后来，人们就把"孤忠伯"改叫"孤忠柏"了。

（王爱红　供稿）

孤忠柏与安金藏

天贶殿露台南面有一棵挺拔面北的孤忠柏，柏干南侧有一缝隙，俗传摸到此缝有福。所以游人常常蒙目由扶桑石而北摸树及缝，则为一件快事。何以如此说呢？原来这里面有一段故事。

唐朝长安人安金藏在太常寺供职时，睿宗李旦尚为皇嗣。有人诬陷李旦谋反，武后命酷吏来俊臣鞫讯被诬者，唯安金藏挺身而出为李旦辩诬。来俊臣不听金藏抗辩，金藏大呼："来公既然不信金藏之言，我请剖心以证明皇嗣不反。"随即拔出佩刀自剖其胸，五脏流出，扑倒在地。武后听说后，命将安辇送入宫救治。金藏剖胸后魂魄急来泰山神庭北面岳神诉说冤情。岳神洞察秋毫，嘉勉道："孤忠之臣速去，可保无虞。"金藏经宿始苏。武后来探视金藏，感佩其忠勇，便下诏停狱。景云年间安金藏擢升为右骁卫将军，封爵代国公。安死后，泰山神命将金藏之躯化为柏树享祀岳庙，以彰善瘅恶，昭示来者。

据说孤忠柏干上的树缝即安金藏剖胸的刀口，寻常人摸到树缝便摸到安金藏的赤诚之心，不但会得到神灵护佑，还可受到忠勇之气的熏染，故摸树缝成为相沿至今的习俗。

（赵桂芝　供稿）

孤忠柏与石忠

岱庙天贶殿前的露台下，甬道正中有一棵不算高大的柏树，其向南的一侧有一疤痕，据说，围着前面的扶桑石正转三圈，反转三圈，然后再往北去摸此柏树的疤缝，如果能摸准，则是吉祥之兆，向泰山神求子则得子，祈福则得福，想发财的则可发大财。但是游人多不能摸准。

此柏虽然其貌不扬，看上去也不算古老，但它有一个十分感人的故事。

传说，自从武则天被高宗皇帝李治召进宫后，逐渐得宠，不久便废掉了王皇后，由武则天取而代之。李治仁厚无能，上朝不能决大事，需由宰相提出建议，然后由他恩准。武则天虽为女流之辈，却精通文史，御人有术，她当了皇后以后，逐渐代皇帝批示奏折，临朝参政。

太子显逐渐长成以后，对母亲干预朝政甚为不满，屡有不同政见，由此触怒了武则天而招致杀身之祸。追随太子显的大臣石忠，亦早已对武后参政十分反感，见太子被害，为了表示对太子的忠心，他拔剑剖腹而自杀，以示对武皇后的不满。

石忠死后，其魂魄来到东岳泰山，面见泰山神，状告武则天任用酷吏，滥杀无辜，连自己亲生儿子也不放过，要求山神惩治其罪。泰山神感其忠心，令其化作一棵柏树，侍立殿前，日夜守护着山神，赐名"孤忠柏"。

如今游人所见树南面的疤痕，即是当年石忠剖腹的剑痕。

（选自《泰山典故与故事传说》）

火龙升天

岱庙大殿东南侧有一棵柏，人们都称它为龙柏。因树顶向东南一虬枝，生长着龙头龙尾，张牙舞爪恰似一条腾空欲飞的蛟龙，故名。传说这一条火龙，因犯天条被罚下天庭而在此遭贬。大概在清王朝将要灭亡的一天夜间，泰安风雨大作，雷电交加，忽然一个炸雷，虬枝化作一条火龙一溜火光向东南方向飞去。火龙之火燃着了古柏，枝叶烧尽，仅留下树干，至今烧痕犹存。

（柳方梧　供稿）

修岱庙的传说

传说很久以前，岱庙仅是个小山神庙。年久失修，下雨直漏。庙里住着一个老道士，他看见庙成了这个样子，就决心化缘修庙。于是，他就天天化缘，化了钱来，就押在山神爷的神台底下。化了几年，钱攒的不少了。有一天，他化缘回来，又照样把钱放下，跪在山神爷前祷告："山神爷，我给您老人家修庙有钱了。"可是没想到他放钱的时候，被小偷看见了。小偷趁他出门的工夫，从窗户里钻进去把钱偷跑了。老道士一看钱没了，急得一腚蹲在地上哭起来，一边哭一边叨念："山神爷呵，我诚心给您修庙，您老人家也不好生看家，钱也没了，咱怎么治啊？"哭着哭着，就睡过去了。只见山神爷笑着走过来，说："徒儿，别伤心，庙还能修。现在京城里头皇姑长了一个疮，有鼻子有眼，这叫人面疮，世上的人治不了。我给你三包香灰，你赶紧进京。到皇姑那里，一天上一次，上头一次，无论出现什么情况，你别害怕，连上三次，那疮就好了。到那时，咱就有钱修庙了。"说着，从怀里掏出三包香灰，递给了他，用手猛一推，说："徒儿去吧！"道士睁眼一看，原来是个梦！手里果真攥着三包香灰。于是他拾掇拾掇就进京了。

一进城，看见城门下围着一堆人，他也挤上去一看，果然是皇榜。上面说：皇姑生了一个疮，谁要是治好了，要什么给什么。老道士挺高兴，挤上去伸手就把榜揭了。守榜的士兵一看，就赶紧上来问："你能治？"道士点点头。那兵把他带进了皇宫。皇上就派他到后宫去给皇姑治病。

他到了后宫，一看皇姑的疮，真像梦中山神说的一个样，心里挺扎实。就拿出一包香灰，撒在疮上，就听那疮吱吱叫，叫得凄惨可怕。可是他想起山神爷的话，胆子就大了，也不害怕。第二天再去看，那疮已经闭上眼，合上嘴。他又照样上了香灰。第三天再去看，疮就结了疙渣。他又把第三包香灰撒上。第四天去看，疙渣也掉了，皇姑的疮完全好了。

皇上一听，非常高兴，就把道士请来，说了些客气话，叫人抬出东西赏他。给他金子，他不要；给他银子，他也不要；给他绫罗绸缎，他还是不要。皇上就问："你到底要什么？"他说："我是泰山山神庙里的道士，只求皇上给泰山神修一座庙就行。"皇上一想，修呗！就问："你想修个什么样的？"道士四下里撒目了一下说："我看你这屋不孬，花里胡哨的，怪好看，就修个这样的罢。"皇上一听，不答应罢，有言在先：要什么给什么；答应罢，金銮殿还能有俩？于是他说："这样吧，依着你，也修个这样的，可是得比我这个矮三砖。"道士连忙说："行，行，行。"

从那以后，岱庙就和金銮殿一样，只是比金銮殿矮了三砖。

（选自《泰山传说故事》）

天贶殿

宋真宗在封泰山以后，他和宰相王钦若说："最好想个点子，能退金兵。"王钦若说什么呢？

"别没好点子，只有讨来假的天书，天书怎么治法呢？事先咱先布置好。"

"在哪一块儿呢？"

"在泰山上，在泰山红门西边有个大藏岭，在那儿我事先埋好天书以后，派人去扒去，扒的日子呢，就是六月六，这个节叫天皇节，派谁去扒呢？就派一个木工，咱要是派一个朝里的大臣啊，去了吧，挡不住群众疑心，这样，一个木工，在宫里干活的，叫他来搞呢，群众还相信。"这么着，到了六月六这一天，派这个木工，一扒扒出个黄匣子，黄匣子里盛着天书，天书的文字别人捞不着看，献给圣上。放天书的地方，叫"天书观"。

送上天书以后，宋真宗在那里看，看了以后，他说，光有个"天书观"，百姓还不知道这是上天赐给的。怎么办呢？必须得报答神灵，就盖了一个爷神庙，这么着大中祥符二年盖了这个天贶殿。盖这个天贶殿，它的名字在宋朝是怎么给起的呢？天贶，"贶"当"赐"讲，天贶，是天赐给天书的意思。因为这样，报答神灵，盖这么一个雄伟的大殿。谁说泰山没神？这不是，皇帝都信，盖这么一个大殿，和金銮殿似的，盖得这么雄伟。

当时，也有反对的，那人叫王旦，王旦也是个宰相。宋真宗请王旦来商量。王旦说："咱这个办法能糊弄住百姓，糊弄不住金国，金国完颜阿骨打那人挺鬼，他信这个呢！"他一说这个话呢，宋真宗就说："这么着，我不是叫你同意我得天书，请你来，拉个呱。"临走给他珠宝金玉，贿买这王旦，让他说假话。末了，王旦给他保住这个密了。王旦临死时的遗嘱，照他儿说是这样："我一辈子发的瞎话不多，就是得天书这个事啊，我同意了。我不大对啊，对不起上苍。"

这是王旦透出的消息。

他得了个天书，盖这个天贶殿就起这么个作用，蒙蔽群众，叫群众也相信真有天降天书的事。

（选自《泰山民间故事大观》）

岱庙壁画的传说

　　宋真宗封禅泰山以后，龙颜大悦，为了感谢"天书"，下旨要在泰山下修一座天贶殿，并在殿内墙上画一幅巨幅壁画，表现泰山神出巡的宏大场面。

　　泰安县令接旨后，精心组织施工，大殿很快就建好了。可是，殿中的壁画却让他费尽了心机。当时，县令把附近有名的画师都找了来，让他们设计出草稿请皇帝审定，结果反反复复送了五六次，真宗仍是不满意，并下旨道：十天之内设计不出好的画样，就要拿县令问罪。

　　县令本想借建造大殿的机会立上一功，以便升迁做大官，不想这下却惹怒了皇帝，眼看升迁的事就要泡汤，他十分气恼，于是把气出在画师身上，下令五天之内，如果画不出皇上满意的画稿，将重打八十大板，打入死牢。

　　县令在公堂上大发雷霆以后，回到家中，夫人见他一脸的哭丧样，便知又遇上了麻烦事，问清原委后，对县令说："老爷真是糊涂。如果把那些画师都打入死牢，你还想不想活命？"

　　"此话怎讲？"县令神情紧张地问道。

　　"你想，如果把这些画师都打入死牢，老爷再去请谁来设计画稿呢？以妾愚见，作画是需要灵气的，你这样粗暴地对待他们，他们还有什么作画的心情？不如与他们以礼相待，给他们好吃好喝，让他们安心画画，或许能帮老爷度过这一关。"

　　县令闻听此言，也觉得有理，便又下令对画师酒肉相待，精心侍候。

　　再说那些画师只想画画，如果画不好，皇帝老子怪罪下来就要丢了性命，早就吓得七魂六魄都没有了，谁还能安下心来画画。就在他们走投无路的时候，县令的夫人传出话来说："皇帝不是嫌你们画得不够气派威风吗？皇上来封禅的时候你们都见过了，照着那场面画下来，皇上准满意。"

　　一句话提醒了众画师，他们连夜赶制，第二天便把画稿送到了县令手中。县令呈给宋真宗，果然赢得了皇上的欢心。于是，岱庙就有了这样气势宏伟的壁画。

（选自《泰山典故与传说》）

重修天贶殿

在金朝大定年间，有一个皇帝，他的名字叫完颜雍，得了一个疮症，叫"人面疮"。人面疮长在膝头上，长得和人面一样，有眼，有嘴，有鼻子。要是疼得厉害了，就必须喂它肉，一天得喂一斤肉。肉一放上就化了，这么厉害。找了很多先生都治不了。末了，贴出榜文去，谁要能治这个人面疮，给他官职，给他田地。

相传东岳大帝化装成一个道士，到了京里揭了这个榜，揭了榜以后，皇帝把他传到京里去，让他给治疮，果然治好了，以后，皇上问他要什么，他说："你因为得罪了上天，上天要你出罚金，你得按宋代的样子再把天贶殿修复起来，不怕大，越大越好。"

完颜雍这么一扩建，就扩了两个院，一个是汉柏院，一个是迎宾堂。汉柏院就是现在招待所这个院，西边的迎宾堂就是按长春观扩起来的，以前这个汉柏院是宋家皇帝来封泰山时住的，都说是二贤祠，指的是宋家两代皇帝在这儿读过书。

（选自《泰山民间故事大观》）

宣和碑的传说

北宋的宋徽宗为了积德求寿，一当上皇帝就派人到泰山重修岱庙。庞大的工程眼看就要竣工了，皇帝又下了道圣旨：召集全国有名的石匠到岱庙，在半月之内造一块泰山上最大的石碑，石碑要重一万公斤，石龟要重两万公斤，期限内做好有重赏，做不好，全部诛杀。

　　全国各地的名石匠，日夜兼程赶到岱庙。年纪最大的于大被推为工头。于大带领石匠们顶着烈日，冒着酷暑，在泰山周围勘察寻找石料，毫无结果。后来听说汶河河滩上有不少青石，他们立即赶到。汶河像一条丝绸飘带被风吹着一样缓缓流着，大大小小的青石果然到处都是，石匠们非常高兴，很快地拿出尺子，摸摸这块，量量那块，不是尺寸不够，就是硬度不够，没有一块合适的。于大紧锁着眉头，望着夕阳染红的天空，心里祈求着：老天啊，如果你能保佑我们弟兄找到石料，尽快完工，哪怕搭上我这条老命也在所不惜。

　　说来也巧，也许是于大的祈求感动了上天，这天夜里下了一场暴雨，原来被泥沙埋着的大块青石全露了出来。第二天，于大他们来到汶河河滩，很快找到一块好青石。晶莹中透着青色，一丈最，正是他们要找的碑料。一颗悬着的心总算落下了一半。碑刻好了，可重两万公斤的龟到哪儿去找呢？可怜的石匠们从东到西，从南到北，从泰山找到汶河，都翻了个遍。到了第十天，年纪最小的石匠绝望了，他哭喊着："别找了！还有五天，我们就等死吧！"石匠们听他这么一喊，忍不住抱头痛哭。于大的心像油煎一样难受，他瞪着红肿的双眼，呆呆地蹲在沙滩上，热辣辣的太阳烤着他的脊背，眼前一阵发黑。突然，他仿佛看见不远的沙滩里慢悠悠地探出一个龟头，既而，一个大龟钻出了沙滩，它鼓着两眼，朝于大点了点头。好大的一个乌龟啊，如果让他驮着那块大碑是再合适不过了。于大站起身就朝那龟跑去，脚下一滑，跌倒在地，睁开眼，原来是南柯一梦。于大心想："莫非是神灵来托梦搭救我们？"他喊起众石匠，便从大龟出现的地方往下挖，不到三尺，果然一块巨大的像龟的石头显露出来。

　　石匠们雇用了很多民夫，费了九牛二虎之力，总算把石碑、石龟运到岱庙正阳门。石碑抬了进去，正要抬石龟，忽然石龟像被人吹了气似的，"呼呼呼"胀了三胀，大了三圈，无论怎样调都进不了正阳门。石匠们慌了，纷纷跪下求神龟救人救到底。石龟果然开口："于大，你记得还欠我一样东西吗？"于大连忙叩头："只要能救我这些穷苦兄弟一命，我死而无怨。"话音刚落，只听轰隆一声，庙门上的横梁掉下来正好砸在于大的两腿上。于大顿时昏死过去。石龟又缩了三缩，不用人抬，自己就慢吞吞地爬进了岱庙。

（公文清　供稿）

布衣天子去封号

  岱庙宋天祝殿前大露台的西侧碑台上，矗立着一座螭首龟趺的石碑。这就是明太祖朱元璋洪武三年（1370）的御制《封东岳泰山之神碑》。"布衣天子去封号"的历史故事就源于此。

  山川蕴藏着伟大的自然力，令古人顶礼膜拜，崇敬无比，渐成神化。自战国以来，泰山成为君主帝王告成于天的封禅圣地。《重修纬书集成》卷五《孝经援神契》中记载，"泰山一曰天孙"，主"东方万物始成，知人生命之长短"。自唐玄宗李隆基开始正式加封泰山神，开元十三年（725）封泰山神为"天齐王"，礼秩加三公一等；宋真宗赵恒效法唐玄宗，大中祥符元年（1008）封泰山神为"天齐仁圣王"，大中祥符五年（1012）又"上东岳曰天齐仁圣帝"；金世宗完颜雍大定四年（1164）则诏以"立春祭东岳泰安州"，"其封爵并仍唐宋之旧"；元世祖忽必烈"至元二十八年（1291）春二月，加上东岳为天齐大生仁圣帝"。使泰山神由王而帝，封爵显赫至极。朱元璋出身贫寒，借农民起义军的力量，推翻元朝，建立大明王朝之后，无奈"自唐始加神封号，历代相因至今"，难以再封。于是借"予起寒微，详之再三，畏不敢效。盖神与穹同始，灵镇一方，其来不知岁月几何，其职受命于上天后土。为人君者，何敢予焉？惧不敢加号"为由，去掉唐宋以来各个王朝给泰山神的一切封号："特以东岳泰山名其神，依时祭神。"所以自明至今，宋天祝殿泰山神像前的牌位上也只书"泰山之神位"的字样了。这就是"布衣天子去封号"的历史故事。朱元璋的这块圣旨碑也被后人称为"去封号碑"。

  尽管宋天贶殿内祀奉的东岳泰山之神没有了封号，但依然身着帝王龙袍冠冕，高踞于大堂之上，俨然一副帝相。

（米山 供稿）

赤眉斧痕

在岱庙汉柏院双杆连理柏的东面，有一株青翠苍劲的古柏，在其树干的东侧有一处被砍的痕迹，并有红色浸染，这就是著名的"赤眉斧痕"。

据说，西汉末年，染着红眉毛的赤眉军在泰安修建工事，急需很多的木料。这可怎么办呢？一天，有位赤眉军的长官来到岱庙后，见汉柏院内古柏茂密挺拔，便引起了想砍伐汉柏作为木料的念头。第二天便带着一伙赤眉军，手持利斧来到汉柏院内，准备砍伐柏树。首先对准了这棵又高又大的古柏，说也神奇，不知怎得，当一名士兵用利斧使劲砍伐柏树时，伤口处竟血流不止。这时在场的赤眉军个个被吓得目瞪口呆，魂飞胆破，以为是神树，便弃斧逃出岱庙。

从此，也再未有人打岱庙古柏的主意。被砍的那棵古柏，至今斧痕犹存，血迹仍在。

（根据有关资料整理）

汉柏之死

岱庙之内，古柏苍郁，黛色参天，铁杆铜枝，似虬龙蟠旋，千姿百态，堪称绝奇，确是岱庙的一大景观。单就其形状而言，有的如猴子翘首，有的似灰鹤翅展；有的如群鹰争食，有的似巨手擎天，真是无奇不有，赫人耳目。不过，最引人注目的当数汉柏。

汉柏，现在岱庙东南汉柏院内，有汉柏五株，相传为汉武帝封禅时所植，虽有两千一百余年，却仍枝茂叶盛，苍劲挺拔。有诗赞曰：

东封玉辇不闻音，柏树犹能慰访寻。

一代精神看翠霭，千年物色在苍林。

水帘洞口风偏急，御帐亭边雪正深。

到底凌寒谁与共，老松郁郁是同心。

正是这千代瞻仰、万人称赞的古柏，却有一株死于小人之手。

据说，1928年军阀混战时，国民党山东省主席孙良诚，曾率部队驻扎在泰安，把岱庙作为他的大本营，而把富丽堂皇的天贶殿当作马厩，在规模浩繁的壁画上凿孔打眼，安梁架木，设置马槽，拴驴喂马，把一个好端端的岱庙，弄得乌七八糟，不成样子。

一天，有个兵士，听说当年赤眉军想伐汉柏，见刀口流血不止，没敢再砍，至今刀痕犹存，他便提刀来亲自尝试，想以验其真。正巧庙里的道士过此，忙上前劝阻，那兵士不但不听，反而动手打了道士几个耳光，骂道："你这个贼种，吃盐不多，管咸（闲）事不少。小心你自己的脑袋，不要让它搬了家。"说完把刀在道士面前晃了晃，摔（甩）袖而去。

道士本是好心劝阻，反遭这一顿打骂，实在咽不下这口窝囊气，便把状告到孙良诚那里。孙良诚对汉柏也略知一二，他想，赤眉军伐树尚能流传至今，如果我出面制止，说不定会因护树有功，而流芳百世呢。（哼！谁不知天贶殿早已马尿横流了。）于是，孙良诚为了显示他"爱护文物"，便对道士说："如此大胆，岂有此理。明天我一定亲自查问，严加惩处。"说完又安慰了道士一番，让他回去了。

第二天一早，孙良诚把部队集合起来，训了一通，让道士出来辨认。道士因为吃了那几巴掌，还险些挨了刀，所以对那兵士也记的特别真切，不一会儿就认出来了。孙良诚下令把他打了一顿军棍，又关进禁闭。

事后，那兵士觉得道士这一状，使他受这一顿皮肉之苦，实在不甘心，可又不好对道士进行报复，便又在汉柏上打主意。一天晚上，他将一团沾有汽油的棉花塞进树洞点着，当人们发现时，树已烧焦。就这样，千年汉柏，竟死于一旦。

（选自《泰山传说》）

店小二写"山"

　　岱庙汉柏院内，一块高大的石碑上，刻着"第一山"三个雄浑的草书大字。这三个字看上去像是出自一人之手，其实是两个人合写的。

　　相传在宋朝时候，京里有一位老宰相到泰山游玩，他下山以后，对他的随从和地方官员说："天下的名山大川我几乎都游遍了，我觉得没有一座山能和泰山相比，泰山真乃天下第一山啊！"地方官员就请老宰相题字树碑留念。老宰相谦虚地说："我虽然很喜欢书法，可惜手拙写不好，我想请一位名书法家写'第一山'三个字，刻碑立在岱庙里。"于是他马上写信，差人去京城请当时的大书法家米芾来泰安州写这三个字。

　　米芾当时年事已高，身体有病，但一看是老宰相的手谕，也就抱病勉强启程。来到泰安州，见过老宰相，抱病提笔。他蘸饱了浓墨，凝思片刻，接着手起笔落，眨眼之间，一个笔力遒劲、结构严谨的"第"字，便跃然纸上。大家看了，无不拍手称赞。接着又挥笔写了个"一"字，当他落笔写"山"的时候，顿觉头晕目眩，天旋地转，忽然眼前一阵发黑，出溜在桌子下边。大家一时惊慌，连忙七手八脚地把他抬在床上，不多时便断气了。老宰相十分懊悔，一方面忙令人给米芾安葬，一方面另请书法家续写"山"字。

　　老宰相在岱庙里待了七八天，全国有名气的书法家都请遍了，但都配不上米芾写的这两个字。有几个书法家写了几个"山"字，但和米芾的两个字放在一起，就觉得很不协调。老宰相为了这事很伤脑筋，心愿实现不了，有些闷闷不乐。他在岱庙里住着感到无聊，便换了便衣，叫上一名随从人员，出岱庙南门，往通天街走，想看看市容，散散心。走不多远，见有一家酒馆，酒馆门口有一个招牌，上写"泰山酒家"四个字。老宰相抬头一看，愣住了：这四个字是哪位书法家写的？字很有功力。他本不想喝酒，但为了寻访那位写招牌的书法家，便信步走进了酒馆。老宰相刚坐下，就见一个年轻的店小伙走过来问道："先生，要多少酒，几个菜？"老宰相喝酒只是引子，所以随便回答："半斤酒，两个便菜。"不一会儿，年轻的小伙计用盘子端了来。把酒菜摆好，退到一旁坐下，一面等着应酬客人，一面用手指蘸着水在桌面上不停地横写竖划。老宰相因为隔得较远，也看不清他划的是什么，觉得这个店小伙怪有意思，就问他："我看你们门口招牌上的字写得不错，是请哪位书法家写的？"店小伙脸一红，笑了笑回答说："写得这么孬，还算书法家？"说完不好意思地走到里间屋去了。

老宰相听了店小伙的回答，很不满意，觉得这店小伙有点目空一切。因为他急于打听写招牌字的人，酒也没喝下两盅，就喊掌柜的算账，在算账的时候，又借机寻问："掌柜的，你门口的招牌是请哪位书法家写的？"掌柜的一看面前这位老先生相貌不凡，知道是一位有学问的人，但不明白他问的意思是褒还是贬，怕实说了降低他酒馆的名声，就故意回答说："这是本街一位老先生写的，不算什么书法家，只是喜欢笔墨。"老宰相一听说当地人写的，很高兴，忙问："他叫什么名字？我想请他给我写个字。"这一问，把掌柜的问住了。"他……""他"了半天没说出来。这时，跟随宰相来喝酒的人忙说："这是当朝相爷，今日来逛泰山，见泰山气势雄伟，壮丽可观，想立一块石碑，写上'第一山'三个字。可是请了当代大书法家米芾写了'第一'两个字，'山'字还没写，他就不幸去世。相爷急于找一个写好字的人续写这个'山'字，不想你和相爷捉起迷藏了。"掌柜的一听，"扑通"跪倒在地，说："小民有眼不识泰山，向相爷赔罪！刚才我说的是假话，这招牌上的字，是本店小伙计自己写的。"老宰相心中大喜，这才明白刚才店小伙为什么不好意思回答的原因。忙叫掌柜的把店小伙叫来，当场表演，重写"泰山酒家"这四个字。老宰相叫人把纸裁的和米芾写字的纸一样大，当店小伙写到泰山的"山"字时，老宰相不禁拍手叫绝，连说"好！好！好！"因为他写的这个"山"字，和米芾的字体一样，像出自米芾一人之手。老宰相立即命人请工匠镌刻，并问店小伙："你写这样一手好字，是怎样练的？"店小伙说："我是个穷人，从小一天学屋门儿也没进过，因为我喜欢写字，买不起纸，抽空就用手指头蘸着水在桌子上练。因为天天练，掌柜的看我写得不错，他不愿意花钱请写家写招牌，就叫我写了。"

老宰相听店小伙这么一说，十分感慨地说："真是功夫不负有心人啊！"从此，老宰相便把店小伙请进相府，专门练习书法，后来这位店小伙真的成了一名大书法家。

（选自《泰山传说故事》）

延禧真人

传说，很早以前，有一天，从南门走进一个疯癫道士，头发赶成毡，上面虮子成了串，满脸污垢，流着鼻涕，身穿破道袍，敞胸露怀。肚子上生一个红肿高大、流脓淌水的烂瘤。他手拄一根拐杖，口中不住地喊道："谁咂我肚（渡）！谁咂我肚（渡）！"这时，有很多人跟着看。疯道人走到岱庙南门外坐在墙下，捉起虮子来。口中仍不停地喊着："谁咂我肚（渡）！"大家在想：你肚子上是个烂瘤，这么肮脏，一看就想吐，还想叫人咂，不疯是什么，故无人去咂。

有好事者便问："道士，你从哪里来？""我从大槐树北来。""你住哪里？"道士说："你住哪里我就住哪里。"正说着嗡一声飞来一只屎壳郎。道人一拐杖打下来，拾起来，扒去盖，揪去翅，扔来嘴里吃起来。嚼的口角尽是白沫。一会儿又飞来一只，打下来扒扒扔到口吃了，还拿着让周围的人吃。一连吃了七八个，围观的人都非常恶心，有的想吐，有的捂着鼻子扭头不看。大家正在议论，道人忽然不见了。再一看，地上的屎壳郎壳变成了栗子皮。有人忽然醒悟，这是延禧真人显圣。你想，您住哪里我就住哪里，这不都住在泰城吗？从大槐树北来，岱庙唐槐北不正是延禧殿吗？肚子上的瘤，很可能是仙桃。他说是谁咂我肚，"肚"是"渡"的同音。谁要咂了肚上的瘤，就是吃了仙桃，便能渡他成仙。大家跑到延禧殿去看究竟，见延禧真人塑像袍上还粘有几个栗子皮，嘴角上还残留着栗子渣。可惜，当时没人领会。所以，这次渡人未成功，可是从此香火大盛。1928年殿被毁掉，建了民众澡堂。

（柳方梧　供稿）

龟背神泉

记得还是七十年代，在岱庙帮助工作时，一位人称"泰山通"的张老先生，他手指天贶殿西南方向的"泰山神碑"，讲了一个很有趣的故事。

据说很久很久以前，泰山脚下有一偏僻的山村，村里有位颇有名气的行医老翁，妻子去世，又无儿女，独自过着清贫的生活。一天，老翁在出诊归来的途中，乌云翻滚，狂风大作，顿时，大雨倾盆。过往行人，纷纷找地方躲雨，唯老翁在雨中挣扎。突然，老翁从闪电中发现面前有一只幼小的金龟，在艰难地爬行。老翁俯身将龟救起，带回家中，放入水缸，精心喂养。每天出诊回家，老翁习惯地先看上一眼小龟才觉得心安。

大约洪武年间，鲁西地区流行眼疾，泰山周围的百姓，纷纷来到老翁这里登门求医。但他用尽了家传秘方，均不奏效。善良的老翁焦急万分，天天坐在水缸前面对小龟发愁、叹息。

忽然一道金光闪过，小龟不见了，小金龟不辞劳苦，爬行了三天三夜，赶到南海，拜见了观音菩萨，观音念罢咒语，手持柳枝，在小金龟背上刺开了一个小洞，令哪吒把金龟送回原处。金龟开始长啊，长啊，最后变成了一个庞大的石龟。

老翁从梦中惊醒，吓了一身冷汗。跳下床来，到宅院一看，果然梦幻成真，用手摸了一下龟背的小洞，洞内满满清水散发着诱人的芳香。老翁明白了，马上招来附近几位眼疾患者，将水点到眼上即刻病除。

正值明太祖朱元璋御制去封号碑，称《封东岳之神碑》，碑身已妥，尚缺碑座。这时经泰山神黄飞虎进荐，将石龟运至岱庙，作为此碑碑座。在立碑时，将龟背的小洞保留于碑后，供人取用洞水。奇怪的是，至今这个小洞里的水从未干枯过。

（刘善锐　供稿）

三茅真君

泰山诸神中有茅氏三兄弟：茅盈、茅固、茅衷。岱庙炳灵殿旧址后面原来有座三茅殿，就供祀这三兄弟。三茅是何许神呢？我给诸君道来。

三茅兄弟知名度最高的当属老大茅盈。盈是咸阳人氏，生于汉景帝中元五年，降生时红霞盈天三日，因名盈。茅盈18岁时弃家入恒山修道，师事金蝉子。后得见西王母，授盈太极玄真之经，得道成仙。49岁归家，父母尚在，父怒其不孝，不供养双亲，欲杖之。盈长跪谢罪说："盈受命应当得道，今道已成，不可杖击。"父不听，举杖向盈，杖遂断为数节，碎杖发如弓矢，中壁壁穿，中柱柱断，盈父止怒，不敢再打。父又问盈："汝言得道，能起死人否？"盈将夭寿短折者数人掘地起棺，死而复生，远近乡里皆称之神君。

宣帝初元四年，盈飞升上天。当时盈弟固为西河太守，衷为武威太守，闻盈升天，皆弃官还家，求盈于东山，意欲从兄为仙。于是，盈授二弟不死之法，长斋3年，二弟均得道成仙，居茅山，称三茅真君。

茅盈师金蝉子游泰山，受到泰山府君款待。金蝉子对盈说："泰山府君有女儿玉女大仙，独居太平顶，善法术，能为人广延宗嗣，合天地玄机，府君愿以玉女嫁你，意下如何？"茅盈不便推辞。八月十五日到泰山完婚。完婚后，为东岳上卿司命真君，代理大生之案，统吴越各路神仙。

（赵其香、贾运栋　供稿）

李斯碑

在碑刻如林的岱庙里，最珍贵、最有价值的，自然是秦代的李斯小篆。它刻于公元前209年，虽历经百世，但风韵犹存。

历来对李斯小篆评价很高，鲁迅誉之为"汉晋碑铭所从出"，堪称是一件艺术瑰宝。其道遒若虬龙飞动，其清秀如出水芙蓉，足见其艺术魅力。正因为它举世瞩目，被视为珍品，才引来它一段非凡的经历。

据说，此碑是秦丞相李斯奉秦二世胡亥之命所刻，立于岱顶玉女池上，为其歌功颂德。明代嘉靖年间，为防止风蚀雨淋，移于碧霞祠东庑。到了清代乾隆五年，碧霞祠突然遭火，火借风势，越烧越旺，结果把碧霞祠烧了个一塌糊涂，李斯碑也因之不翼而飞，下落不明，许多人都叹为可惜。

到了嘉庆二十年，泰安知县汪汝弼是个喜文弄墨的人，他早知李斯碑的珍贵，一直为不能亲睹而慨叹。他来到泰安以后，便下决心要把它找到。于是他四处散贴告示，有告知其下落者，悬赏重金。

不久，一位九十余岁的赵氏老翁，由家人搀扶来到县衙，对汪知县说："知县大人，在下是个瓦匠，以前在山顶修玉女池时，见过一截残碑，不知是否是大人所寻之物。"赵氏老翁把碑的形状、字迹等，一一告知，说："当时被人扔进玉女池，望大人差人前往查视。"

汪知县听了赵翁的介绍，已知十有八九是李斯碑，自然喜不胜喜，也不怕山高路险，便邀前任知县蒋因培同赴上山。果然从玉女池中找到一截残碑，冲洗后，"臣斯臣去疾昧死请"等字，历历在目，确是李斯真迹。于是汪知县大加庆贺，在山顶造房兴宫，于东岳庙西筑起精美的小亭，取名曰"宝斯亭"，以后又改为"读碑亭"。安放之日，还举行了隆重的仪式，重赏了赵氏老翁。算来，从失而复得，已有七十五年。

光阴似箭，日月如梭，一晃又过了17个年头。到了道光十二年，东岳庙因年久失修，西墙在一场暴雨中塌倒，此祸殃及"读碑亭"，碑亭被砸塌。新任知县徐宗幹得知，忙差人从瓦砾中找出，将碑移到山下，放置于岱庙道院壁间。

光绪十六年，有一小偷，看到人们将此碑视若珍宝。想必此物定值千金，便在一个风雨之夜将此碑偷走。事发以后，即任知县毛蜀云下令全城戒严，大索十日，终于在北关的石桥底下被发现，重新置于岱庙。真可谓千载碑文能历世，失而复得不寻常。

现在李斯碑存于岱庙东御座内。我们今天能一饱眼福，目睹此碑，确是三生有幸，游泰山定要睹此碑，不睹乃一大憾事。　　　　（选自《泰山传说》）

五岳真形图

在岱庙东碑廊内陈列一通"五岳真形之图碑"，它那奇特的图案及内涵，令人驻足沉思，玩味再三。

五岳真形图出现的时代甚早，据说五岳真形图原为西王母所有，汉武帝刘彻拜会西王母而得此图。早期的五岳真形图"乃因川源之规矩，睹河岳之盘曲，陵回阜转，山高陇长，周旋委蛇，形似书字，是故因象制名定实之号"（《汉武帝内传》）。讲得明确一点儿，五岳真形图就是五岳地形图，道士云游四方，需要有一份关于"洞天福地"的地图所导游，因而五岳真形图为道士们所钟爱，乃至作为他们的护身符。有谓"道士执之，经行山川，百神群灵，遵奉亲迎"。《五岳真形图·序》也讲"子尽有五岳真形，横天纵地，弥纶四方，见我欢悦，人神攸同"。

道士们为增加五岳真形图的神秘性，又杂糅了五行说和四神说的内容，同时又尽量兼顾相关字形，这样五岳真形图就逐渐图案化、文字化了。五岳者，东岳泰山，西岳华山，南岳衡山（原为天柱山），北岳恒山，中岳嵩山。按照五行说的理论，东方为木，西方为金，南方为火，北方为水，中央为土，五行相克相生，衍生万物，五岳之"五"字的问题解决了。再者，四神说谓，东青龙，西白虎，南朱雀，北玄武，这也基本解决了形象问题，即东岳以龙形代之，西岳以虎形代之，南岳以鸟形代之，北岳以龟形代之，中央之土居四神之外，则以土房子内有神之形代之。前文曾谈到五岳真形图"形似书字""有如书字之状"，最典型的要算东岳泰山真形图了，它既像龙蛇之状，又有"泰"字之形，二者结合得十分巧妙。

这就是五岳真形图的奥妙所在！

（吕继祥　供稿）

神行太保的故事

戴宗随宋江招安受封后，心中烦闷，夜不成眠，饭吃不香。往事如烟，不堪回首。昔日梁山风风火火，马、步、水三军，阵容雄威，战旗招展，纪律严明，秋毫无犯，得到百姓的称赞。现如今，卖义求荣，委曲求全，处处受制，事事违心，有多少梁山兄弟，为义而战死在沙场，又有多少兄弟看破红尘，奔走他乡。如今，冷清清，凄惨惨。更何况，君不临朝，奸臣弄权，民不聊生，忠臣被贬。我戴宗有何面目，身穿蟒袍戴乌纱，受封掌权坐府衙？风雨几十年，满腹惆怅何所说。罢！罢！罢！与其在这里受洋罪，倒不如超脱红尘以修行了却此生。于是，在宋宣和五年九月，神行太保戴宗辞官挂印，星夜北上。

金秋之夜，秋高气爽，月光皓皓，微风清凉，荧虫飞舞，蟋蟀高歌。田间谷穗迎风摆，林中果树吱吱响。面对这金秋美景，走走停停。由于练就了神脚，不日就到达仰慕已久的泰山岱庙。从此，戴宗就在岱庙里诵经做课，奉祀香火，虔诚无比，专心修道。

宣和七年，由于连年大旱，蝗虫遍野，颗粒不收，老百姓过着食不饱腹、衣不遮体的苦难生活。就是这样，官府的苛捐杂税多如牛毛，逼得老百姓走投无路，入地无门，背井离乡，妻离子散，尸骨遍野，情景凄惨。在这悲惨之时，戴宗将自己的奉饷和积蓄全部献出。经道长同意，购得谷物大宗，每天在正阳门前摆大缸两口，由值勤道徒做好斋饭，定时发放。消息传出后，泰城周围的贫困山民蜂拥而来，正阳门原来的两口缸猛增到六口，还满足不了日益增多的贫困百姓的需要。于是，戴宗又去东京相国寺、河南白马寺找鲁智深、武松等筹措资金。在他们的努力下，使得当地的百姓度过了荒年。

宣和九年三月二十八日，岱庙起会，四面八方的人汇集于岱庙。因此，岱庙热闹非凡，说书的、唱戏的、杂耍的、卖艺的，应有尽有。在这时，来泰山进香的善男信女也络绎不绝地涌入岱庙进香赶会。

一天，有两名女香客来岱庙进香。此二人长得标致，眉清目秀，举止文雅，穿着讲究，很是引人注目。一伙地痞流氓看到后，顿起歹心，走到近前进行调戏。二人为逃避歹人的戏耍，躲进殿内。这天正逢戴宗执事，他看到这些不法之徒在光天化日之下调戏良家妇女，很是气愤，便上前阻挡劝解。不料迎面一拳击来，戴宗及时闪过。小伙子一边打一边骂："老子是震南关贾龙，我舅舅是高俅门下兵部侍郎吴心，谁敢拦我？"据说贾龙家大势大，无人敢惹。泰城民众无不闻声色变。

戴宗早有耳闻，欲除之而未得机会。听了贾龙狂言，心想：这厮到这里来了，正是我除害的好机会。主意已定，躲过贾龙的连连进攻，后退一步，纵身一跳，来了一个旱地拔葱，随即掌劈华山，将贾龙打翻在地，用脚踩住大骂道："别说你舅舅是吴心，就是你舅舅是高俅，爷爷也不放过你。"说罢，脚下稍一用力，便送他上了西天。戴宗除贾龙的消息不胫而走，百姓拍手称快之余，也为戴宗师傅的安危担忧。幸好戴宗有皇上的免死令牌，贾龙家人奈何不得，泰安知州更是一推了之。

戴宗在岱庙出家修道多年，与人相处甚好，老百姓有什么困难，都愿意找他帮忙，他也总是有求必应，从不怠慢。与各位道友也相处非常融洽，很受他人的尊敬和爱戴。数年后的一天，戴宗把众道友请到一块，诚恳地向他们诀别说："我们相处多年，难免有失误不周之处，望你们海涵。"说罢，打坐于东岳大帝神前，大笑，道化归天。

戴宗归天后，泰安百姓为缅怀他的功德，集资修建了一座戴宗庙，塑以金身，长年供奉。

（朱正伦　供稿）

胡班传书

传说在南北朝的时候，有个叫胡班的，是泰山人。有一天，他要去西安，来到泰山脚下时，忽然在树林间碰到一个身着红衣服的人，他呼叫着胡班的名字说："泰山神要见你。"胡班听后十分恐惧，惊恐之时还没来得及答话，又有一个身穿红衣的人出来呼唤他。胡班于是便随他前去。走了数十步，那个人让胡班暂时闭上眼睛。不一会儿，睁开眼后，便见一座宫殿式的庙宇，很是雄伟。胡班在红衣人的引导下，来到了威仪甚严的大殿内，跪拜了泰山神。泰山神命人取出饭菜招待他吃过后，便说："今日我见你，没有别的意思，知道你要去西安想让你给我女婿捎封书信去。"胡班急忙问："请问你的女儿在什么地方。"泰山神回答说："女儿是河伯的妇人。"胡班大着胆子又问道："这封书信不知怎样才能送到你女婿的手中呢？"泰山神说："当你过黄河的时候，敲船而呼叫青衣，自然就有人来取书信了。"于是，胡班拿着书信起身告辞了泰山神，在原来那个红衣人的引导下，闭上眼睛很快又回到了他原来听到喊声的树旁。

胡班西行，按照泰山神所说，到了黄河水中时，敲着小船呼叫"青衣"，不长时间，果然有一名穿黑衣的婢女取书信而去。不多时婢女再次回来说："河伯想见你。"婢女让胡班闭上眼睛，来到河伯面前，拜见了河伯。河伯摆酒菜招待了胡班，饭后河伯对胡班说："感谢你路途遥远给我带来书信，你走我也没有什么可奉送的。"说着命令左右，取来了黑绸缎鞋子，赠送了胡班。

胡班辞别了河伯，回到了船上。胡班在长安待了一年多后，才又回到泰山，便在原来遇到红衣服人的地方叩打那棵树，说从长安回来了。一会儿工夫，上次那个领胡班的人又出来了，还是同上次一样，领着胡班来到大殿见泰山神。泰山神对胡班说："你帮我捎了书信，以后一定报答你。"胡班叩头谢过了泰山神。辞别泰山神后，胡班突然见到了他的父亲，手拿工具在做苦工，一块干活的还有好几百人。胡班见状跪下哭着问他的父亲："你为什么到了这里？"他父亲说："我死后被遣送到这里，服三年劳役。现在已两年多了，太苦了，我实在受不了啦。知道你认识泰山神，你去给我求求情，免去我的劳役吧。"胡班依照了父亲的话乞求泰山神，让泰山神赦免他父亲的苦役。泰山神说："生和死不是一条路，你不可听他的，也没有什么可惜的。"胡班仍含泪苦苦恳求。泰山神无奈，只好勉强应允，赦免了他父亲的苦役，胡班就此谢过泰山神回家。

一年多的时间，胡班的儿子相继死去，胡班很害怕，不知如何是好，便再次到泰山下的树边求见泰山神。还是原来的红衣人领他拜见了泰山神，胡班跪地哭诉道："泰山神啊，我回家后，好几个儿子都死了，现恐怕再有灾患，想问个明白，请救救我。"泰山神笑着说："上次就给你说过了，生与死不是一条路，不能听你已死去的父亲的话。"随后令属下招胡班的父亲到泰山。不一会儿，胡班的父亲就来到了殿中，泰山神问胡班的父亲："上次你让儿子苦苦为你求情，免了你的苦役，回到故里，你应为儿孙们造福，怎么你的孙子们一个个的都死了呢？"胡班的父亲说："久别乡里，回去后很是高兴，又有酒食的享受，因特别想念自己的孙子，故招他们来陪我。"泰山神听后下令，再让胡班的父亲去做苦役，他的父亲听后痛哭而去。从此，胡班后来有的儿子也就平安无事了。

（根据《搜神记》整理）

刘基讨封

当年刘基（伯温）帮朱元璋打完天下，算就了朱只能共患难，不能同安乐，将来，必定要虐杀功臣。故朱元璋一登基，他便辞官不坐，跑进泰山中修道。传说，凡人修仙，必须由皇帝金口御封方能成为正果。但明朝的皇帝没有一个登过泰山，所以他也就没有讨封的机会。

清朝乾隆皇帝第一次登泰山时，刘基便认为机会来了，趁乾隆在朝阳洞休息时，刘基便化作一老汉在对面山崖的万丈碑上推独轮车。目的是叫乾隆看了说他有道业，好讨封。果然，乾隆看了很惊奇，便问身边大臣："这是谁？"有一大臣奏道："这是前朝刘基讨封。"乾隆认为刘基是滑头，对君不能始终一致，便大声喝道："刘基你别在那里搞鬼，不加封你！"忽然一阵清风，老汉不见了。至今万丈碑还留有一道车辙。

一次乾隆在岱庙大殿书写御碑，众道士都在两旁伺候着，碑将写完，忽然有一道人出现奏道："贫道想给万岁变一法术，以便助兴。露台南那棵柏树内藏有一只灰鹤，我能让它出来，并骑上在天空遨游一圈。"乾隆答应变变看看。于是，道人用拂尘一指，便看到树杈中央慢慢地窜出一只灰鹤的头和颈，一会儿，露出了一只翅膀。这时，乾隆再看道士好面熟。恍然大悟，大声喝道："又是你刘基搞鬼讨封！"这时，道人不见了。灰鹤只露出头颈、翅膀，变成木头不动了，留在孤忠柏西侧的柏树上。人们称为灰鹤出现，成为岱庙一景。（柳方梧　供稿）

宝葫芦复归记

　　泰山岱庙内藏有众多文物珍宝，而尤以稀世国宝黄釉青花葫芦瓶、沉香狮子、温凉玉圭最为珍贵，号称泰山三件宝。其中，明嘉靖年烧制的黄釉青花葫芦瓶，更以它独有的失而复归的传奇色彩而备受人们青睐。

　　此瓶乃清乾隆皇帝于乾隆五十二年御赐岱庙，由大明嘉靖年间景德镇御窑精工烧制而成。此瓶集历史价值、工艺价值、美学价值于一身，成为收藏家争相追逐的猎物。

　　中华人民共和国成立前，泰安还没成立专门的文物管理部门，朝廷馈送的大量祭器都散存于环山庙宇之中。此葫芦瓶原存于岱庙，由道人管理。民国三十一年（1942）冬突然被盗。当时的山东省政府接到报案后，立即派人追查，抓获盗首杨安一，经审讯供认不讳。但葫芦瓶早已出售，不知下落。后几经周折被京商萃珍斋徐少山购去，又转售与北京冀东银行监事赵汝珍。省府闻此遂咨请北京市政府迫令买主交还。但是赵汝珍十分狡猾，百般抵赖，说瓶早已赠予友人，难以追回，且以银行名义出具证明。但办案人员毫不灰心，明察暗访，得知赵乃萃珍斋之铺东。其狡猾抵赖的目的，无非是想将葫芦瓶据为己有。案子有了眉目，民政厅又派人将萃珍斋经理黄同文及店员徐少山由北京押解至山东。经过严厉审讯，确认该瓶藏在赵汝珍处。办案人员即刻传讯赵汝珍对质，赵才不得不认罪交代，至此葫芦瓶失而复归。

　　但今岱庙所存葫芦瓶只有一件，另一件只剩瓶盖。据传说，在追捕案犯时盗者将其中一瓶投入井中摔碎。另传，中华人民共和国成立初政府设古物保管所，文物均集中于库房中保存。但因部分库房倒塌，许多文物惨遭厄运，另一件葫芦瓶也在其中。此传说不知是真是假，总之岱庙内现存实实在在真正的葫芦瓶只剩下了完整的一件。另一件的盖和瓶也许永远不能破镜重圆，仍然是个不解之谜。

（王丽娟　供稿）

鲁班的故事 八则

神手

以前凡是大型建筑物，都有鲁班。比如泰山的岱庙吧，京里下了圣旨，要修岱庙。县官一接到圣旨，吓得浑身打战。因为有限期，不按时完成，就要掉头哇！

县官赶紧写了个告示，要招工。告示一下，招了几百人。这时候，来了一个身上穿得破破烂烂的老头，腰里别着斧子，也要参与修这个大庙。当然不愿让他参与了！一是年纪大，二是穿得破破烂烂，看样子也没本领。可是他再三要求："我不能上架子，就在地上，我不能干好的，就干孬的，砍砍楔子，扫扫地也行。"就这么说人家还是不让他干。

他说什么也不走，大伙说："你在这里收拾屋子也挺好。"

以后，干活开始分工，有上大料的，大料就是刚伐的木头。这木头很糟，有空的、歪的，十块只有一块好的。干活的直叹气："咳！这样下去，完不成工，可要掉脑袋了！"那老头在底下问道："你们叹什么气呢？"

大家都不搭腔。因为大家知道他更治不了。

老头儿说："你们把木头抬来，我有楔子，一楔就好。"

大家拿了几块有窟窿的木头，老头儿拿起楔子，一下一个，把洞就堵住了，方的堵方的，圆的堵圆的，堵完了，跟好木头一样。

大家一见他有这本事，都很佩服，不过因为各人的活太紧，谁也没注意他。

修大殿，一天两天完不了。有一天，天气冷了。大家都从架子上下来，说："今天太冷，咱们回去喝热面条吧！"

有人说："喝面条行，咱们有面有锅，就是没有筷子。"

大伙正说呢，老头儿过来了："你们吵吵什么呢？"

大伙说："我们要喝面条，没有筷子。"

老头儿说："这好办。"

他回去就找块木板，画了画，拿斧子一劈，一会儿劈出几十双筷子，给大伙："行了，你们用吧！"

大伙一瞧，还真不错，但是对他还是不怎么瞧得起。

大殿修得很快，修大殿的时候，哪里不合适，拿老头儿的楔子一用，正好。楔子用完了，大殿也修好了，一点儿也没剩。任务完了，得拆架子呀，拆的时候，不小心，中间打了一块瓦。想上去修吧，架子也拆了，没法。后来，上边来检查了，一看，哪里都挺好，就是房上缺一块瓦。梯子够不着啊，怎么办呢？这时，老头儿又过去，说："你们发什么愁呀？这还不容易，你们拿块瓦来吧！"

有人给他一块瓦，他搁在手里，朝上一扔，正正当当，安上正合适。大伙正看瓦呢，老头不见了。这时，人们才知道他就是鲁班。

（选自《泰山民间故事大观》）

五凤楼与蝈蝈笼子

岱庙修五凤楼的时候，也没个图样，愁得工人了不得。以后呢，来了个卖蝈蝈笼子的。别人问他：

"你卖的么？"

"我卖的五凤楼呀！"

打那以后，按他的模型盖的，五凤楼的结构就是那蝈蝈笼子的结构。后来传说这是鲁班来指教的。

宣和碑

岱庙里最大的那个碑（宣和碑）立起的时候，怎么也立不起来。当工头的很犯难。后来来了一个老头，在一边看热闹，还一边嘻。他们说：

"你这个老头，我们立不起来，愁死了，你还在一边看热闹，还嘲笑我们。你给想个办法吧！"

"我想什么办法呀，我是土坷垃埋到脖子了。"

说了这话，不见人了。

他们一寻思：噢，这也是鲁班来点化咱。土坷垃埋到脖子了，就是用土囤，撬起一点，填土，就慢慢立起来了。

天皇殿东宫

天皇殿东宫开始修建的时候，来了一个老头，背着锛凿锯斧，穿得很不好，到这里来想找点活干。他们都说：

"你还能干什么呀？你这么大年纪，这里都是高空作业，都得爬架子，你能干个么呀？"

"我给你们打下脚也好嘛！"

末了，有些工人就说："留下他吧！剩点饭就够他吃的了。当不住他还有点用处。"

那老头去了以后，别的不干，净削些个大大小小的楔子，也不方，也不正。去了半个月，就砍了这么些楔子，都是些废料。也有的人把他砍的楔子添到锅底下烧饭吃，反正是不当好东西。

最后组合垛子的时候，怎么也上不上了。他说：

"是不是拿我这木头楔子垫一下，试试看合不合适？"

搁上一个挺合适，搁上一个挺合适，一垛一垛都上完了，楔子也没剩下。打那才知道他是鲁班，不是吃闲饭的。

最后完了活了，大家就对鲁班说：

"我们已知道你不是凡人。现在大家正要吃面条，你给显一手儿吧，给削个赶汤柱吧！"

他说：

"好啊，我也甭刮了！"

说着找了个四方木头，这边画个圈，那边画个圈，拿起斧头来，就这么一冲，就跟那个旋车旋了似的，冲出的赶汤柱又光又圆。

（选自《泰山民间故事大观》）

斩木剑

天禧年间，宋真宗封禅泰山，大兴土木，修建岱庙。动工那天，全国各地有名的木匠都请来了，大家不分昼夜，紧张地忙碌着。其中有一个白胡子老头，整天在工地上转悠，这儿瞧瞧，那儿看看，可从不见他伸手干一会儿。许多木匠虽有些不满，可又看到他这般年纪，也不好把话说明，便都无可奈何地说："就让这老头混碗饭吃吧。"

这一天，老头吃完了饭，对大伙说："我不能光闲着，做几个墨尺给大家用吧。"不一会儿，老头就做了几十个，趁大伙休息的时候分给了大家。许多人都觉得好笑：这老头真是的，墨尺谁不会做，总共不过一拃长，一袋烟的工夫就能做几个，谁稀罕！许多人接过来都扔了，只有一个姓李的木匠细心地收了起来。

过了几天，李木匠的墨尺断了，就拿出老头给的墨尺来用。奇迹出现了，李木匠用墨尺在木头上画线，木头即刻顺着墨线分成了两半。大伙一见，都纷纷去找自己的墨尺，哪里还能找得到。大伙这才明白，原来那老头就是鲁班师傅。

从那以后，木匠就开始把墨尺叫作"斩木剑"了。

飞斧

天贶殿修好了，所有的工匠们都怀着既高兴又不安的心情等待着总监工的验收。

这一天终于来到了。总监工围着大殿察看了一周，突然发现东北角的一根檐椽长出来半寸。怎么办呢？众人面面相觑，一个个吓得脸都白了。要知道，尽管是这点小小的差错，可有着杀头的危险呢！总监工来回踱着步子，两眼射出逼人的寒光，四周静静的，众人连气都不敢出了。这时，突然从人群中走出一位长者，大家一看，正是那个多日不见的白胡子老头，只见他手提一斧，抡起右臂，"嗖"的一声将斧子扔了上去，不偏不斜，正中檐边，刚好把那多余的半寸檐头削了下来。人们都被老人的举动惊呆了，总监工也怔住了，回头再找那人，却早已无影无踪了。

众木匠对鲁班十分感激，都高兴地说："多亏鲁班爷这一斧，救了大伙的性命。"

石头嫁妆

天贶殿主体修完了，石匠们又开始忙着铺台阶。白胡子老头又回到了他们中间，整天背着锤子在工地上逛来逛去。一位石匠刚把一块石头凿方，"乒"！另一位石匠的锤子脱把，飞来的锤头正好落在方石上，砸去了一个角。"唉，多可惜，不能用了。"那石匠懊丧地说着，赌气把石块搬起扔到了一边，白胡子老头走了过来，一声不响地把石块重新砸得方方正正，抱着走了。

老头来到岱庙对门的张石匠家，笑着说："张石匠，我给你闺女送嫁妆来了。"原来，张石匠家很穷，尽管他参加了修岱庙的工程，可工钱太少，办不起嫁妆，这几天，他正为此发愁呢。

张石匠闻声出来一看，是位不认识的老头送来一块石头。心想：我再穷，也不能给女儿陪嫁石头呀，张石匠没好气地接过石头，当场就扔在院子里。

整个岱庙的台阶就要修完了，全是一色的大理石，谁知最后一块石头，石匠们却找遍了石料堆，也没找到对色的。一块石头安不上，整个工程就不能竣工，这可把众石匠愁坏了。大家吃过饭，来张石匠家歇凉聊天，忽然发现了那块石头，不大不小，颜色正对，石匠们高兴得不得了，有人上来就要搬走。只见张石匠的老伴从屋里赶了出来，一屁股坐在石头上说："这是人家送我女儿的嫁妆，谁也不能动。"大家一问缘由，立时明白了，原来是鲁班师傅扶助穷人。石匠们立刻禀报工头，工头闻知，愿出高价收买。就这样，张石匠便用这笔钱为女儿购置了嫁妆，高高兴兴地送走了女儿。

（选自《泰山传说》）

修牌坊

岱庙正阳门处，有一座石头牌坊，两丈多高，全是一抱多粗的长方石支架起来的。石头上雕刻着各种鸟兽，鱼脊式的盖顶，威严壮观。

传说建这座牌坊的时候，当地的一伙石匠就费了很大的劲。特别是底座建成，支柱都竖好了，该向上安架横石梁的时候，把扎的架子压坏了三次，三次都没架上去，愁得一帮石匠唉声叹气，眼睁睁没有办法。正在他们发愁的时候，来了一个白胡子老头儿。老头看了看压坏的木架子，又看了看垂头丧气的石匠们，用责备的口吻说："真是些饭桶！"一个青年石匠听了就挺生气，顶撞他说："你这老头，别站着说话不费力气，你不是饭桶，你来试试！"老头说："我——"指了指自己，"土埋到溜脖啦！"说完，转身就走。

领工的石匠开始听了老头的话也有些不满，可是当他听到老人的最后一句话时，忽然心里一动，觉得老人的话里有话，于是忙站起来，去追那老人求救，可老人已无影无踪了。领工愣住了：这是怎么回事呢？感动了神仙吗？忽然他明白过来：这是鲁班师祖见到他的后世弟子遇到难处，显灵点化来了！再琢磨琢磨老人家刚才说的话："土——埋到溜脖……土……噢！"领工高兴地一拍大腿，说："伙计们，有办法了，把木架子拆了，推土筑台子……"

大家一起动手，只一天的工夫，在牌坊下面堆了一丈多高的土台子，土埋到支架的溜脖，人站在土台子上，横石梁和石盖顶便很顺利地安架上去。牌坊建成以后，石匠们感激鲁班师祖的点化，便在岱庙附近修了一座鲁班庙。

（选自《泰山传说故事》）

岱庙艺文

李京泰　选编

引　言

正像有了斑斓的鲜花，定会引来勤劳的蜜蜂一样，秀山丽水、文物古迹也必将招致骚客文人、达官显贵的光临。他们所到之处，托物言志，吟诗作赋，歌山唱水，抒发豪情，景物因名人的吟诵而名播万里，名人亦因自己不朽的作品而流芳百世。于是，就有了既飘溢着仙风道骨般风流，又有沉甸甸的历史感的山水文学。

岱庙有着悠久的历史，有"秦即作畤""汉亦起宫"的记载。岱庙是泰山的正庙，是供奉泰山神并举行祭祀典礼的地方，从而岱庙也就成为官方从事宗教活动的场所和文人墨客凭吊游览的去处。他们或虔诚地膜拜于威严的东岳神前，或悠闲地徜徉于柏林松影之中；此外，岱庙不知从何时起，还成了每年东岳庙会的会场，接纳四面八方、三教九流的人士来此说书唱戏，打擂比武，观光贸易。于是，也就有了许许多多关于庙中景物的诗联游记，以及发生在里面的饶有趣味的小说故事。

关于岱庙的诗，历史上遗存较少。从时间上来看，元代以前的还没有见到，即使是元、明两代数量也不多。而清代作品，又让乾隆皇帝这位风流才子占据了首位。从内容上看，以岱庙为题的诗作，大多描写庙貌"朱门轮奂辉金榜，黄屋翚飞足宏敞"①的堂皇富丽和肃穆庄严以及泰山神"寅生万物开人极，震出群灵协帝共"②的神功。这一点，乾隆的诗具有一定的代表性。乾隆皇帝对岱庙似乎情有独钟，"岱岳崇峰百里瞻，答阳岱庙俨精严。礼官肃祀仪虽备，恭己忻翘敬倍添"③。钦敬之情溢于言表。其次是歌颂古树名木的诗作，尤以汉柏为突

---

① 〔明〕萧协中《东岳庙》。
② 〔清〕徐旭旦《恭谒岱庙》。
③ 〔清〕乾隆《望岱庙》。

出，主要是歌颂汉柏"肤剥心枯岁月深，孙枝已解作龙吟"①的古老、顽强和生生不息及傲雪凌寒、不屈不挠的崇高品质。

　　楹联作为一种艺术形式，在风景园林和寺庙宫观中有其独特的地位。一幅精彩的楹联，寥寥数语，着墨不多，但对所表述的自然风貌或人文景观却有画龙点睛之妙。从内容上看主要是称颂泰山神广生万物、甘泽八方的圣德。岱庙坊两联可以说是这一主题的极品，"峻极于天，赞化体元生万物；帝出乎震，赫声濯灵镇东方"②，"为众岳之统宗，万国具瞻，巍巍乎德何可尚；操群灵之总摄，九州待命，荡荡乎功孰与京"③。这里把泰山神佐助天地化育万物以及把握群神众仙、保佑众生的功德推到了无以复加的地步。乾隆皇帝不仅以诗的形式礼赞泰山神的"丰功伟绩"，他在题写的《泰山岱庙天贶殿》联中也极尽膜拜溢美之词："青社开封峙者宗山称岳长；苍精降德圣惟产物与天齐。"应该说岱庙的楹联，相对诗文来说，艺术品位是较高的。

　　岱庙的游记是一个薄弱环节，就现有的材料来看，中华人民共和国成立以前独立成篇的描写岱庙景物的游记作品尚未发现，只有零星见之于其他篇章中的段落，而且数量不多，都集中在明代。这些游记的片段，文约而意丰，少议论抒情，多实录考据，因此对研究岱庙沿革有着极高的史料价值。

　　涉及岱庙的小说，有两篇出自名家名篇，有较强的代表性：一是出自明代施耐庵的《水浒传》，一是出自清代刘鹗的《老残游记续集》。前者写水浒名将燕青不畏强暴，为民除害的故事，悬念迭起，险象环生，读来惊心动魄，扣人心弦，不愧是大家手笔；后者既是小说，又是游记，虽在结构上不甚完整，但通篇文字如行云流水，洗练畅达，作者娓娓道来，将读者带入妙趣横生的游览过程之中。

　　游览是一种较高层次的综合性的文化活动，而阅读关于名胜古迹的文学作品则是被称为"神游"的更高层次的旅游活动。岱庙艺文是整个岱庙历史文化的重要组成部分，人们既可以体味鉴赏作品本身的艺术魅力，又可从中知历史，识文化，察民俗，在上千年的历史文化意蕴中受熏陶，得教益。

---

① 〔元〕王奕《汉柏》。
② 〔清〕施天裔。
③ 〔清〕赵祥星。

诗

汉柏

〔元〕王奕

肤剥心枯岁月深，孙枝已解作龙吟。
烈风吹起孤高韵，犹作峰头梁甫音。

汉柏

〔元〕王恽

苍柏无城拥汉陵，閟宫遗树郁峥嵘。
崔嵬不植明堂础，造化潜通岳顶灵。
万壑烟霏封杰干，半空风雨撼秋声。
白头会见东封日，照映鸾旗一色青。

遥参亭

〔明〕吕颢

参亭人共挹，易草以遥名。
岂为投香纪，还肃谒礼诚。
碧檐春日丽，金栋晓云轻。
瞻拜缘分牧，临风重感情。

岳庙 四首

〔明〕王元坤

地开神府自鸿濛，作表群灵控大东。
万国朝宗瞻巨镇，二仪生物藉元功。
青旗晓转光华丽，苍璧时陈礼制隆。
陟降有严廉陛迥，满空甘雨飒天风。

飞楼层堞启星门，五岳推先品位尊。
帝出震隅通象纬，灵昭木德奠乾坤。
百王秩祀崇遗典，万类瞻依肃骏奔。
鸾鹤去来天路近，广庭钟鼓自朝昏。

灵区虚旷枕兰皋，台殿浮空踞六鳌。
鸟下琱题岚气湿，云披金榜日华高。
龙文凤字延苍藓，汉柏唐槐拂翠涛。
对越自能通肸蚃，却惭千里荐溪毛。

西风岳麓动萧森，穆穆天孙洞府深。
背岭台隍延暮色，偃空旗盖下秋阴。
露寒古砌花仍发，人去缭垣鸟自吟。
更欲投钱问香井，隔林霞彩度青岑。

汉柏凌寒

〔明〕戴经

东封玉辇不闻音，柏树犹能慰访寻。
一代精神看翠蔼，千年物色在苍林。
水帘洞口风偏急，御帐亭边雪正深。
到底凌寒谁可共，老松郁郁是同心。

东岳庙

〔明〕萧协中

寰海名山尊五岳，岱主天孙帝天角。
春德生人冠百灵，燔柴秩祀原超卓。
爰有神居体势崇，巍峨竦拔疑云中。
高城百雉围金壁，殿阁千里卧蜻蛛。
朱门轮奂辉金榜，黄屋翚飞足宏敞。
两两廊庑翼寝宫，明神赫奕昭英爽。
美哉香火百千年，辐辏轮蹄祀事虔。
经声帝号炉烟里，膜拜嵩呼玉殿前。
殿前松柏龙腾跃，吐雾吞云尽阴幕。
谁辇他山九石奇，蹲狮伏豹纷挐攫。
我瞻庙貌神有灵，肃然祇拜神中庭。
愿乘震德亨中土，帝祉皇图亿万龄。

汉柏唐槐

〔明〕萧协中

汉唐英主侈东封，并植灵柯古色浓。
柏叶傲霜迎翠葆，槐枝结夏荫苍龙。
虚疑神物同千载，自是仙根托九重。
安得虎头携绢素，纵横仿佛写奇踪。

环咏亭

〔明〕萧协中

一亭如斗缀神祠，四壁名贤砌勒诗。
尊酒搜奇犹未艾，云飞锦灿目迷离。

祀岱庙 二首

〔清〕乾隆

释奠回銮礼岱宗，绳先不为事登封。
地灵自是神凭宇，庙古还看黛蔚松。
阶下崎嵚临介石，殿中肃穆仰苍容。
己躬那更求多福，祈岁心殷惠我农。

祀视三公旧典行，配天生物镇苍精。
崇朝所冀云蒸雨，大德应符震出亨。
寝殿端居帝偕后，仙坛配享弟随兄。
泰山林放如相似，久矣禋宗不易明。

环咏亭

〔清〕乾隆

仙宫西侧创云轩，春昼阴笼花木繁。
访道不须期碧海，忘言真可驻高奔。
幽偏事业三间足，今古风华四面存。
砚净瓯香闲点笔，岂争工拙壁间论。

汉柏

〔清〕乾隆

殿角阴森翠影拏，濛濛常自护云霞。
子房学得赤松术，风度而今见汉家。

唐槐

〔清〕乾隆

兔目当年李氏槐，杈槎老干倚春阶。
何当绿叶生齐日，高枕羲皇梦亦佳。

望岱庙

〔清〕乾隆

自有苍精协震亨，崇祠像设始谁成。
灵趋汉县群黎赤，事纪茅家三弟兄。
香和岱云千仞合，钟传汶水十分清。
凭舆揭尔驰遥睐，鳞绣郊原渐可耕。

寄题汉柏

〔清〕乾隆

遥阶汉柏盘童童，柏下吟情想像中。
不及同时嵩岳树，受名曾其颍川冯。

望岱庙寄题

〔清〕乾隆

泉林取路向西移，敬仰崇祠一念驰。
作镇配天首五岳，居方出震佑嘉师。
唐槐汉柏应依旧，秋月春风又几时。
香帛太常依例遣，祈年惟是祷无私。

谒岱庙六韵

〔清〕乾隆

春巡限定程，望岳寄遥情。
用趁回涂便，一申肃拜诚。
震方惟帝出，寅德肇人生。
仰载无私祷，祈年有屏营。
英云笼宝殿，佳气护曾城。
退憩寻环咏，诗裁不易评。

望岱庙

〔清〕乾隆

岱岳崇峰百里瞻，答阳岱庙侐精严。
礼官肃祀仪虽备，恭己忻翘敬倍添。
居震德宏六子率，配天泽厚万方霑。
心驰未觉云山隔，敢曰诚通冀福谦。

谒岱庙

〔清〕乾隆

时巡指江国，致祀遣春官。
兹取回程近，亲瞻祭席单。
大生功配帝，如在貌临坛。
肃拜无私祷，抒诚心始安。

戏题环咏亭

〔清〕乾隆

庙旁精舍小逡巡，瞬息流阴十四春。

环壁苔华泐群咏，几成五色目迷人。

题汉柏

〔清〕乾隆

遥望嵩山结昆仲，近临西院是云仍。
大椿岁月犹虚拟，万古堨垣永瑞凝。

望岱庙有作

〔清〕乾隆

翕河乔岳例驰香，告祀涓辰遣太常。
讵止一时修故典，都缘万姓吁明庆。
配天作镇钦神德，与地无疆祝懿祥。
汉柏轮囷嘉荫下，春风曾忆小徜徉。

谒岱庙六韵

〔清〕乾隆

亿祀神庥永，百年庙貌新。
佐天生万物，护国福烝民。
庆落卜良日，展诚恰仲春。
扶桑石突兀，炎汉柏轮囷。
肃拜经九载，慈宁值八旬。
抒忱颙有吁，介寿愿重申。

题汉柏

〔清〕乾隆

汉柏曾经手自图，郁葱映照翠阴扶。

殿旁亭里相望近，名实宾主谁是乎？

环咏亭

〔清〕乾隆

小屋三间岳殿西，亭欤非也昔难稽。
古今岁月一时阅，长短诗篇四壁题。
磬折子心孰李杜，翘瞻汉柏是夷齐。
忘言更复言奚必，欲笑庄周筌与蹄。

谒岱庙六韵

〔清〕乾隆

庆落当辛卯，来瞻滋丙申。
安舆欣苍止，古庙展诚纯。
即此康强吉，孰非锡羡仁。
东方生众物，万祀佑斯民。
松柏那论旧，丹青尚著新。
所希绵懿寿，命驾岂辞频。

汉柏口号题壬午碑图后

〔清〕乾隆

历劫那知菀与枯，谓犹多事写形吾。
不禁笑指碑图问，久后还能似此无？

环咏亭

〔清〕乾隆

四面回廊环古屋，题诗嵌壁满其间。

不须品第咏而去，否恐虚今番往还。

谒岱庙瞻礼

〔清〕乾隆

前岁维新奉祝厘，何当独谒值今斯。
代天出震惟生物，行令巡南致叩礼。
汉柏唐槐都好在，佑民福国赖延禧。
于心更复无他吁，所吁屡绥旸雨时。

诣岱庙瞻礼

〔清〕乾隆

古纪三公贵，今惟五岳尊。
路经当肃谒，国佑永希恩。
震位夐天德，神力生物原。
丙申祝厘愿，默忆独无言。

谒岱庙瞻礼

〔清〕乾隆

来因瞻岱宗，岱庙谒诚恭。
封禅事无我，阜安祈为农。
代天敷物育，福国锡时雍。
九叩申虔谢，八旬实罕逢。

岱庙三咏

〔清〕乾隆

明当发驾指泉林，再叩频申方寸忱。

环咏亭中聊徙倚，片时万古一般心。

既成图画复吟诗，汉柏精神那尽之。
碑堵却空留一面，待兹来补岂非奇。

柏槐根本不相同，他植较来品又崇。
院各东西世唐汉，忘年友意在其中。

五岳真形图歌

〔清〕施闰章

五岳足迹谁能遍，五岳真形谁所见。
岱宗山下岳祠东，镌瑶刻玉穷鬼工。
紫泥搨就珊瑚色，高堂日射扶桑红。
璇宫银阙森仿佛，群山玉女纷相从。
禹鼎沉沦多不若，山林佩此百神却。
丹灶思寻勾漏砂，灵岩定采天台药。
陟岳寻仙思汉武，茂陵寂寥一抔土。
倘许吾曹有仙骨，君现真形与君语。

汉柏

〔清〕施闰章

根不必踞绝壁，枝不必摩苍天。
婆娑岳庙眼前树，轮囷屈曲几千年。
龙文蛇腹复猿臂，铁干蟠空少根蒂。
岱宗玉女旌旗翻，百灵半夜风雨会。
韦偃毕宏画不得，神物旁观空叹息。
春暮天空鹳鹤悲，阴霞绕树沉云黑。
崔嵬祠庙已频灾，唐槐灰烬秦松摧。

武皇六龙誓不回，嗟尔古柏胡为乎在哉？
今我哀歌矫首心徘徊。

汉柏

〔清〕张鹏翮

古柏千年倚碧峦，太平顶上觉天宽。
晴空白鹤时来舞，云外逍遥得静观。

唐槐

〔清〕张鹏翮

潇洒名山日正长，烟霞为侣足徜徉。
谁能欹枕清风夜，一任槐花满地香。

谒岳祠

〔清〕沈德潜

闳殿崇东国，惟神配极闻。
钟沉汶源水，香和泰山云。
桧柏森灵气，碑铭辨古文。
升阶肃瞻拜，万虑静纷纭。

汉柏凌寒

〔清〕林杭学

西京杳邈柏梁音，岳观苍凉尚可寻。
三户茂陵何处树，十围秦時尚成林。
炉峰黛色参天迥，龙窟苍根入地深。
芝草琪花皆偶现，何为长保岁寒心。

环咏亭

〔清〕严长明

林扉闲敞殿西偏，春画来过草色芊。
翠壁阴浓疑有雨，古槐根断忽生泉。
吟边韵落铮摐铎，劫外碑横片段烟。
到此可无题字在，筼筜特地拣匀圆。

谒岳庙

〔清〕严长明

太微执斗临紫宫，元精合撰呈卑崇。
灵威仰尤爱所钟，职诸岱使专厥雄。
维帝出震开东封，垂旒仿佛君云中。
日章同采昌以丰，外表严毅中抱盅。
金舆山立璧两辍，苍麟夹侍摇青鬃。
先以大角仓精龙，视天察地横复纵。
欿海欲漠如长洪，莫原厥始要厥终。
周三千里境无穷，高四千尺廓有容。
天关上下开梯冲，左日右月惊发曚。
太清宫碧扉则彤，云亭社首卫若墉。
玉符琨瑞垤附崧，配以太华恒衡嵩。
覃闻精气相周通，象若侯甸男卫从。
扶舆匪特以白丰，德之博者功亦隆。
稽古颛顼居空峒，奉火为祖金为宗。
禺强佐之殚精共，导率元武行蹱跭。
穷蛇冠珥追厥踪，倚烛龙烛山日钟。
阴火灼冰冰弗融，鸟兽希革草失苁。
维灵颒眠忧心忡，少皞于召来东蒙。
唐臣陆吾若不逢，明威圣者天所工。

负甲背虎持六艒，阳门倒挂槫桑弓。
窃凿大块嘘协风，生气涌出如奔虹。
吹万无复夭札凶，谷气不瘅林不癃。
时叶光纪心惟恼，斥弃舆马兼仆僮。
上之帝所陈鞫讻，天庭忽荒神罔恫。
缩身潜喘夔魖同，下奔委羽栖其躬。
因是六幕交和冲，灵乃沂合浮若颙。
麾箕舒牳毕降冻，凝膏液若乳酪醲。
以昌万汇绥九农，奔走唱于复唱喁。
天子时迈嘉乃庸，高居被饰金碧重。
五礼六乐罔不供，奠以苍璧妃青琮。
天池酒汁勇溶溶，奎章下贲光维熊。
辉增群岳丽烛空，讵等封禅夸成功。
七十二代交汹汹，縢书埋玉欺瞀懵。
岂惟麟凤来景慵，黍禾茅亦生不丛。
蹉余八翼惭觳觫，兹何意向天门翀。
挈才自愧成牛蝀，含辞欲吐道弗充。
回瞳惊见贞石砻，重若球贝陈三雍。
披吟未已泪落胸，公如天柱颓中峰。
元神陟降应在穹，帝宸左右鸣珩璁。
曷归乎来牖我衷，阊阖东望云瞳胧。

题秦刻残石

〔清〕王家榕

访古因耆旧，临池意渺然。
零星两片石，卓越二千年。
体变周宣后，功垂汉武前。
只今题勒富，谁共此留传。

鸳鸯碑

〔清〕徐恕

金石声塞嶂雨迟，赤文跃合表唐碑。
灵丹洞冷迷仙客，群玉庵虚问炼师。
武后斋坛云散后，高宗醮社月来时。
只今剩有鸳鸯字，两两双栖傍涧池。

恭谒岱庙

〔清〕徐旭旦

千载名禋肃岱宗，閟宫穆穆俨仪容。
寅生万物开人极，震出群灵协帝共。
日静龙蛇飞汉柏，夜深风雨吼秦松。
欲寻前代燔柴事，尽付摩崖丈碣封。

唐槐

〔清〕宋思仁

罨画浓云翠节天，真仙好枕绿阴眠。
山禽唤起华胥梦，却话开元天宝年。

汉柏

〔清〕宋思仁

六朝九老松曾见，偃蹇栖霞古寺东。
不及岱祠多汉柏，株株都入御图中。

铜楼

〔清〕宋思仁

汉殿金人捧露盘，兹楼瑰丽亦奇观。
摩挲四百年前物，铜狄铜驼总一般。

岱庙

〔清〕张云璈

遥参门敞郁崔嵬，青帝威灵绛节开。
万壑蛟龙松桧合，八方风雨鬼神来。
苔痕尚护秦皇碣，云气虚瞻汉武台。
七十二君何处是，盛朝不藉马卿才。

题雨花道院赠浚川大炼师

〔清〕定亲王

朝礼名山意至虔，羽衣导引入南天。
烟云缭绕神仙宅，花雨缤纷道德篇。
自与苍松同老健，不求丹药契真诠。
相逢直似曾相识，握手殷勤证宿缘。

秦篆碑

〔清〕徐栩野

玉女濯云根，上载秦人记。
何物焚书朝，垂文历千祀。
其何追典谟，极陈霸王事。
变格为小篆，厚力泐奇字。
祖龙大风雅，雕镂已尽致。

惜哉天地变，金石自憔悴。

岳庙汉柏

〔清〕徐栩野

徂徕无一松，岳祠有遗柏。

佶屈自何年，亲阅汉家历。

铁干半摧残，枝损涛声瘠。

数株争气运，绝非近代格。

入门见法物，爱重如琼璧。

火德宿危柯，皮裂苔纹赤。

树下人鬼集，树上风雨宅。

但作水龙吟，雷电不终夕。

云开与岳青，月出桂烟白。

苍根神所庇，终化空山石。

汉柏

〔清〕徐栩野

古松神王枝佶倨，石骨槎枒龙鳞涩。

吞吐潮声二千年，细叶高柯云炭炭。

秦松官热一身枯，尧松岁寒沂山隅。

此松多为汉武植，铁干模棱五苍株。

须臾金人已辞汉，唐宋六朝如惊电。

世远化为白鹿游，天寒独与玉龙战。

南株伛偻似老翁，短发偃蹇夕阳中。

北株挐云势最豪，烟晴突兀见三峰。

旁有两株云作顶，鸟声细出支离影。

神庇既能免斧斤，年衰安得辞臃肿。

日月无情松有情，一株更作水龙鸣。

亲见汉皇封禅事，枝藏齐民怨嗟声。

各饮冰霜清节见，鸟去鸟还人代变。

曾受汉皇栽培恩，炎火焚身身不怨。

人老形骸缩，松老枝叶秃。

五松结为邻，吐云成一族。

十不必十围，高不必千尺。

离奇常为贯月槎，不然亦化空山石。

旧闻老松树下产茯苓，

虬根往往结琥珀。

吾欲劚此合大荣，

远凌沧洲兮我为主人岱为客。

谒岱庙

〔清〕曾燠

嵩华缠兵气，东方镇赖君。

须知天下雨，还望一山云。

往者轩辕帝，留兹玉检文。

乘龙今渺矣，洒泪对亭云。

谒岱庙

〔清〕周学渊

坤维明德荐馨香，路近仙坛日影长。

松柏千年尊鼎鼐，云霞五色想冠裳。

神山左转迎秦帝，王母西来迓汉皇。

太息祠官严祀事，抚衷常觉玉温凉。

谒岱庙

〔清〕心荃

庙貌尊严拟阙廷，小臣瞻拜肃仪型。

两阶龙凤排仙仗，千载丝纶泐石铭。

峻极配天隆秩祀，崇朝遍泽仰神灵。

和礼敬为斯民祝，佐治无猷愧德馨。

寓雨花道院赠秀峰道友

〔清〕心荃

于役来瞻岱岳祠，雨花院静暂栖迟。

波涛大海凭谁障，香火名山赖有持。

愧我衷怀萦俗事，羡君潇洒出尘姿。

椟中拂拭温凉玉，敬溯东巡祭告时。

雨花道院

〔清〕赵国华

林樾栖幽云，梦惊晓来语。

籔薂落庭檐，鸟声碎如雨。

岱庙

〔清〕赵国华

神则有貌，岱则有庙。

广轩九筵，栝石维肖。

孰与知者，道元应劭。

楹　联

岱庙天贶殿联

〔清〕乾隆

青社开封峙者宗山称岳长，
苍精降德圣惟产物与天齐。

东岳庙联

〔清〕汪由敦

云行雨施不崇朝而遍天下，
理大物博祖阳气之发东方。

天贶殿联

〔清〕吴云

帝出乎震，
人生于寅。

岱庙雨花道院联

〔清〕梁章矩

揽月居然凌上界，
搴云便要洒齐州。

岱庙雨花道院联

〔清〕徐宗幹

雨不崇朝遍天下，
花随流水到人间。

东御座联

佚名

唯以一人治天下，
岂为天下奉一人。

东御座东厢书房联

〔清〕乾隆

勤宣禁近天工亮，
化赞春熙福履中。

西厢房联

〔清〕刘墉

谢傅心情托山水，
子瞻风度是神仙。

岱庙寝宫联

〔清〕乾隆

震出泰亨万物广生推圣德，
云蒸雨降八方甘泽遍崇朝。

岱庙坊联

〔清〕施天裔

峻极于天，赞化体元生万物；
帝出乎震，赫声濯灵镇东方。

岱庙坊联

〔清〕赵祥星

为众岳之统宗，万国具瞻，
　　巍巍乎德何可尚；
操群灵之总摄，九州待命，
　　荡荡乎功孰与京。

定亲王赠浚川大炼师联

〔清〕奕绍

时同野鹤看桃去，
或领仙猿采药回。

游　记

东游记略 节选

〔金〕元好问

　　岳祠在城中，大定十九年被焚，二十一年新庙成。又三十年毁于贞祐之兵。今惟客省及诚享殿在耳，此殿是贮御香及御署祝版之所。

东巡登泰山记 节选

〔明〕王在晋

　　……孟夏七日，晨起祀东岳庙。庙负岳为宫，四匝如城，飨殿、寝宫，焜煌金绣，俨然上帝之居也。入其门，鞠躬，如不容。时以东方跳梁，征调四集，而民间岁谷未登，海输增剧，晋三肃而告之神，以乞灵于名山之绥福。□毕，下阶而读贞珉，皆前朝厘祝；而余所为《祀泰山文》，州守侯君应瑜，已亭亭纪石矣。先是配天门青龙神吐火自焚，余具疏以灾闻。乃诣门阅青龙神旧址，白虎昂然独立，皆二丈余，人力所不能攀跻。黄冠言："神口向阁，火自内出，非由外入也。"余言："古槐能生火，火不发于他时，俄焉而出，正异耳！"由配天门东旋，阅汉柏；西旋，阅唐槐；而古街松杉郁葱，霜皮溜雨，黛色参天，如虬龙偃伏，嘘气成云，叫窕吟风，清响恬耳。遍阅名贤遗墨，薜剥苔封，傍墙甃壁，徒增感□。……

岱游记 节选

〔明〕王士性

　　……次日，肃入谒岳庙，庙钜如王宫，以堞橹城其四角，为六门，门内九石玲珑，乃南海人辇而来者；墀列一桧、二松、三柏，咸形怪，色秀可餐，柏则汉武东封时植也；右为环咏亭，石壁嵌古今诗，多欧阳、韩、范诸名贤手泽；览毕问道登山。……

泰山记 节选

〔明〕冯时可

余醲其言，拟以明晨登山，乃先谒遥参宫。宫祀元君，进香者皆于此输税。折而之岳庙，庙制弘敞，四周为城，其门有八，南辟者五。庙前古松数十株，蟠结偃盖，荫庇逾亩。银杏大者围三仞，火空其中，独一面不枯。其上枝叶蔽芾，如新植。松下，九石离列，玲珑奇巧。视其题刻，皆宋元人浮海而献者。庙右为延禧殿，唐槐一株，大如银杏，亦中空而半枯。左为炳灵殿，汉柏三四株，皆连理，中一株最巨，轮囷臃肿，状尤诡异，非千年不能有此。历代碑石，林立如设市，不能一一目也。

岱志 节选

〔明〕张岱

东岳庙大似鲁灵光殿，棂星门至端礼门，阔数百亩，货郎扇客，杂错其间，交易者多女人稚子。其余空地，斗鸡蹴踘（鞠），走解说书。相扑台四五，戏台四五。数千人如蜂如蚁，各占一方，锣鼓讴唱，相隔甚远，各不相溷也。

入仪门，仙官高三丈，颞颞欲动。丹墀下，有古松八九棵，蜿盘虬结，空翠逼人。下列奇石数十株，樾暗苍冥，环行错愕。入大殿，圣像庄严，罗列阴森，不敢久立。

问汉柏，在东庑之外，木可两抱，文纽横斜，铮铮铁响，六棵皆汉武手植。《水经注》载：赤眉斫一树，见血而止。今其斧创尚存，叶细如虬，色同翡翠，鲁之乔木：孔子桧，子贡楷，大夫松，峄阳桐，仅存朽株。老而能寿，则输汉柏矣。西庑唐槐一枝，别具轮囷离奇之致。金谷园尺许珊瑚，不足挂齿。

小　说

泰山四郎

唐兖州邹县人，姓张，忘字，曾任县尉。贞观十六年，欲诣京赴选，途经泰山，谒庙祈福。庙中府君及夫人并诸子等，皆现形象，张遍拜讫。至第四子旁，见其仪容秀美，同行五人，张独祝曰："但得四郎交游，赋诗举酒，一生分毕，何用仕官？"及行数里，忽有数十骑马，挥鞭而至，从者云是四郎。曰："向见兄垂顾，故来仰谒。"又曰："承欲选，然今岁不合得官；复恐在途有灾，不复须去也。"张不从，执别而去。行百余里，张及同伴夜行，被贼劫掠，装具并尽。张遂祝曰："四郎岂不相助？"有顷，四郎车骑毕至，惊嗟良久，即令左右追捕。其贼颠仆迷惑，却来本所。四郎命决杖数十，其贼胜膊皆烂，已而别去。四郎指一大树："兄还之日，于此相呼也。"

是年，张果不得官而归。至本期处，大呼四郎。俄而郎至，乃引张云："相随过宅。"即有飞楼绮观，架迥凌空，侍卫严峻，有同王者。张既入，四郎云："须参府君，始可安。"乃引入，经十余重门，趋而进，至大堂下谒拜。见府君绝伟，张战惧，不敢仰视。判事似用朱书，字皆极大。府君命使者宣曰："汝能与吾儿交游，深为善道，宜停一二日宴聚，随便好去。"即令引出，至一别馆，盛设珍羞（馐），海陆毕备，奏乐盈耳。即与四郎同室而寝，已经三宿。张至明旦，游戏庭序，徘徊往来，遂窥一院，正见其妻，于众官人前荷枷而立，张还，甚不悦。四郎怪问其故，张具言之。四郎大惊云："不知嫂来此也！"即自往造诸司法所，其类乃有数十人。见四郎来，咸去下陛，重足而立。以手招一司法近前，具言此事。司法报曰："不敢违命，然须白录事知。"遂召录事。录事诺云："乃须夹此案与众案之中，方便同判，始可得耳。"司法乃断云："此妇女勘别案内，常有写经持斋功德，不合即死。"遂放令归家。与四郎涕泣而别，仍云："唯作功德，可以益寿。"张乘本马，其妻从，四郎借马，与妻同归。妻虽精魂，事同平素。行欲至家，可百步许，忽不见。张大怪惧，走至家中，即逢男女号哭，又知已殡。张即呼儿女，急往发之。开棺，妻忽起即坐，辗然笑曰："为忆男女，勿怪先行。"于是已死，经六七日而苏也。兖州人说之云尔。

（本篇选自《太平广记》397卷，出自唐《冥报录》，原题《兖州人》，现题是编者加的）

刘元迥

刘元迥者，狡妄人也。自言能炼水银作黄金，又巧以鬼道惑众，众多迷之，以是致富。

李师古镇平卢，招延四方之士，一艺者至，则厚给之。元迥遂以此术干师古，师古异之，面试其能。或十铢五铢，皆立成焉。盖先以金屑置于汞中也。师古曰："此诚至宝，宜何用？"元迥贵成其奸，不虞后害，乃曰："杂之他药，徐烧三年，可以飞仙；为食器，可以避毒；以为玩用，可以避邪。"师古大神之，因曰："再烧，其期稍缓。子且为我化十斤，将备吾所急之器也。"元迥本衒此术，规师古钱帛，逡巡则谋遁去。为师古縻之，专令烧金，其数极广。元迥无从而致，因以鬼道说师古曰："公绍绩一方，三十余载。虽戎马仓廪，天下莫与之俦，然欲遗四方仰归威德，所图必遂者，须假神祇之力。"师古甚悦，因而询之。元迥则曰："泰岳天齐王，玄宗东封，因以沉香刻制其像，所以玄宗享国永年。公能以他宝易其像，则受福与开元等矣。"师古狂悖，甚然之。元迥乃曰："全躯而致，或恐卒不能办，且以黄金十五斤，铸换其首，固当护祐矣。"师古曰："君便先为烧之，速成其事。"元迥大笑曰："天齐虽曰贵神，乃鬼类耳。若以吾金为其首，岂冥鬼敢依至灵之物哉？是则斥逐天齐，何希其福哉！但以山泽纯金而易之，则可矣。"师古尤异之，则以藏金二十斤，恣元迥所为。仍命元迥就岳庙而易焉。元迥乃以钻锡杂类，熔其外而置之，怀其真金以归，为师古作饮食器皿，靡不办集矣。师古尤加礼重，事之如兄。玉帛姬妾居第，资丰甚厚。

明年，师古方宴僚属将吏，忽有庖人，自厨径诣师古。于众会之中，因举身丈余，蹈空而立，大诟曰："我五岳之神，是何贼盗残我仪质？我上诉于帝，涉岁方归。及归，我之甲兵军马，帑藏财物，皆为黄石公所掠去！"则又极骂，复耸身数丈，良久履地。师古令曳去，庖人无复知觉，但若沉醉者数日。师古则令画作戎车战士戈甲旌旗，及纸钱绫帛数十车，就泰山而焚之，尚未悟元迥之奸。方将理之，而师古暴疡。不数日，脑溃而卒。其弟师道领事，即令判官李文会、虞早等按之，元迥辞穷，戮之于市。

（本篇选自《太平广记》308卷，出自唐代薛用弱《集异记》）

赵瑜

明经赵瑜，鲁人，累举不第，困厄甚，因游泰山，祈死于岳庙。将出门，忽有小吏自后至，曰："判官召。"随之而去。奄至一厅事，帘中有人云："人所重者生，君何为祈死？"对曰："瑜应乡荐，累举不第，退无归耕之资，湮厄贫病，无复生意，故祈死耳。"良久，闻帘中检阅簿书，既而言曰："君命至薄，名第禄仕皆无分。既此见告，当有以奉济。今以一药方授君，君以此足给衣食。然不可置家，置家则贫矣。"瑜拜谢而出，至门外，空中飘大桐叶至。瑜前视之，乃书巴豆丸方于其上，亦与人间之方正同。瑜遂自称前长水令，卖药于夷门市。饵其药者，病无不愈，获利甚多。道士李德阳亲见其桐叶，已十余年，尚如新。

（本篇选自《太平广记》313卷，出自宋代徐铉《稽神录》）

东岳府掌簿

明末，成都有仕宦至卿贰者。其子年十九岁，急暴病死。逾数月，其父梦之云："儿生簪缨之家，长纨绔之窟，席丰履厚，固已久矣。近为东岳府君皂役，既贱且劳，备诸苦况。而某吏部之子，亦与儿共事。前数月，有新任判官，生时与吏部有旧，即转其子为内班，今复转为录事矣。吾父姻党，多在当路，独不能嘱托，使为儿免此役乎？"父觉而伤之，百计图营，然明冥异路，无可为也。于是作书千余言，焚于东岳庙，大约求东岳君照拂其子也。复梦子来告曰："吾父书为门者所格，幸未达于东岳君。不然，且获罪。东岳君岂可干以私者乎？儿今探知寅伯父张公，当为东岳府掌簿，于某日受事，宜速往，赂以钱二万，求其转干，则儿获免此役矣。"父觉而忆之，因思张吾至交也，些须之求，庸必贿乎？且事属虚渺，恐徒费无益。第造张言之，而不复以赂往。张愕然曰："吾其死乎？果有是，不烦叮嘱矣。"父再拜而退。至期而张果死。

十余日后，子复于梦中告父曰："吾父吝费，不惟无益，且受其虐矣。儿屡谒张公，求以犹子之礼见，俱为阍者所叱。最后见之，张公怒言：'吾与尔父偶尔同官，声势依倚。初无天伦骨肉之爱，复少金珠币帛之交，即使阳世请托，亦不能耽无贿之令名，而为之委屈。况幽冥之间，时异势殊。吾既与尔父无情，则尔亦与我无涉，与众役等尔。而冥法不可轻干，公门不可私谒。尔屡犯焉，法不可贷。不然，府君闻之，且谓我门如市也。'杖儿三十而逐之。儿前者之言，盖逆知有今日也。倘赂之，何以至此？即吏部子之于判官，亦非托诸空言也。"遂掩泣而去。父为之大恚而觉，以至郁结成疾，数月亦死。

（本篇选自清代乐钧的笔记体小说《耳食录》）

吴月娘大闹碧霞宫 节选

话说一日，吴月娘请将吴大舅来商议，要往泰安州顶上与娘娘进香，西门庆病重之时许的愿心。吴大舅道："既要去，须是我同了你去。"那时吴大舅保定，备办香烛纸马祭品之物，玳安、来安儿跟随，雇了头口骑。月娘便坐一乘暖轿子，吩咐孟玉楼、潘金莲、孙雪娥、西门大姐："好生看家，同奶子如意儿众丫头好生看孝哥儿。后面仪门无事早早关了，休要出去。"外边又吩咐陈经济："休要那去，同傅伙计大门首看顾。我约莫到月尽就来家了。"十五日早晨烧纸通信，晚夕辞了西门庆灵，与众姊妹置酒作别，把房门、各库门房钥匙交付与小玉拿着，前后仔细。次日早五更起身。离了家门，一行人雇了头口，众姊妹送出大门而去。

那秋深时分，天寒日短，一日行两程，六七十里之地。未到黄昏，投客店村坊安歇，次早再行。一路上秋云淡淡，寒雁唳唳，树木凋落，景物荒凉，不胜悲怆。有诗单道月娘为夫主远涉关山答心愿为证：

平生志节傲冰霜，一点真心格上苍。

为夫远许神州愿，千里关山姓字香。

话休饶舌。一路无词，行了数日，到了泰安州，望见泰山。端的是天下第一名山，根盘地脚，顶接天心，居齐鲁之邦，有岩岩之气象。吴大舅见天晚，投在客店歇宿一宵。次日早起上山，望岱岳庙来。那岱岳庙就在山前，乃累朝祀典、历代封禅为第一庙貌也。但见：

庙居岱岳，山镇乾坤，为山岳之至尊，乃万神之领袖。山头倚槛，直望弱水蓬莱；绝顶攀松，都是浓云薄雾。楼台森耸，金乌展翅飞来；殿宇棱层，玉兔腾身走到。雕梁画栋，碧瓦朱檐。凤扉亮槅映黄纱，龟背绣帘垂锦带。遥观圣像，九旒冕舜目尧眉；近观神颜，衮龙袍汤肩禹背。九天司命，芙蓉帐掩映绛绡衣；炳灵圣公，赫黄袍偏衬蓝田带。左侍下玉簪朱履，右侍下紫绶金章。阖殿威仪，护驾三千金甲将；两廊勇猛，勤王十万铁衣兵。蒿里山下，判官分七十二司；白骡庙中，土神按二十四气。管火池，铁面太尉日日通灵；掌生死，五道将军年年显圣。御香不断，天神飞马报丹书；祭祀依时，老幼望风祈护福。嘉宁殿祥云香霭，正阳门瑞气盘旋。正是：万民朝拜碧霞宫，四海皈依神圣帝。

吴大舅领月娘到了岱岳庙，正殿上进了香，瞻拜了圣像，庙祝道士在旁宣念了文书；然后两廊都烧化了钱纸，吃了些斋食；然后领月娘上顶，登四十九盘，攀藤揽葛上去。娘娘金殿在半空中云烟深处，约四五十里，风云雷雨都望下观看。月娘众人从辰牌时分岱岳庙起身，登盘上顶，至申时已后方到。……

（本篇节录自《金瓶梅词话》第84回。文中所记泰山古迹及抄录的《水浒传》中的岱岳庙赞子多有错讹）

燕青智扑擎天柱

不觉时光迅速。看看鹅黄着柳，渐渐鸭绿生波。桃腮乱簇红英，杏脸微开绛蕊。山前花，山后树，俱各萌芽；洲上苹，水中芦，都回生意。谷雨初晴，可是丽人天气；禁烟才过，正当三月韶华。宋江正坐，只见关下解一伙人到，预先报上山来，说道："拿得一伙牛子，有七八个车箱，又有几束哨棒。"宋江看时，这伙人都是彪形大汉，跪在堂前告道："小人等几个，直从凤翔府来，今上泰安州烧香。目今三月二十八日，天齐圣帝降诞之辰，我们都去台上使棒，一连三日，何止有千百对在那里。今年有个扑手好汉，是太原府人氏，姓任名原，身长一丈，自号擎天柱，口出大言，说道：'相扑世间无对手，争跤天下我为魁。'闻他两年曾在庙上争跤，不曾有对手，白白地拿了若干利物。今年又贴招儿，单搦天下人相扑。小人等因这个人来，一者烧香，二乃为看任原本事，三来也要偷学他几路好棒。伏望大王慈悲则个。"宋江听了，便叫小校："快送这伙人下山去，分毫不得侵犯。今后遇有往来烧香的人，休要惊吓他，任从过往。"那伙人得了性命，拜谢下山去了。

只见燕青起身禀复宋江，说无数句，话不一席，有分教：哄（轰）动了泰安州，大闹了祥符县。正是：东岳庙中双虎斗，嘉宁殿上二龙争。……

罡星飞出东南角，四散奔流绕寰廓。

徽宗朝内长英雄，弟兄聚会梁山泊。

中有一人名燕青，花绣遍身光闪烁。

凤凰踏碎玉玲珑，孔雀斜穿花错落。

一团俊俏真堪夸，万种风流谁可学。

锦体社内夺头筹，东岳庙中相赛博。

功成身退避嫌疑，心明机巧无差错。

世间无物堪比论，金风未动蝉先觉。

话说这一篇诗，单道着燕青。他虽是三十六星之末，果然机巧心灵，多见广识，了身达命，都强似那三十五个。当日燕青禀宋江道："小乙自幼跟着卢员外，学得这身相扑，江湖上不曾逢着对手。今日幸遇此机会，三月二十八日又近了，小乙并不要带一人，自去献台上，好歹攀他撷一跤。若是输了撷死，永无怨心。倘或赢时，也与哥哥增些光彩。这日必然有一场好闹，哥哥却使人救应。"宋江说道："贤弟，闻知那人身长一丈，貌若金刚，约有千百斤气力。你这般瘦小身材，总有本事，怎地近傍得他。"燕青道："不怕他长大身材，只恐他不着圈套。常言道：相扑的有力使力，无力斗智。非是燕青敢说口，临机应变，看景生情，不到的输与他那呆汉。"卢俊义便道："我这小乙，端的自小学成好一身相扑。随他心意，叫他去。至期，卢某自去接应他回来。"宋江问道："几时可行？"燕青答道："今日是三月二十四日了，来日拜辞哥哥下山，路上略宿一宵，二十六日赶到庙上，二十七日在那里打探一日，二十八日却好和那厮放对。"

当日无事，次日宋江置酒与燕青送行。众人看燕青时，打扮得村村朴朴，将一身花绣把衲袄包得不见，扮作山东货郎，腰里插着一把串鼓儿，挑一条高肩杂货担子，诸人看了都笑。宋江道："你既然装作货郎担子，你且唱个山东货郎转调歌与我众人听。"燕青一手捻串鼓，一手打板，唱出货郎太平歌，与山东人不差分毫来去。众人又笑。酒至半酣之后，燕青辞了众头领下山。过了金沙滩，取路望泰安州来。有诗为证：

> 骁勇燕青不可扳，当场跌扑有机关。
>
> 欲寻敌手相论较，特地驱驰上泰山。

当日天晚，正待要寻店安歇，只听得背后有人叫道："燕小乙哥，等我一等！"燕青歇下担子看时，却是黑旋风李逵。燕青道："你赶来怎地？"李逵道："你相伴我去荆门镇走了两遭，我见你独自个来，放心不下，不曾对哥哥说知，偷走下山，特来帮你。"燕青道："我这里用你不着，你快早早回去。"李逵焦躁起来，说道："你便是真个了得的好汉！我好意来帮你，你倒翻成恶意。我却偏鸟要去！"燕青寻思怕坏了义气，便对李逵说道："和你去不争，那里圣帝生日，都有四山五岳的人聚会，认的你的颇多。你依的我三件事，便和你同去。"李逵道："依得。"燕青道："从今路上和你前后各自走，一脚到客店里，入得店门，你便自不要出来，这是第一件了。第二件，到得庙上客店里，你只推病，把被包了头脸，假做打鼾睡，便不要作声。第三件，当日庙上，你挨在稠人中看争跤时，不要大惊小怪。大哥，依得么？"李逵道："有甚难处！都依你便了。"当晚两个投客店安歇。次日五更起来，还了房钱，同行到前面，打火吃了饭。燕青道："李大哥，你先走半里，我随后来也。"那条路上只见烧香的人来往不绝，多有讲说任原的本事："两年在泰岳无对，今年又经三年了。"燕青听得，有在心里。申牌时候，将近庙上，旁边众人都立定脚，仰面在那里看。燕青歇下担儿，分开人丛，也挨向前看时，只见两条红标柱，恰似坊巷牌额一般相似。上立一面粉牌，写道："太原相扑擎天柱任原"；旁边两行小字道："拳打南山猛虎，脚踢北海苍龙。"燕青看了，便扯匾担将牌打得粉碎，也不说甚么，再挑了担儿，望庙上去了。看的众人多有好事的，飞报任原，说今年有劈牌放对的。

　　且说燕青前面迎着李逵，便来寻客店安歇。原来庙上好生热闹，不算一百二十行经商买卖，只客店也有一千四五百家，延接天下香官。到菩萨圣节之时，也没安着人处，许多客店都歇满了。燕青、李逵只得就市稍头赁一所客店安下，把担子歇了，取一床夹被教李逵睡着。店小二来问道："大哥是山东货郎，来庙上赶趁，怕敢出房钱不起？"燕青打着乡谈说道："你好小觑人！一间小房，值得多少？便比一间大房钱，没处去了，别人出多少房钱，我也出多少还你。"店小二道："大哥休怪。正是要紧的日脚，先说得明白最好。"燕青道："我自来做买卖，倒不打紧，那里不去歇了。不想路上撞见了这个乡中亲戚，见患气病，因此只得要讨你店中歇。我先与你五贯铜钱，央及你就锅中替我安排些茶饭，临起身一发酬谢你。"小二哥接了铜钱，自去门前安排茶饭，不在话下。有诗为证：

　　　　李逵平昔性刚强，相伴燕青上庙堂。
　　　　只恐途中闲惹事，故令推病卧枯床。

　　没多时候，只听得店门外热闹。二三十条大汉走入店里来，问小二哥道："劈牌定对的好汉在哪房里安歇？"店小二道："我这里没有。"那伙人道："都说在你店中。"小二哥道："只有两眼房，空着一眼，一眼是个山东货郎扶着一个病汉赁了。"那一伙人道："正是那个货郎儿劈牌定对。"店小二道："休道别人取笑！那货郎儿是一个小小后生，做得甚用！"那伙人齐道："你只引我们去张一张。"店小二指道："那角落头房里便是。"众人来看时，见紧闭着房门，都去窗子眼里张时，见里面床上，两个人脚厮抵睡着。众人寻思不下，数内有一个道："既是敢来劈牌，要做天下对手，不是小可的人。怕人算他，以定是假装

297

做害病的。"众人道："正是了。都不要猜，临期便见。"不到黄昏前后，店里何止三二十伙人来打听，分说得店小二口唇也破了。当晚搬饭与二人吃，只见李逵从被窝里钻出头来，小二哥见了吃一惊，叫声："阿也！这个是争跤的爷爷了！"燕青道："争跤的不是他，他自患病在身。我便是径来争跤的。"小二哥道："你休要瞒我，我看任原吞得你在肚里。"燕青道："你休笑我，我自有法度教你们大笑一场，回来多把利物赏你。"小二哥看他两个吃了晚饭，收了碗碟，自去厨头洗刮，心中只是不信。

次日，燕青和李逵吃了些早饭，吩咐道："哥哥，你自拴了房门高睡。"燕青却随了众人来到岱岳庙里看时，果然是天下第一。但见：

庙居岱岳，山镇乾坤，为山岳之至尊，乃万神之领袖。山头伏槛，直望见弱水蓬莱；绝顶攀松，尽都是密云薄雾。楼台森耸，疑是金乌展翅飞来；殿角棱层，定觉玉兔腾身走到。雕梁画栋，碧瓦朱檐。凤扉亮槅映黄纱，龟背绣帘垂锦带。遥观圣像，九旒冕舜目尧眉；近睹神颜，衮龙袍汤肩禹背。九天司命，芙蓉冠掩映绛绡衣；炳灵圣公，赭黄袍偏称蓝田带。左侍下玉簪珠履，右侍下紫绶金章。阔殿威严，护驾三千金甲将；两廊勇猛，勤王十万铁衣兵。五岳楼相接东宫，仁安殿紧连北阙。蒿里山下，判官分七十二司；白骡庙中，土神按二十四气。管火池，铁面太尉月月通灵；掌生死，五道将军年年显圣。御香不断，天神飞马报丹书；祭祀依时，老幼望风皆获福。嘉宁殿祥云杳霭；正阳门瑞气盘旋。万民朝拜碧霞君，四远归依仁圣帝。

当时燕青游玩了一遭，却出草参亭，参拜了四拜，问烧香的道："这相扑任教师在那里歇？"便有好事人说："在迎恩桥下那个大客店里便是。他教着三二百个上足徒弟。"燕青听了，径来迎恩桥下看时，见桥边栏杆子上，坐着二三十个相扑子弟，面前遍插铺金旗牌，锦绣帐额，等身靠背。燕青闪入客店里去看，见任原坐在亭心上，真乃有揭谛仪容，金刚貌相。坦（袒）开胸脯，显存孝打虎之威；侧坐胡床，有霸王拔山之势。在那里看徒弟相扑。数内有人认得燕青曾劈牌来，暗暗报与任原。只见任原跳将起来，搧（扇）着膀子，口里说道："今年那个合死的，来我手里纳命？"燕青低了头，急出店门，听得里面都笑。急回到自己下处，安排些酒食，与李逵同吃了一回。李逵道："这们（么）睡，闷死我也。"燕青道："只有今日一晚，明日便见雌雄。"当时闲话，都不必说。

三更前后，听得一派鼓乐响，乃是庙上众香官与圣帝上寿。四更前后，燕青、李逵起来，问店小二先讨汤洗了面，梳光了头，脱去了里面衲袄，下面牢拴了腿绷护膝，匾扎起了熟绢水裩，穿了多耳麻鞋，上穿汗衫，搭膊系了腰。两个吃了早饭，叫小二分付道："房中的行李，你与我照管。"店小二应道："并无失脱，早早得胜回来。"只这小客店里，也有三二十个烧香的，都对燕青道："后生，你自斟酌，不要枉送了性命。"燕青道："当下小人喝采（彩）之时，众人可与小人夺些利物。"众人都有先去了的。李逵道："我带了这两把板斧去也好。"燕青道："这个却使不得。被人看破，误了大事。"当时两个杂在人堆里，先到廊下做一块儿伏了。那日烧香的人，真乃压肩迭背。偌大一个东岳庙，一涌便满了，屋脊梁上都是看的人。朝着嘉宁殿，扎缚起山棚。棚上都是金银器皿，锦绣段匹。门外拴着五头骏马，全副鞍辔。知州禁住烧香的人，看这当年相扑献圣。一个年老的部署，拿着竹批，上得献台，参神已罢，便请今年相扑的对手出马争跤。

说言未了，只见人如潮涌，却早十数对哨棒过来，前面列着四把绣旗，那任原坐在轿上。这轿前轿后，三二十对花胳膊的好汉，前遮后拥，来到献台上。部署请下轿来，开了几句温暖的呵会。任原道："我两年到岱岳，夺了头筹，白白拿了若干利物。今年必用脱膊。"说罢，见一个拿水桶的上来。任原的徒弟都在献台边，一周遭都密密地立着。且说任原先解了搭膊，除了巾帻，虚笼着蜀锦袄子，喝了一声参神喏，受了两口神水，脱下锦袄。百十万人齐喝一声采（彩）。看那任原时，怎生打扮？

> 头绾一窝穿心红角子，腰系一条绛罗翠袖。三串带儿拴十二个玉蝴蝶牙子扣儿，主腰上排数对金鸳鸯蟐褶衬衣。护膝中有铜裆铜裤，缴膝内有铁片铁环。扎腕牢拴，踢鞋紧系。世间架海擎天柱，岳下降魔斩将人。

那部署道："教师两年在庙上不曾有对手，今年是第三番了。教师有甚言语，安复天下众香官？"任原道："四百座军州，七千余县治，好事香官，恭敬圣帝,都助将利物来,任原两年白受了。今年辞了圣帝还乡,再也不上山来了。东至日出,西至日没,两轮日月,一合乾坤,南及南蛮,北济幽燕,敢有和我争利物的么?"说犹未了,燕青捺着两边人的肩臂,口中叫道:"有,有!"从人背上直飞抢到献台上来。众人齐发声喊。那部署接着问道:"汉子,你姓甚名谁?那里人氏?你从何处来?"燕青道:"我是山东张货郎,特地来和他争利物。"那部署道:"汉子,性命只在眼前,你省得么?你有保人也无?"燕青道:"我是保人,死了要谁偿命!"部署道:"你且脱膊下来看。"燕青除了头巾,光光的梳着个角儿,脱下草鞋,赤了双脚,蹲在献台一边,解了腿绷护膝,跳将起来,把布衫脱将下来,吐个架子。则见庙里的看官,如揽海翻江相似,选头价喝采(彩),众人都呆了。任原看了他这花绣急健身材,心里倒有五分怯他。

殿门外月台上,本州太守坐在那里弹压,前后皂衣公吏,环立七八十对,随即使人来叫燕青下献台,直到面前。太守见了他这身花绣,一似玉亭柱上铺着软翠,心中大喜,问道:"汉子,你是那里人家?因何到此?"燕青道:"小人姓张,排行第一。山东莱州人氏。听得任原搦天下人相扑,特来和他争跤。"知州道:"前面那匹全副鞍马,是我出的利物,把与任原;山棚上应有物件,我主张分一半与你,你两个分了罢,我自抬举你在我身边。"燕青道:"相公,这利物倒不打紧,只要撷翻他,教众人取笑,图一声喝彩。"知州道:"他是金刚般一条大汉,你敢近他不得!"燕青道:"死而无怨。"再上献台来,要与任原定对。部署问他先要了文书,怀中取出相扑社条,读了一遍,对燕青道:"你省得么?不许暗算。"燕青冷笑道:"他身上都有准备,我单单只这个水裩儿,暗算他甚么?"知州又叫部署来吩咐道:"这般一个汉子,俊俏后生,可惜了。你去与他分了这扑。"部署随即上献台,又对燕青道:"汉子,你留了性命还乡去,我与你分了这扑。"燕青道:"你好不晓事!知是我赢我输?"众人都和起来,只见分开了数万香官,两边排得似鱼鳞一般,廊庑屋脊上也都坐满,只怕遮着了这对相扑。任原此时,有心恨不得把燕青丢去九霄云外,跌死了他。部署道:"既然你两个要相扑,今年且赛这对献圣。都要小心着,各各在意。"净净地献台上只三个人。

此时宿露尽收,旭日初起。部署拿着竹批,两边吩咐已了,叫声:"看扑。"这个相扑,一来一往,最要说得分明。说时迟,那时疾,正如空中星移电掣相似，些儿迟慢不得。当时，燕青做一块儿蹲在右边，任原先在左边立个门户，燕青则不动掸。初时，献台上各占一半，中间心里合交。任原见燕青不动掸，看看逼过右边来。燕青只瞅他下三面。任原暗忖道："这人必来算我下三面，你看我不消动手，只一脚踢这厮下献台去。"有诗为证：

> 百万人中较艺强，轻生捐命等寻常。
>
> 试看两虎相吞啖，必定中间有一伤。

任原看看逼将入来，虚将左脚卖个破绽。燕青叫一声："不要来！"任原却待奔他，被燕青去任原左胁下穿将过去；任原性起，急转身又来拿燕青，被燕青虚跃一跃，又在右胁下钻过去。大汉转身终是不便，三换换得脚步乱了。燕青却抢将入去，用右手扭住任原，探左手插入任原交裆，用肩胛顶住他胸脯，把任原直托将起来，头重脚轻，借力便旋，五旋旋到献台边，叫一声："下去！"把任原头在下，脚在上，直蹲下献台来。这一扑，名唤做鹁鸽旋。数万香官看了，齐声喝采（彩）。那任原的徒弟们，见攧翻了他师父，先把山棚拽倒，乱抢了利物。众人乱喝打时，那二三十徒弟抢入献台来。知州那里治押得住。

不想旁边恼犯了这个太岁，却是黑旋风李逵看见了，睁圆怪眼，倒竖虎须，面前别无器械，便把杉剌子撅葱般拔断，拿两条杉木在手，直打将来。香官数内有人认得李逵的，说将出名姓来，外面做公的人齐入庙里，大叫道："休教走了梁山泊黑旋风！"那知州听得这话，从顶门上不见了三魂，脚底下疏失了七魄，便投后殿走了。四下里的人涌并围将来，庙里香官各自奔走。李逵看任原时，跌得昏晕，倒在献台边，口内只有些游气。李逵揭块石板，把任原头打得粉碎。两个从庙里打将出来，门外弓箭乱射入来。燕青、李逵只得爬上屋去，揭瓦乱打。不多时，只听得庙门前喊声大举，有人杀将入来。当头一个头领，白范阳毡笠儿，身穿白段子袄，挎口腰刀，挺条朴刀。那汉是北京玉麒麟卢俊义。后面带着史进、穆弘、鲁智深、武松、解珍、解宝七条好汉，引一千余人，杀开庙门，入来策应。燕青、李逵见了，便从屋上跳将下来，跟着大队便走。李逵又去客店里拿了双斧，赶来厮杀。这府里整点得官军来时，那伙好汉已自去得远了。官兵已知梁山泊人众难敌，不敢来追赶。

却说卢俊义便叫收拾李逵回去。行了半日，路上又不见了李逵。卢俊义又笑道："正是招灾惹祸！必须使人寻他上山。"穆弘道："我去寻他回寨。"卢俊义道："最好。"

（本篇选自明施耐庵著《水浒传》第73、74回）

老残游记续集 节选

话说老残在齐河县店中，遇着德慧生携眷回扬州去，他便雇了长车，结伴一同起身。当日清早，过了黄河，眷口用小轿搭过去，车马经从冰上扯过去。过了河不向东南往济南府那条路走，一直向正南奔垫台而行。到了午牌时分，已到垫台。打过了尖，晚间遂到泰安府南门外下了店。因德慧生的夫人要上泰山烧香，说明停车一日，故晚间各事自觉格外消停了。

却说德慧生名修福，原是个汉军旗人，祖上姓乐，就是那燕国大将乐毅的后人。在明朝万历末年，看着朝政日衰，知道难期振作，就搬到山海关外锦州府去住家。崇祯年间，随从太祖入关，大有功劳，就赏了他个汉军旗籍。从此一代一代的便把原姓收到荷包里去，单拿那名字上的第一字做了姓了。这德慧生的父亲，因做扬州府知府，在任上病故的，所以家眷就在扬州买了花园，盖一所中等房屋住了家。德慧生二十多岁上中进士，点了翰林院庶吉士，因书法不甚精，朝考散馆散了一个吏部主事，在京供职。当日在扬州与老残会过几面，彼此甚为投契；今日无意碰着，同住在一个店里，你想他们这朋友之乐，尽有不言而喻了……

次日黎明，女眷先起梳头洗脸。雇了五肩山轿。泰安的轿子像个圈椅一样，就是没有四条腿。底下一块板子，用四根绳子吊着，当个脚踏子。短短的两根轿杠，杠头上拴一根挺厚挺宽的皮条，比那轿车上驾骡子的皮条稍为软和些。轿夫前后两名，后头的一名先趱到皮条底下，将轿子抬起一头来，人好坐上去，然后前头的一个轿夫再趱进皮条去，这轿子就抬起来了。当时两个女眷，一个老妈子，坐了三乘山轿前走。德慧生同老残坐了两乘山轿，后面跟着。

进了城，先到岳庙里烧香。庙里正殿九间，相传明朝盖的时候，同北京皇宫是一样的。德夫人带着环翠正殿上烧过香，走着看看正殿四面墙上画的古画。

因为殿深了，所以殿里的光总不大十分够，墙上的画年代也很多，所以看不清楚，不过是些花里胡哨的人物便了。

小道士走过来，向德夫人："请到西院里用茶。还有块温凉玉，是这庙里的镇山之宝，请过去看看。"德夫人说："好。只是耽搁时候太多了，恐怕赶不回来。"环翠道："听说上山四十五里地哩！来回九十里，现在天光又短，一霎就黑天，还是早点走罢！"

老残说："依我看来，泰山是五岳之一，既然来到此地，索性痛痛快快地逛一下子。今日上山，听说南天门里有个天街，两边都是香铺，总可以住人的。"小道士说："香铺是有的，他们都预备干净被褥，上山的客人在那儿住的多着呢。老爷太太们今儿尽可以不下山，明天回来，消停得多，还可以到日观峰去看出太阳。"德慧生道："这也不错。我们今日竟拿定主意，不下山罢。"德夫人道："使也使得。只是香铺子里被褥，什么人都盖，肮脏得了不得，怎么盖呢？若不下山，除非取自己行李去，我们又没有带家人来，叫谁去取呢？"老残道："可以写个纸条儿，叫道士着个人送到店里，叫你的管家雇人送上山去，有何不可？"慧生道："可以不必。横竖我们都有皮斗篷在小轿上，到了夜里披着皮斗篷，歪一歪就算了。谁还当真睡吗？"德夫人道："这也使得。只是我瞧铁二叔他们二位，都没有皮斗篷，便怎么好？"老残笑道："这可多虑了。我们走江湖的人，比不得你们做官的，我们那儿都可以混。不要说他山上有被褥，就是没被褥，我们也混得过去。"慧生说："好，好。我们就去看温凉玉去罢。"

说着就随了小道士走到西院，老道士迎接出来，深深施了一礼，各人回了一礼。走进堂屋，看见收拾得甚为干净。道士端出茶盒，无非是桂圆、栗子、玉带糕之类。大家吃了茶，要看温凉玉。道士引到里间，一个半桌上放着，还有个锦幅子盖着。道士将锦幅揭开，原来是一块青玉，有三尺多长，六七寸宽，一寸多厚，上半截深青，下半截淡青。道士说："你用手摸摸看，上半多冻扎手，下半截一点不凉，仿佛有点温温的似的。上古传下来是我们小庙里镇山之宝。"德夫人同环翠都摸了，诧异的很。老残笑道："这个温凉玉，我也会做。"大家都怪问道："怎么？这是做出来假的吗？"老残道："假却不假，只是块带半璞的玉，上半截是玉，所以甚凉；下半截是璞，所以不凉。"德慧生连连点头说："不错，不错。"

稍坐了一刻，给了道人的香钱，道士道了谢，又引到东院去看汉柏。有几棵两人合抱的大柏树，状貌甚是奇古，旁边有块小小石碣，上刻"汉柏"两个大字。诸人看过走回正殿，前边二门里边山轿具已在此伺候。

老残忽抬头，看见西廊有块破石片嵌在壁上，心知必有一个古碣，问那道士说："西廊下那块破石片是什么古碑？"道士回说："就是秦碣，俗名唤做'泰山十字'。此地有拓片卖，老爷们要不要？"慧生道："早已有过的了。"老残笑道："我还有廿九字呢。"道士说："那可就宝贵的了不得了。"

说着，各人上了轿，看看褡裢里的表已经十点过了。轿子抬着出了北门，斜插着向西北走，不到半里多路，道旁有大石碑一块立着，刻了六个大字："孔子登泰山处。"慧生指与老残看，彼此相视而笑。此地已是泰山跟脚，从此便一步一步地向上行了。

（本篇选自清刘鹗《老残游记续集》第 1 回）

岱庙藏珍

米 山 编著

引　言

　　小时候，懵懵懂懂地感觉岱庙是一个很大的花园。参加工作后来到岱庙，对其有了较深的了解与认识：岱庙是个有着悠久的历史与灿烂的文化，且珍藏着许许多多稀世珍品的宝库。

　　《水经注》引《从征记》说，岱庙"库中有汉时故乐器及神车木偶，皆靡密巧丽，又有石虎建武十三年永贵侯张余上金马一匹，高二尺余，形制甚精"。窥斑知豹，可见岱庙很早就设置神宝库、藏经堂，用以贮藏历代祭祀珍品、宝物异器及经文典诰。

　　岩岩华夏名山，巍巍五岳独尊。泰山以其雄伟的形体特征及灿烂的历史文化著称于世。特别是它深厚的文化积淀，成为中华民族历史的见证与象征。岱庙是泰山的庙，是泰山的宝库。许多可移动的历史文物大都收藏于此。在岱庙珍藏的文物中，最有代表性的要算是泰山祭器了。泰山祭器是泰山历史文化的特殊产物，祭器的形成，反映了我国传统宗教的特点。无论从历史的角度还是宗教的角度看，泰山祭器的价值都非常高。尤其是最高统治者所馈赠的祭品供器，基本上代表了当时物质生产与科学技术的最高水平，堪称国之瑰宝。另外，岱庙还藏有丰富的出土文物及传世精品，也是泰山历史文化悠久古老的见证。

　　在这里，我们不可能将所藏珍品一一介绍给您，但我们力求呈献给您的是最具代表性的东西，其中有些则是泰山文化所独有的。泰山永远是一部看不完的大书，让我们一页一页地去读吧。

泰山祭器

东岳泰山，崛起于华北平原，俨然东天一柱。《风俗通义》中记载，泰山"尊曰岱宗。岱者，长也，万物之始，阴阳交代，云触石而出，肤寸而合，不崇朝而遍雨天下，其惟泰山乎，故为五岳之长"。因此为世人尊崇敬仰。中华民族数千年对大山的崇拜，使泰山成为历史的山，文化的山。古时就有七十二王封禅泰山之说，秦汉以降，历朝历代的帝王君主竞相告祭封禅泰山，借"君权神授"，祈江山永固。时间即久，礼制日益，规模愈加，遂有形式华贵、品类繁多的礼神馈奉之物——泰山祭器。

镇山三宝

泰山祭器中，温凉玉圭、沉香狮子、黄釉青花葫芦瓶被世人誉为"镇山三宝"。

一、温凉玉圭

清乾隆皇帝为恭贺其母皇太后的八十八大寿，于乾隆三十六年（1771），在东巡泰山拜谒岱庙时御赐岱庙。《泰山志·盛典纪·御赐金宝器》一文中记载："乾隆三十六年，皇太后赐……大玉圭一件，长三尺五寸，宽八寸，名温凉玉，半暖半寒。"

温凉玉圭的玉色白略微青，又称"青圭"或"苍玉圭"（图1）。玉圭由上下两截衔接而成，上截之玉质密且凉，下截之玉质略疏而偏暖，用手摩之，可感其下温上凉。上截的上半部浅浮雕三圆星，分别代表日、月、星，其下半部则雕刻波涛汹涌的海水、起伏的浪花，浪花中间屹然耸立着一座巍峨险峻的山，分别代表河、海、岱（泰山），与上半部分结合起来，隐喻《尚书·舜典》中"肆类于上帝，禋于六宗"的"六宗"。温凉玉圭的下部镌刻"乾隆年制"阴文楷书款。此玉圭不仅构图精美，雕琢精湛，而且在选料及遵循礼制上亦有丰富的内涵。《周礼·春官·大宗伯》中载："以玉作六器，以礼天地四方。以苍璧礼天，以黄琮礼地，以青圭礼东方……"泰山位居东方，被认为是万物交替，初春发生之地，因此祭祀泰山用礼东方之青圭。玉为圭形也循《周礼注》所说的："礼东方以立春，谓苍精之帝……圭锐象春物初生。"乾隆皇帝祭祀泰山是在当年初春二月，用青玉为圭礼奉泰山，是严格遵循传统礼制进行的。

图1　镇山三宝之一——温凉玉圭

二、沉香狮子

清乾隆二十七年（1762）御赐岱庙，对此《泰山志·盛典纪·御赐金宝器》也有明确记述："乾隆二十七年，御赐……沉香狮子一对，降香座。"

狮子为百兽之王，原产于非洲、中亚及美洲。汉代西域诸国将狮子贡送中国，我国才有了狮子。佛教经典中有很多关于狮子的典故。随着佛教的传入，具有法力的狮子也就逐渐为我国人民所熟悉，并普遍作为驱邪护法的神兽，后逐渐成为权威的象征。岱庙珍藏的这对沉香狮子（图2）系巧妙地运用沉香木黏合精雕而成，沉香木上的凸凹疙瘩恰似狮身的卷毛。此对狮子圆睁的眼睛熠熠有神，微张的嘴里露出整齐的牙齿，均前腿直立，后腿蜷坐于地上，尾巴高高

图2　镇山三宝之一——沉香狮子

翘起。工匠们是根据狮子"怒则威在齿，喜则威在尾"的习性，将其雕塑为喜庆吉祥之态。雕刻狮子所用的沉香木是一种常绿乔木，产于广东省及南亚诸国，不但坚硬而且散发清香，以形大和入水即沉者为贵，自汉朝以来即被视为名贵木材与香料。狮子象征威严吉祥，并用质地名贵之品雕成，用此赐祭泰山，长供岱庙之中，表示了清乾隆皇帝敬奉泰山神威之意。

三、黄釉青花葫芦瓶

清乾隆五十二年（1787）御赐岱庙。此瓶有古朴敦厚的葫芦造型、淡雅柔丽的青花色泽。

黄釉青花葫芦瓶（图3）通体以黄釉为底色，上饰七层青花纹饰，以缠枝莲纹饰为主，仅在束腰处饰几何弦纹和九朵梅花纹，瓶底有"大明嘉靖年制"楷书青花款。瓶之青花色泽为典型的明嘉靖时期的回青料。青花瓷萌始于唐宋，成熟于元代，盛行于明清。它的突出成就是使中国绘画技巧在瓷器上得以充分表现，有着独特的民族工艺神韵。该瓶为明代宫廷之物，具有一定的代表性。

瓶形呈葫芦状，具有吉祥如意的内涵，这是与中国传统文化密切联系在一起的。葫芦作为一种草本植物，叶阔茂密，结果多，果、叶、花可食，剖果可为容器。早在远古时便被人们所认识，《物原》中说，远古燧人氏曾"以匏（葫芦古称）济水""先于桴舟"，并且葫芦可制作乐器。随着时间的推移，人类在生活中将葫芦的作用引申，使之成为吉祥的代表。用其药用的功能，象征平安健康；用其飘浮的功能，象征济世救人；用其不拒何物均可容纳、包藏，又易携带、储存，象征富裕、顺利、如意；用其"葫芦"与"福禄"谐音，"藤蔓"之"蔓"与"万"谐音，象征福禄双全子孙万代。于是，葫芦成为吉器，在祭祀中成为吉礼。用葫芦形祭瓶做供器也是循礼制所为，以求风调雨顺，国泰民安之吉。

但弥为珍贵之物常波折，稀有吉祥之器多传奇。民国三十一年（1942）的冬天，黄釉青花葫芦瓶不翼而飞。当时的山东省府接到报案后立即四处查缉，迅速将盗匪杨安一抓获归案。但宝瓶已被杨犯售出，山东省府遂继续追查，几经波折，最后在萃珍斋铺东赵汝珍手中追回此瓶。黄釉青花葫芦瓶原为一对，现岱庙仅藏一瓶及另一瓶之盖。其中原因，一说盗者在逃脱追捕时将一瓶投入井中摔碎；一说为盗者转手未能追回。黄釉青花葫芦瓶不再成双，也常令观赏者惋惜不已。

图3　镇山三宝之一——黄釉青花葫芦瓶

七珍八宝

人们一般将珠、玉等贵重器物称之为珍宝。当把祭器直接统称为珍宝的时候，也就增加了祭器的名贵程度。岱庙珍藏有多套七珍、八宝，在制作工艺、造型风格上各具风采。

一、铜胎鎏金七珍、八宝

清乾隆三十六年（1771）御赐岱庙，分置于两个鎏金铜盘内，盘为仰莲式圈足（图4、图5）。七珍、八宝的底座为覆莲状，上座为仰莲状，中间由莲杆及莲叶相接。其上托象征七珍、八宝物状之象，通体鎏金。七珍、八宝本为吉祥之器，加上辉煌溢彩的鎏金，愈显富丽堂皇。

图4　铜胎鎏金七珍　　　　　　　图5　铜胎鎏金八宝

七珍，又名七珍宝，或七政宝。古印度神话传说中有位圣王，名称"斫迦罗伐喇底曷罗阇"或"遮迦越罗"。因其手持轮宝而又得名"转轮王""转轮圣帝"。旧传此王即位时得到轮宝，遂转轮宝而降伏四方。后来佛教吸收了这个神话传说。

根据《长阿含经·转轮圣王游行经》和《俱舍论》卷十二的记载，转轮王分为金、银、铜、铁四位，他们分别各持与名称相应的金属制轮宝。金轮王统领四洲，银轮王统领三洲，铜轮王统领二洲，铁轮王统领一洲，都拥有神通广大的七件宝物：为金轮宝、白象宝、绀马宝、明月珠宝、玉女宝、主藏臣宝、主兵臣宝等七宝，即所谓的七珍。藏传佛教将转轮王这七件神奇显赫的宝物，雕铸成像，加以供奉，用来象征权势显赫和富庶。

八宝，又称八吉祥徽或八瑞相。藏语称为"扎喜达杰"，是佛教常用的象征吉祥的八件供器。藏传佛教将八宝顺次称之为宝伞（伞）、金鱼（鱼）、宝瓶（罐）、妙莲（莲）、右旋白螺（螺）、吉祥结（肠）、胜利幢（盖）和金轮（轮），并传说它们分别代表佛祖如来的头、眼、喉、舌、牙、心、身和足。作为佛教器物的八宝各有不同含义：法轮，能摧毁众生之恶，如轮王之轮宝，有万劫不息、誓不退转之意；法螺，如螺声之远闻，广被大众，以示大法之雄猛；宝伞，佛语，取张弛自如，曲覆众生之谓；白盖，编织覆盖，佑庄严佛土；莲花，弥陀之净上，似莲花出浊世而清净不染；宝瓶，意为福智圆满，甘露清凉；金鱼，灵巧活泼，善解劫难，福德有余；盘肠，回环贯彻，连绵不断，一切通明。八宝常被作为吉祥纹样描绘，自元代起就十分盛行。

二、铜胎画珐琅八宝

清乾隆四十年（1775）皇太后御赐岱庙。由底座和八宝供品两部分组成。底座呈莲花柱形，柱上托精美八宝。通体饰珐琅彩，由黄、红、蓝、绿、紫、白等六种颜色组成，色彩绚丽，典雅华贵，是清代珐琅器中之珍品。

三、铜胎镀金掐丝珐琅天神八宝

收藏时间不明。由底座、天神、八宝三部分组成（图6）。半球形的底座上饰有云纹，掐丝珐琅填之以深蓝色与月白色，似徐徐流动的行云，也如起伏荡漾的碧波。八位天神立于其上，各有一条长带绕身飞起，于头顶上部托起一朵金色祥云。祥云之上分别置有玲珑剔透的掐丝珐琅八宝一件并饰有一颗三面呈火焰状的宝珠。

图6　铜胎镀金掐丝珐琅天神八宝

八位天神为佛之八部护法神，又称"天龙八部"，分别为天、龙、夜叉、乾闼婆、阿修罗、迦楼罗、紧那罗、摩睺罗迦。

天神八宝形态各异：

天神轮宝：天神身穿紫地夔龙云纹袍，内着绿地云纹内衣，脚登黄色条纹

313

靴，面目慈祥，两耳垂肩，右手抬至胸前，左手垂于身旁，神情举止飘逸自然。金色祥云上托鎏金轮宝。

天神伞宝：天神独角，肩系红色帔巾，上身赤露，下身束腰黄地黑斑虎皮裙，目露凶光，耳边毛发直竖，左手举至头部，右手抬至胸前，三趾足踏于云纹珐琅座之上。金色祥云托起伞宝。

天神盖宝：天神身穿蓝地卷云纹长袍，腰束金色绦带，两眼鼓出，双眉紧皱，面相似人似兽，嘴两侧各露出一颗尖利的牙齿，鼻子凸起，脑后毛发竖立，双手交叉做拱手状于胸前，三趾足。金色祥云上托起一顶彩色白盖，白色莲花缠绕在宝蓝地的圆形盖顶之上。

天神花宝：天神身着天青色云纹宽袖袍，腰束鎏金长带，脚穿红、蓝色靴，龙首人身，龙嘴露出口舌与牙齿，眉、眼、须、发极其逼真。金色祥云上置一绿叶映衬的粉白色莲花，色彩淡雅。

天神罐宝：天神头戴鎏金莲花冠，肩系金色帔巾，上穿宝蓝地云纹短袖衫，下围黄地墨珠纹裙，脚佩莲花脚铃，额生一眼，背生六臂，面目狰狞，凶恶威猛。金色祥云上的罐宝，通体为白地蓝花莲纹，上饰四朵盛开的莲花纹和变形蕉叶纹。

天神螺宝：天神赤露上身，肩系红色帔巾，腰围红斑虎皮裙，手腕脚腕之上都佩带鎏金铃镯，面目狰狞，头顶独角，络腮蜷胡，龇牙咧嘴，双手抬至胸前。金色祥云所托的螺宝上饰有金色条纹。

天神鱼宝：天神身着蓝地云纹宽袖袍，头戴鎏金兽面冠，脚穿白色横纹靴，两眼圆睁，张嘴露齿，两鬓毛发竖起，胸前双手拱抱。祥云上的双鱼宝腹部由粉绿、淡黄到淡绿过渡，背部则为墨绿色掐丝鱼鳞。

天神肠宝：天神头戴蓝色小冠，身穿蓝边绿地缠枝莲长袍，头为鸟首，鹰嘴前伸，嘴角两边各露一齿，两眼炯炯有神，三趾足。金色祥云上托一回纹盘肠，红色金边，鎏金飘带穿绕其间，色彩艳丽。

八宝珍奇，天神各异，浓丽典雅的釉色呈现出莹净之光，挥洒自如的掐丝把瑰葩的艳丽、缠枝的宛转、流云的飘逸表现得恰如其分。尤其是八宝及天神的细微之处施以铜雕镀金，更添富贵吉祥之态。

吉祥之瓶

瓶，为器皿中常见器形。岱庙藏珍中有藏传佛教的供器宝瓶——贲巴壶，有民间信士供奉的景德镇瓷瓶，有色彩艳丽的霁蓝婴戏瓶，有纹饰华贵的夔龙珍珠瓶等，不胜枚举。件件五彩璀璨，工艺娴熟精湛，造型独具特色，寓涵吉祥如意。

一、贲巴壶

为蒙古族佛教和藏传佛教供器中的宝瓶类（图7）。该宝瓶除在念经诵咒或灌顶等宗教活动中使用之外，还为神像沐浴和为人淋浴时作盛圣水之用。这类宝瓶分为有嘴和无嘴两种，无嘴的称之为Bumba（贲巴），有嘴称之为Humh-a（洪卡）。但人们一般把这类宝瓶都称之为贲巴壶。

贲巴壶的造型结构很像藏族同胞煮奶茶的大铜壶，不同之处是有流无柄。岱庙现存贲巴壶数量较多，绝大部分为清乾隆年间御赐岱庙，其形体基本相同。壶口外形似洗，内呈漏斗形。壶颈为葫芦状，鼓腹，外撇圆形高足。流为曲柄式，饰以龙口吐流状。壶身通体粉彩。乾隆粉彩多采用进口原料，有明显的西洋艺术特点，故亦称洋彩。根据纹饰与颜色的不同，岱庙所藏贲巴壶主要有缠枝莲托八宝纹贲巴壶、粉绿地金彩云龙纹贲巴壶、白地矾红彩蝙蝠云龙纹贲巴壶、白地青花粉红彩缠枝莲贲巴壶。

图7　缠枝莲贲巴壶

缠枝莲托八宝纹贲巴壶：壶身由上至下分为八层纹饰。器口、流上部、颈部、足部皆饰色彩艳丽的缠枝莲纹，边沿都饰有一周金线或金彩连珠纹。肩部饰如意云纹，腹部中心为八朵缠枝莲纹托盖、鱼、罐、花、螺、肠、伞、轮八宝图案纹饰；腹部、足部饰有变形海水纹。底部有"大清乾隆年制"六字篆书款。纹饰相同而底色不同的缠枝莲托八宝纹贲巴壶有黄、白、粉、紫四种，器口及底足内施天蓝釉或白釉。壶身纹饰中采用了胭脂红、矾红、翠绿、蓝、黄、白、黑、金彩等十多种色彩。

粉绿地金彩云龙纹贲巴壶：壶的口、颈、底、足及流皆饰蝙蝠祥云纹，腹部饰有两条凸起的升龙，底足的下部饰涂以金彩的变形海水纹，愈显富丽堂皇。底部阴文泥金印章款：大清乾隆年制。

白地矾红彩蝙蝠云龙纹贲巴壶：壶的口、颈、流、足皆绘蝙蝠及祥云纹，腹部绘有穿云戏珠的两条行龙，龙为五爪，墨彩点睛，形象逼真。白地托出矾红，色彩鲜艳夺目。底部有"大清乾隆年制"六字篆书款。

白地青花粉红彩缠枝莲贲巴壶：壶之器口、颈、腹、足、流的纹饰为青花粉红彩缠枝莲纹，流部龙头莲花为釉上粉红彩，莲叶为釉下青花。娇艳明快的青花色泽将粉彩衬托得更加淡雅柔丽，给人一种明快炫目的感觉。底部有篆书青花印章款"大清乾隆年制"六字。

二、青花云龙瓶

为泰山祭器中一件珍贵的民间信士供奉碧霞元君女神的瓷器。

青花云龙瓶通体绘青花图案。子母口、圆腹、平底。颈部四面开光饰有锦地纹，相对两面分别绘制祥云飞鹤和圆钱纹。周肩为萱草纹，腹部绘有三条腾跃于行云之间的巨龙。龙为五爪，或翘首凝视，或呈翔舞之势，或做腾飞之状，造型优美，形态逼真。下部绘有海水江崖图。腹部绘一荷花纹方形蓝字匾牌，内有铭文九行："江西饶州府浮梁县景德镇信士程时振敬造大青花瓶壹副，在于泰山顶上娘娘御前来还供奉，专保父亲程珊寿命延长，兄时恭，弟时启，合门皆吉，及自己买卖往回平安，百事遂意，福有攸归。万历己亥年孟秋月吉日书。"瓶底部边沿有不规则刻画字一行："江西饶州府浮梁县景德镇信士程时振施舍。"

碧霞元君，为泰山女神。世间俗称为"泰山奶奶"，深为历代民间群众信仰和崇拜。在百姓心目中，碧霞元君的神威远远超过东岳大帝，香火愈烧愈旺。《重修泰安县志》记载的明万历二十一年王锡爵撰文的《东岳碧霞宫碑》云："自碧霞宫兴，而世之香火东岳者咸奔走元君。近数百里，远即数千里，每岁瓣香岳顶数十万众。"青花云龙瓶从一个侧面反映了古代民间崇祀碧霞元君的历史现象，并且对研究景德镇制瓷与瓷器绘画也有一定的参考价值。

三、铜胎画珐琅六棱开光人物瓶

清乾隆年间御赐岱庙。瓶侈口，长颈，鼓腹，高足，均为六棱形，底部有"大清乾隆年制"篆书蓝款。器表为粉色锦地，在颈、腹、足三层上分绘三套不同色彩的缠枝莲花卉图案，蕴含有浅黄、浅蓝、浅绿、翠绿、藕荷色、胭脂红六种颜色。腹部六面开光，相对一面的图案相同，共有花卉、山水、人物三种图案。其中花卉图中青草碧绿，花果艳丽；山水画则富有浓郁的诗意，青山白云悠悠，小桥流水潺潺，房屋掩映于苍碧的树林之中；人物图案则尤为精彩，郊外幽静的田野小路上，一位身穿黄色上衣的西洋贵妇人，神情悠然地乘坐在高轮木车上，路边站有一位身穿紫裙的胖妇人，手执绿色花环，像是对乘车而来的妇人招手祝福，整个画面主次分明，远近和谐，充分运用了西洋画中的透视手法，有强烈的立体感。

这尊六棱开光人物瓶釉质细腻温润，色彩绚丽夺目，粉色锦地上的图案以缠枝莲、月季花为主，为我国的传统花卉图案，而开光内的图案则明显洋溢着浓郁的西洋风格。瓶上集中着两种迥然不同的艺术风格特色，可以说明当时中西文化艺术的交流与融汇。

四、吉祥婴戏瓶

霁蓝描金粉彩开光婴戏瓶（图8）。长颈，外侈直口，内施天蓝釉；颈外为黄地，上饰粉彩卷云纹、璎珞纹，下饰一周变形蕉叶纹和蓝色回纹；云肩内为黄地，饰有粉彩莲花纹；整个腹部为霁蓝地，饰有描金缠枝莲纹，四面圆形开光，内饰婴戏图，腹下部饰一周粉彩仰莲纹，瓶足饰有回纹；口沿、足边皆为描金，底部有篆书款为"大清乾隆年制"六字。

图8　霁蓝描金粉彩开光婴戏瓶

瓶上婴戏图有四，均描绘天真可爱的儿童戏耍之态。图中顽童姿态可爱，或手持如意，或高举彩灯，或双手抱花瓶。快乐无邪的神情，逗人可掬的动作跃然瓶上，呈现出一派太平盛世、子孙繁衍、康健升平、欢乐融和之状。婴戏图采用工笔手法，将儿童、树木、花草、山石刻画得细致入微，层次分明。

霁蓝描金粉彩开光婴戏瓶造型庄重美观，釉色艳丽，并且巧用多种颜色，富有深浅浓淡多种层次，给人以立体感。此瓶采用高温烧制霁蓝釉，低温描金与粉彩相结合的工艺手法制成，是在康熙五彩的基础上受珐琅彩影响而创新的。霁蓝与粉彩配色，互相辉映，庄重之中涵有娇艳之态，给人以工艺典雅不俗之感。

华贵的五供

五供系指由香炉、烛台、香筒等组合而成的五件供器。岱庙藏珍中有不少精美华贵的五供制品，如珊瑚釉描金五供、五岳真形图五供、银质錾胎珐琅五供，这些五供以独特的风格，精巧的工艺，令人喜爱有加。

一、五岳真形图五供

包括香炉一件、烛台两件、香筒两件，均为铜制，清乾隆年间铸造。

香炉（图9）：造型仿方鼎，长方口、双扁耳、长方腹，口沿下四边各浮雕双夔龙纹，腹部前后浮雕五岳真形图，两侧面浮雕八卦图，八卦图上下各雕一兽首，左右各雕一夔龙纹，腹部四棱出火焰状扉，平底，附四兽足。款识在口沿正面为"大清乾隆年造"。

图9　五岳真形图五供之一——香炉

烛台：方盘，方柱，方圈足。方形灯盘四面各雕一升龙，盘沿四边各雕双夔龙纹，缩腰，四面饰兽首纹，方圈足稍外撇，前后浮雕五岳真形图，两侧面浮雕八卦图，上下各雕一兽首，两侧各雕一夔龙纹。底边正面有"大清乾隆年造"款识。

香筒：方唇，口外侈，四面雕夔龙纹，方腹前后雕五岳真形图，两侧面为八卦图，上下各雕一兽首，左右雕夔龙纹，腹部四棱出火焰扉，外撇的方圈足四面各雕一兽首，正面底部边沿有"大清乾隆年造"楷书款。五供的纹饰特别突出五岳真形图。五岳真形图，是道教用来代表五岳的符谶。

二、珊瑚釉描金五供

清嘉庆年间御赐岱庙（图10）。分别为香炉一件，花觚两件，香罐两件。

图10　珊瑚釉描金五供

香炉：圆口，平沿，直颈，双弧形耳，圆腹，三兽蹄足；口沿饰有回形纹，颈部饰缠枝莲花纹，腹上部饰卷草纹，腹下部及三足饰缠枝莲纹及八宝纹，香炉口沿有"大清嘉庆年制"篆书描金款。

花觚：两件形制相同，造型仿商代觚形，喇叭形口，中部凸起，高圈足，通体饰有八宝缠枝莲纹及回形纹。底部有"大清嘉庆年制"篆书描金款。

香罐：两件形制相同，圆口，上下由二扁圆形体组成，腹部束腰。通体饰连珠纹、变形夔龙纹、缠枝莲纹等纹饰，底部篆书描金款为"大清嘉庆年制"。

五供均内施天蓝釉，外施珊瑚红釉，金线描绘纹饰，富贵的金色纹饰与雍容的珊瑚红互相衬托，将供器点缀得华贵典雅。

三、银质錾胎珐琅五供

清乾隆二十九年（1764）御赐岱庙。包括香炉一件，烛台两件，瓶两件，质地为錾胎珐琅。

香炉（图11）：造型仿商代青铜鼎礼器。双直耳立于口沿之上，口沿外周饰有回纹图案，有"大清乾隆年敬造"七字阳文楷书款，蓝色珐琅底的腹部饰有浮雕的银白色祥云纹，云纹上均匀地浮雕着八宝图案，此炉造型古朴庄重，图案美观大方。

烛台：两件形制相同，由烛柱、烛盘及高圈足底座组成。烛柱上浮雕有祥云纹与两组结带宝杵纹，宝杵纹之间有一阴阳图案。外侧的烛盘口沿饰一周回纹，中有"大清乾隆年敬造"七字阳文楷书珐琅款。烛盘腹部浮雕有四组宝杵纹，底边为一周浮雕变形蕉叶纹。烛座分为上下两层，上层呈扁球形，饰有浮雕云纹及宝珠纹，下层为外撇的高圈足，饰有浮雕莲瓣纹、莲花托八宝纹和祥云纹并及一周回纹。

图11　银质錾胎珐琅五供之———香炉

瓶：两件形制相同，整个器形仿商代花觚，喇叭形的上口，椭圆形的腹部。器身上雕錾有祥云纹、宝杵纹、阴阳图、莲瓣纹、八宝纹等十多层纹饰，口沿上有"大清乾隆年敬造"七字阳文楷书款。

银质錾胎珐琅五供采用了浮雕与阴刻相结合的工艺，工整的图案知其刀法熟稔，精细的纹饰见其一丝不苟。造型古朴，胎体厚重，为清乾隆年间宫廷银质錾胎珐琅器中之精品。

龙凤神袍

岱庙珍藏的龙凤神袍多为清代皇帝御赐，均色彩鲜艳娇丽，图案纤细繁缛，质地华贵细致。

一、黄缎金龙袍

清乾隆四十二年（1777）御赐岱庙。龙袍形制为圆领连袖大襟长袍，身长220厘米，两袖伸长440厘米。鹅黄色缎面，龙袍肩部、背部及胸前以赤圆金线绣成十个正面团龙，团龙周围以五彩丝线绣有祥云纹、八宝纹、杂宝纹。下摆绣海水江崖图及金钱、珊瑚、犀角、宝珠、方胜、书画、银锭、如意等吉祥诸宝纹饰。绯红色素纺绸衬里。此袍用红、蓝、绿、紫、黄五种彩丝绒线刺绣而成，每种颜色由深至浅又可分为四种，色彩品种达二十余种，真可谓熠熠生辉。

二、大龙袍

收藏时间不明。身长为550厘米，两袖伸长为770厘米。以大见长，堪称中国"龙袍之最"。为圆领大襟长袍，绯红色素纺绸衬里，鹅黄色素绣缎面，用赤圆金线和彩丝线绣金色五爪团龙、五彩八宝纹及杂宝纹。前后下襟绣彩色海水江崖图案、祥云纹、杂宝纹等。袍上龙之形象集中了各种动物的局部特征：

头似牛头，眼似虾眼，角似鹿角，鼻似狮鼻，嘴似驴嘴，耳似猫耳，身似蛇身，爪似鹰爪，尾似鱼尾。元代以来的封建服饰制度规定，黄缎五爪金龙服饰只能皇帝使用。此件大龙袍是乾隆皇帝御赐礼奉泰山的，他对泰山神以帝王礼待，同时也蕴含着效法禹舜"垂衣裳而天下治"的意思，反映了封建社会中君权与神权的统一以及对泰山神的尊崇。

三、红缎凤袍

收藏时间不明。红缎圆领连袖长襟大袍，身长106厘米，两袖伸长197厘米。袍前胸、后背及两袖各绣绿凤一只，四周绣有花卉纹和云纹，前后下摆绣有海水江崖图。凤，是中国古代神话传说中的一种神鸟，在中国封建社会里与龙相对为帝后所用。"凤"的形象，在引申深化之后成为皇后嫔妃身份的标志。此凤袍也为皇帝御赐之物。

四、小神袍

收藏时间不明。圆领大襟短袍，身长113厘米，两袖伸长169厘米。红缎地，蓝绸布衬里，胸前、身后以金线绣龙六条、仙鹤两只，肩部、袖部各绣一条金龙，前后下摆彩绣海水江崖，空间绣有云纹。为清代衣袍制品。

岱庙珍藏的龙凤神袍均为清代皇帝御赐之物，纹饰繁艳，工艺精美，可以体现当时的刺绣水平，是不可多得的清代刺绣珍品，也是研究清代皇室制衣的宝贵实物资料。

古遗旧存

　　泰山，是中华民族的发祥地之一，是先民最早生息繁衍的地方。大汶口文化、龙山文化等遗址最早发现于泰山南北。在中华民族的历史发展中，泰山又以其独特的位置，成为历代统治者倚重之地，文人墨客接踵而至，黎民百姓顶礼膜拜。因此泰山周围的文化遗存十分丰富，许多出土文物与传世精品收藏于岱庙中。

陶器

　　距今五六千年前，以泰山为中心的海岱地区，开始了先后以大汶口文化、龙山文化为代表的新石器时代。原始农业、制陶业、手工业的遗存闪烁着古代东方文明的火花。

　　陶器发明之后，随着生产力的发展与人类的审美需求，出现了审美与实用相结合的各种陶器。岱庙珍藏的大汶口八角纹彩陶豆、白陶鬶、龙山北坛白陶鬶以及战国陶俑、东汉陶马等，均以异彩纷呈的造型、古朴大方的纹饰，在浩瀚的历史长河中闪烁出耀眼的光华。

一、八角纹彩陶豆

　　1974年泰安大汶口出土（图12）。泥质红陶，斜折宽沿，微敛口，腹部微鼓，喇叭形高圈足。口沿与底部均饰白衣，上绘白彩竖线纹及圆弧纹。腹部上绘白彩竖线纹，间隔四个八角形纹。足下部饰对称半圆纹。彩陶豆上的图案设

计简洁新颖，彩绘线条刚劲流畅，装
饰色彩鲜明绚丽，具有独特的风格，
为大汶口文化彩陶制品的代表。彩陶
豆上的八角形纹则是大汶口文化所特
有的几何性装饰纹饰。

二、大汶口白陶鬶

　　大汶口遗址出土。鸟喙形流口，
高颈，袋足，纽绳状鋬。腹中部饰附
加齿纹一周。

三、北坛白陶鬶

图12　八角纹彩陶豆

　　肥城县（今肥城市）北坛遗址出土（图13）。陶色白中透红，鸟喙形流，口
沿斜折，粗颈，纽绳状鋬，三袋形锥足。腹中部饰旋纹一周，前二足上饰绳纹

图13　北坛白陶鬶

纽，后一足上饰弦纹二条，为龙山文
化的典型器物。

　　《说文·鬲部》云："鬶，三足
釜也，有柄喙。"鬶是一种古代炊煮
器，造型比较别致，三足支撑着整
个器身，利用三足之间的空间烧柴
烘烤。鬶种类繁多，常见的有实足
鬶、空足鬶，还有形似红薯的袋足
鬶。从这些空足鬶和袋足鬶的外形
观察，可以发现古代人们巧妙的构
思和丰富的想象，既提供了美的享
受，又不失实用价值。空心袋足与
其腹部连通，既增大了贮水的容积，
又加大了受热的面积，从而能够使

器物中的水在较短的时间内沸腾。岱庙珍藏的大汶口白陶鬶、龙山北坛白陶鬶，造型新颖，为陶器中的精品。

大汶口文化时代与龙山文化时代的白陶鬶最显著的特征就是形似鸟状，长长的尖流，高高的脖颈，两条并列前腿和一条肥大的后腿，加上宽扁的半环状把手，神态活像一只昂首挺立的大鸟，这种鸟形鬶的造型可能源于原始东夷部族的鸟图腾崇拜。

四、战国陶俑

1985年泰安徂徕康家河出土，共两件。陶俑为站立女像，泥质红陶。一件面部扁平，除鼻子突出外五官均不明显，下巴略微前伸，发饰为侧髻，身着服饰为连袖长裙，两臂抄手置于腰部，胸部较为丰满，充分显示出女性特征。另一件面部及发饰与上一件相同，但服饰为连肩无袖长裙，裙后部下摆呈弧形并显现出内裙，其左臂下垂，右臂弯曲置于腰部。

陶俑，是为陪葬死者而烧制的陶偶人及家畜、家禽等形象。在商周时期，盛行用奴隶为奴隶主贵族殉葬。随着奴隶社会的崩溃，封建社会的兴起，人殉的习俗逐渐被模拟的陶俑所代替。陶俑最早出现于春秋战国之际，岱庙珍藏的两件陶俑一件高6.5厘米，一件高6.7厘米，可以窥知战国时期陶俑形体较小的特点。

五、东汉陶马

泰安峄峪纸房水库出土，共五件，均为泥质灰陶。陶马皆头小，颈长弯曲，躯干粗实，臀尻圆壮，四肢修长，胸围宽厚。虽然多做立姿，却昂首挺胸，张口似啸，充满活力。

"天马来兮从西极，经万里兮归有德。承灵威兮降外国，涉流沙兮四夷服。"西汉武帝刘彻伐大宛得千里马，促进了中国境内马种的改良。骏马的引进，使汉马的形貌、性能以至体质都大为改观。秦至西汉初年原有的体矮颈粗、四肢较短的马种，逐渐为体态矫健的"天马"所替代。到东汉，改良后的马已完全定型。岱庙所藏东汉陶马的形貌可以反映改良后的骏马风姿。

六、隋粮仓诔砖

1982年泰安县文管会转交。砖呈长方形，泥质灰陶。一面刻有铭文："第二行西头第二窑合粟壹万贰迁（仟）陆佰。大业四年十二月廿八日受，仓吏张文尚……"由铭文推知此砖为隋朝遗物。

七、宋釉陶妙音鸟

岱庙出土。通体施绿釉，上身为人形，下身似鸟，人首梳高髻，并带有花冠，眉清目秀，胸前有花环纹饰，双手做捧物状，鸟身背部伸出两只翅膀，呈展翅欲飞状，尾部翘起，双足直立。为宋代房脊装饰品。

铜器

岱庙珍藏的铜器，或铸工精致，或造型端庄，或装饰华丽，异彩纷呈，如火烈烈，诉说着湮灭的辉煌，书写着历史的风貌。

一、爵

泰安徂徕山黄花岭村出土。流为尖槽式，尾细长，颈部微收。伞形柱，柱上饰有涡纹兽形錾，錾内阴刻"䒑"图案，鼓腹，腹部饰有饕餮纹，圆底，三棱尖足。爵为古代饮酒器，盛行于商和西周，此爵为西周遗物。

二、俎

泰安市龙门口水库出土。正方形案面内凹，四边起沿，呈方盘状。案面外沿饰有窃曲纹。扁足为曲尺形，上饰有象头纹、云雷纹。俎属青铜杂器类，是古代切肉用的小案子。根据此俎的造型与纹饰看，为西周遗物。

三、乘父盨

泰安徂徕黄花岭出土。器物呈椭圆形，敛口，腹稍外鼓，双附耳，圈足外撇，上腹饰窃曲纹，下腹饰瓦纹，腹内底部有铭文23字：乘父士杉其肇作其皇考伯明父宝□其万年眉寿永宝用。盨是在西周中期开始出现的一种用来盛黍、稷、稻、梁等的古代食器。岱庙的乘父盨出土于西周墓中，为西周遗物。

四、鲁侯鼎

泰安市峄峪镇沙沟村燕语城遗址出土（图14）。直口微敛，折沿，环底，双方耳，三兽蹄足。耳上饰有弦纹，口沿饰有一周窃曲纹，腹部饰有蟠螭纹，腹部内壁有铭文三行："鲁侯乍姬翏朕鼎其万年眉寿永宝用。"

铜鼎是商周乃至秦汉常见的一种器物。考古资料证明，鼎的起源可以追溯到新石器时代广泛使用的

图14　鲁侯鼎

陶鼎。鼎器开始出现时为烹煮食物所用，相当于今天的锅或者作盛肴馔的器具。后用于王公贵族的宴享，即所谓的"列鼎而食""钟鸣鼎食"。约从西周开始，鼎被赋予了一个重要功能，成为"明尊卑，别贵贱"的重要礼器，是王权的象征。

岱庙所藏鲁侯鼎的底部有烟炱，应是件实用器物。

五、鲁侯铜簠

泰安市峄峪镇沙沟村燕语城遗址出土。底盖衔合成套，底与盖的形制、纹

饰大致相同，扣合之处方沿斜平，壁斜直。浅腹，平底，方圈足，四面有梯形缺口。两侧有对称龙首环钮。盖底口沿下与足部饰窃曲纹，腹部饰象纹。器内底、盖铭文相同：鲁侯乍姬鼎朕簠万年眉寿永宝用。从铭文内容看，为春秋初鲁国遗物，应是鲁侯之女"姬鼎"的随嫁品。

六、商丘叔簠

泰安道朗龙门口出土。兽首形环耳，斜壁，方圈足，腹部饰有一周象纹。盖底口沿一周与圈足均饰窃曲纹，底中部饰一乳钉纹和双象纹。盖之铭文与底内铭文内容相同：商丘叔作其旅簠其万年子子孙孙永宝用。

铜簠，是一种盛稻、粱、黍、稷的食器。在西周开始出现，流行到战国末年。

七、雀虎纹戈

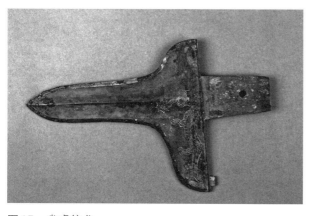

图15　雀虎纹戈

莱芜牛泉镇出土（图15）。戈为铜质，通体鎏金，直援长胡。胡上有手纹、太阳纹、阴刻虎纹。虎纹呈张口状，虎身下曲，长尾上卷。鋬为雀形，上饰云气纹。戈刃呈飞翼状，虎爪呈鸟爪形，上饰云雷纹，直内，戈和鋬上六穿，为春秋时遗物。

戈，古代兵器的一种，又称"勾兵"，用于横啄钩杀。由铜制的戈头、木或竹柲、柲上端的柲冒、柲下端的铜墩四部分组成。此雀虎纹戈为春秋时期的戈器典型，充分体现了春秋时期戈穿多、援狭长扬起的特征。

八、鎏金佛光

泰安汶口兴华村出土（图16）。通体鎏金，呈扁桃形，平底，内微凹。中部浮雕莲花一朵，莲花上部、左右两侧饰五侍从菩萨和两浮雕飞天。下部饰盛开莲花纹两朵，背面铭文为：太和十九年（495年，北魏太武帝年号）十一月八日太山郡奉高县法林寺尼妙音为弟子法达敬造释伽像……是目前泰山所见最早的鎏金铜铸佛光。整座佛光浮雕精致，布局巧妙规整，构成一组完美的图案。

图16　鎏金佛光　　　　　　　　图17　鎏金菩萨像

九、鎏金菩萨像

菩萨为立像（图17）。右手持莲花，赤足站立于半圆形莲花座上。通体鎏金，头饰宝冠，面目清秀，双目微合。胸前饰璎珞纹饰，衣纹流畅简练，衣褶层次分明，衣服舒卷自然，有"翩若惊鸿，婉若游龙"之势。

此鎏金菩萨像形象生动，线条酣畅，为北魏时期铸造，是泰山佛教中发现最早的菩萨铜像。

十、照妖宝镜

岱庙旧存。红铜铸制，整个镜体为方形，四周饰有缠枝花纹。圆形镜面外凸，镜面上端两角饰浮雕云纹，云纹中铸有二十八颗凸面圆饼，意指二十八星宿。镜面上端正中浮雕女神像，立体执圭，博衣广带。铜镜背面有铭文：东岳泰山，天仙圣母元君殿下，草参亭内照妖宝镜，大明国弘治十七年八月十二日弟子杨福宣募缘造。由此可知是民间敬奉泰山碧霞元君的宝物。镜面磨制平洁光滑，雕刻纹饰美观流畅，足见明代铜器冶铸技艺之高。

瓷器

岱庙珍藏瓷器，不仅从一个侧面反映了不同历史时代生产力的发展，显示出人们的聪明才智、美学观念，而且有着独特的艺术风采，精美的瓷器会"夺得千峰翠色来"。

一、青釉四系罐

直口方唇，四桥形耳，圆腹，饼足。耳之间有贴花四朵，腹上部饰贴花八朵，腹下部饰一周莲瓣突楞。罐内全釉，外施釉不到底，有蜡泪。釉层透明。此罐纹饰规整秀丽，风格质朴庄重。尤其罐上的贴花装饰工艺，突出了立体感。为北朝时期北方窑系中佳品。

二、青釉龙柄蹲猴壶

泰安郊区旧县村出土（图18）。胎体夹砂呈灰黄色，器内施满釉，器外施半釉。釉色淡青，釉厚处泛褐绿色，有开片。此壶形制为侈盘口，细颈，斜肩，足微外撇，平底。颈部、肩部有凸起的弦纹各二道，肩部附条状双系。肩部至口沿堆塑龙形柄，龙口衔盘口，其颈细长，上贴泥丸装饰。与龙柄相对的一侧塑有一活泼小猴，屈膝蹲坐于壶的肩部，侧身，一手挠头，一手扶膝，表情生动，形态可爱。此壶色调浓厚滋润，釉色晶莹清丽，具有隋代北方瓷器的典型性，曾入选第二届中华文物精品展。

图18 青釉龙柄蹲猴壶 图19 青釉舍利塔

三、青釉舍利塔

泰安粥店出土（图19）。器身呈圆塔形，上粗下细。顶为尖状宝塔形，门孔成人面张口形，门上有两圆孔，其上分别阴刻一条弧线，好似人的双眉双眼。瓷胎白中闪黄。塔外施青釉明亮，有蜡泪。盖上有窑变，呈深紫月白斑痕，此塔为隋代北方窑产品。

四、三彩瓷俑

瓷俑面施绿釉，头生双角，两眼一睁一闭，面目狰狞（图20）。右手抬至胸前，左手托一褐色魔杖。造型生动，为宋代三彩瓷俑中之佳品。

宋三彩是在唐三彩、辽三彩的基础上发展起来的，以黄、绿、白、艳红、乌墨以及新创釉色——翡翠釉为主要釉色，不见蓝釉。宋三彩的烧制方法，先烧制涩胎，再根据纹饰设计的需要填入粉釉，二次烧成。

图20 三彩瓷俑

五、钧窑三足斑彩炉

　　三兽足，侈口，双耳，斜沿，颈部上堆塑四人物像（图21）。圆腹的纹饰为铺首纹与火焰纹，通体饰均釉，色呈灰蓝闪紫。

　　钧窑在今河南省禹县神垕镇，为宋代五大名窑之一。人们将钧瓷与黄金、玉器相比，有"钧与玉比，钧比玉美，似玉非玉胜似玉""黄金有价钧无价"之说。钧窑首创了在釉中加入铜作为呈色剂的工艺，在特殊的窑炉气氛中釉面呈现出青、蓝、紫、红、黄等色彩。这尊三足斑彩炉为元钧窑产品，胎质坚实、稍粗，胎骨坚硬，叩之声音铿锵，圆润悦耳，色彩斑斓，造型粗犷庄重，堆塑风格独具，为元代钧窑中的精品。

图21　钧窑三足斑彩炉

图22　青花高足碗

六、青花高足碗

　　敞口，腹内收，折底，高足外撇。内外均饰青花纹饰，碗心绘一朵宝相花，碗外表绘缠枝莲花托八字梵文，碗底饰一周莲纹，足饰青花卷云纹及璎珞纹。足内边沿有"大清乾隆年制"篆书青花款（图22）。

七、矾红彩高足盖碗

侈口，斜壁，高足，盖上塑一鸟钮，盖碗内施白釉，外施矾红彩，绘二飞龙戏珠图。高足施白釉，足下部外撇。盖内心及碗心有"大清乾隆年制"篆书矾红款。胎质洁白，釉色润腻，为清代的精美瓷器制品。

玉珍

岱庙珍藏的玉器品类较多，其中有西周人形玉佩、战国玉璜、唐朝玉璧，还有雕制精美的清乾隆玉雕梅花扁瓶及青玉海兽等，珍品迭出，琳琅满目。

一、人形玉佩

属玉器佩饰之类。玉佩（图23）为一站立女性，头部饰龙凤冠，冠之右面龙头弯颈朝下与面部齐，左面一凤曲颈仰首。身着束腰长裙，长袖上卷。头顶中部有一圆孔，为穿绳所用。阴刻面部、衣纹，线条流畅，刀法洗练。玉呈黄色，有鸡骨白，表面光滑，从其造型特征看，为西周初期遗物。

图23　人形玉佩

二、玉璜

表面光滑明亮，黄色，有褐色沁，两面浅浮雕有谷纹。《说文》释璜："半璧也，从玉黄声。"呈半圆形片状，圆心处略缺，似玉璧一半。玉璜的造型起源和虹有一定的联系。古人曾对虹产生过自然崇拜，认为虹是一种动物，两端为头，虹之出现或为祥兆。到了商周以后，玉璜便定型发展成为重要的礼器和佩饰。此件玉璜为战国制品。

三、玉璧

正面浮雕龙纹，背面雕有乳丁纹，玉呈青色，有黄褐沁。璧为圆形，呈片状，中间有孔。《说文》释璧："瑞玉，圜也。"《尔雅》有"肉倍好，谓之璧"的说法。肉即边，好即孔，边径为孔径的两倍，便是璧。璧为重要玉器，使用年代之长，品种之多为其他玉器不可及。此件玉璧为唐墓中的随葬品。

四、玉雕梅花扁瓶

直口方唇，短颈，双螭耳，斜肩，平底，平底中心有圆形子母口，可以与底座相互扣合，口沿外部浅刻有回纹，颈部浅浮雕涡纹，腹部浮雕一株绽开的梅花。玉瓶呈青色，打磨光滑，雕刻细腻。此瓶为清代制品。

五、青玉海兽

海兽呈龙首、马蹄足、麒麟尾，做回首状，并于口中喷射一股流水，马蹄足蜷卧于身下，麒麟尾覆盖着臀部。口喷流水形成卷浪波纹，其上有一束用绸带捆扎的书卷，为传说中的河图。海兽用玉呈青色，有黄褐色沁。此海兽为清代制品。

印砚

在岱庙所藏的珍品中，体积微小、风格古朴的印、砚并不引人注目，然而它们却有着不可轻视的价值。

一、尹涂铜印

两件，其一通高1.65厘米，方1.8厘米，半圆桥形钮，印面篆书阴文"尹涂之印"。其二高1.4厘米，方1.5厘米，龟钮，印面篆书为阳文"尹涂人印"。为东汉印章珍品，是汉代篆刻研究宝贵的实物资料。

二、碧霞元君印

玉质，方形，平顶斜肩。顶部雕有一对夔龙纹，肩部四周环饰回纹，有穿孔。玉石呈青黄色，造型古朴，雕工细致，底部印文为"泰山天仙圣母碧霞元君之印"十二字阴刻篆书。

三、"天仙照鉴"印

方钮，印面阳文篆刻为"天仙照鉴"四字，为供奉碧霞元君之印（图24）。碧霞元君是民间信奉的泰山女神，以上两印可以说明碧霞元君崇敬者众，影响深远。

图24 "天仙照鉴"印

四、曹植砚

圆面，三足鼎形，分为上下两部分。砚盖顶面浮雕着两首相对、身尾缠绕的龙纹，中间为五铢钱纹，周壁雕有回纹。三兽足，砚壁浮雕行龙二条，二龙首之间有"曹子健之砚"隶书，龙尾之间有"大魏黄初辛丑"字样。

曹植，字子健，是建安时期杰出的诗人。他的诗文歌赋"骨气奇高，词采华茂"。他曾多次游览泰山，创作了不少脍炙人口的诗篇，其中大量的游仙诗与泰山有关。

五、造像砖砚

收藏时间不明。砚为长方形，池较浅。砚前侧刻两方形佛龛，佛龛上、左、右三边均刻有斜线三角纹，龛内有莲花座，各有一佛端坐，做禅定式。一佛穿褒衣博带袈裟，一佛穿圆领通肩衣。为北魏时期石砚。

六、王元相紫石砚

1979年征集。圆形，口沿宽平，雕夔龙纹一周，底为三柱足，上粗下细，浮雕祥云纹。砚底浮雕三层纹饰，外圈一周浮雕十二生肖图，代表地支十二时；第二圈浮雕阴阳八卦图；中心圈内浮雕四十五星组成的河图洛书图。砚口外壁上浮雕篆书铭文："香亭氏之家宝，天下文明，河洛已呈，阴阳理数，变化生成，嘉靖二年夏月豆村王氏元相珍藏。"

七、抄手端砚

收藏时间不明。正面为长方形砚池，素面无纹。反面斜坡式，称之为抄手砚。砚底铭文为"瞀员形方其德馨香，用以助翰墨之光，俾介寿而康""乾隆辛卯辰月铭于石界轩□老阜"，又有阴文楷书章"高氏"。高凤翰，号南阜山人，清代雍正、乾隆时期著名书画家，有砚癖，收藏千方，并著有《砚史》一书。

字画

书法与绘画，是中国历代文人孜孜以求、修身养性的文化艺术。古人有"字如其人""画如其人"之语，可见文人们已把书法与绘画作为自身气节、品格的象征。岱庙珍藏的字画，风格多样，多为著名书画家的代表作。

一、蓝涛西湖景色画册

画册有画九幅，绢本绫裱。作者利用青绿山水绘制出秀美旖旎的西湖风光。山水亭台，烟云流润，柔中有骨；墨色浓淡咸宜，层次分明，清隽雅逸，以平淡之真取胜。

蓝涛，明代画家，字雪坪，号豫庵，钱塘（今浙江杭州）人。擅画山水，其青绿山水技法继承其祖父蓝瑛衣钵，并将书法笔墨的修养融入绘画之中。其笔墨含蓄隽雅，画法工细，色彩艳丽。

二、万历圣旨

明万历二十七年（1599），明神宗朱翊钧同《道藏》一同颁赐岱庙。圣旨内容为：

敕谕东岳泰山天子庙住持及道众人等：

朕发诚心，印造道大藏经，颁施在京及天下名山宫观供奉，经首护敕已谕其由。尔住持及道众人等，务要虔洁供安，朝夕礼诵，保安眇躬康泰，宫壶肃清，忏已往愆，尤祈无疆寿福，民安国泰，天下太平。俾四海八方同归清静善教，朕成恭已无为之治道焉。今特差道经厂掌坛尚膳监太监李升赍请前去彼处供安，各宜仰体知悉。钦哉故谕。

大明万历二十七年闰四月二十四日。

印文为"广运之宝"。

三、普照寺玉朽僧像

收藏时间不明。绢本绫裱。跋为：生我者天地，成我者尼父，知我者释迦，且道我即是谁，善财参遍处，黑豆未生牙。落款为：清传临济正宗三十三世岱岳禅宗第一代住持普照古翁玉朽僧自题。图中所绘老僧身穿黑领米色僧袍，外披红地云龙纹袈裟，面目安详，双手持拂尘，端坐在树根盘制的椅子上。老僧既是泰山普照寺第一代主持玉朽僧。此图为明代工笔设色人物像。

四、董其昌题字画册

一册二十六页，纸本绢裱。此册页分别为：冯起震绘墨竹，董其昌题字，陈继儒、邢侗题跋；冯可宾绘奇石，董其昌、王铎题跋；冯起震、冯可宾父子合作，董其昌题七言绝句诗一首。画册因董氏书法显贵。

董其昌（1555—1636），字思白，号玄宰，又号香光居士，华亭（今上海淞江）人。其书法广泛临学古人并融合变化，以行楷书法擅长。欣赏册页中的题跋、题诗，可以看出，他的书法融汇了晋、唐、宋、元各派的风格，自成一体。运笔凝重有力，端庄老健；章法布局，法度严谨，疏朗匀称；追古法，拙取胜，在平淡中出秀逸。

五、郑板桥行书中堂

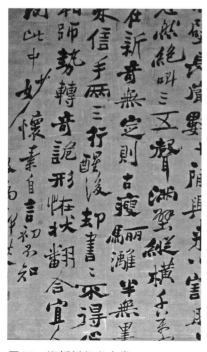

图25　郑板桥行书中堂

两幅，均为纸本绫裱（图25）。其一内容为"布衣暖，菜羹香，诗书滋味长"。另一幅内容为："粉壁长廊数十间，兴来小豁胸中气，忽然绝叫三五声，满壁纵横千万字，志在新奇无定则，古瘦骊漓半无墨，醉来信手两三行，醒后却书书不得，心手相师势转奇，诡形怪状翻合宜，人人欲问此中妙，怀素自言初不知。"两幅中堂均为郑板桥"六分半书"。其书法糅合直、隶、草、篆各体，用笔方法变化多样，撇捺或带隶书的波磔，或如兰叶飘逸，或似竹叶挺拔；横竖点画，或楷或隶，或草或竹，挥洒自然而不失法度；结体扁形，又多夸张，肥瘦大小，偃仰敧斜，呈奇异狂怪之态；章法别致，疏密相间，正斜相揖，安排得错落有致。

郑燮（1693—1765），字克柔，号板桥，江苏兴化（今扬州）人。清乾隆六年（1736）进士。与汪士慎、黄慎、金农、高翔、李鱓、李云膺、罗聘并称"扬州八怪"。

六、刘墉行书条幅、对联

均为纸本绫裱。行书条幅为："野水参差落涨痕，疏林欹倒出霜根，扁舟一棹归何处，家在江南黄叶村。"行书对联为"谢傅心情托山水，子瞻风度是神仙"。这两幅作品都充分体现了他的书法风格：外似丰圆软滑，实则内涵刚劲，骨肉兼备；字画中截尤为丰实，骨络分明；字体肥而不痴，更显柔和饱满，不露筋骨；墨色浓重，富有"静"趣，貌丰骨劲，拙中藏巧。

刘墉（1719—1804），字崇如，号石庵，山东诸城人。乾隆辛未进士，官至体仁阁大学士。书法风格自成一家，与翁方纲、铁保、成亲王永瑆并称"北方四大书法家"。

七、冷枚《三国演义》画册

共二册，文字、画面各30幅（图26）。每幅上半部分为文字概要，下半部分为故事图画。画册以娴熟的绘画技法生动形象地描绘了《三国演义》中的故事情节，堪称中国连环画册的早期作品。

冷枚，字去臣，号金门画史，山东济宁人。生在康熙、乾隆之际。康熙三十五年（1696）入宫，为清宫廷画师。"工丹青，妙设色，画人物，尤一时冠"。他常常采用中西画法相染，笔法多变，灵活和谐。

图26　冷枚《三国演义》画册

八、冯玉祥隶书对联

　　原泰安市文管会藏。纸本绫裱。上联为"要想着收咱失地"，其右题"善符先生"，其下为阴文章"三户"；下联为"别忘了还我河山"，左边落款为"冯玉祥"，其下有两方篆章"冯玉祥""焕章"。此副对联是冯玉祥将军于1935年隐居泰山时为善符先生所写。在浑厚苍劲、掷地有声的字里行间，可以感受到冯玉祥将军伟大的爱国情操。

雕器

　　岱庙馆藏竹、木、牙、漆雕器四百余件，其中剔红缠枝莲花高足净水碗与象牙镂雕八仙庆寿笏板尤为精美。

一、剔红缠枝莲花高足净水碗

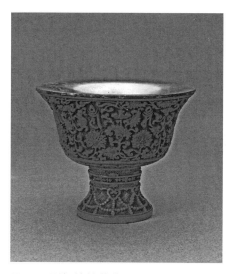

图27　剔红缠枝莲花高足净水碗

　　侈口，深腹，折底高圈足（图27）。器内铜镀金胆灿烂夺目，器表朱漆艳丽精细。碗以棕褐色的锦纹为陷地，腹部雕刻有八朵缠枝莲托八字梵文，以及细线纹刻的莲瓣与莲叶叶脉，足部雕有卷云纹、璎珞纹，底内壁有"大清乾隆年制"一行篆书描金款。净水碗为苯教（西藏自治区的原始宗教）法器，其上八字梵文为苯教教徒的祈祷经咒，即"唵、嘛、芝、末、也、萨、来、独"。我国是世界上最早发现和使用天然漆的国家。高足净水碗属于漆器类，并采用雕漆中的剔红工艺，其制作方法是：用红色漆漆十几层或逾百层，达到所需厚度时，再在红漆上雕刻花纹，生产过程十分复杂，并且费时费料，但所制漆器十分精美。这件剔红缠枝莲花高足净水碗内金外赤，色彩对比鲜明，雕刻洗练光洁，花纹委婉生动，图案严谨有序，为清代乾隆年间漆器代表，是我国传世漆器之中不可多得的珍品。

二、象牙镂雕八仙庆寿笏板

象牙笏板上透雕着八仙庆寿图。缭绕的祥云之中，仙鹤展翅，仙鹿奔腾，八仙腾云驾雾，手持宝器，做祝贺状。顶端雕有端坐祥云之上的寿星，鹤发童颜。人物造型生动，刀法透剔洗练，细腻逼真。

象牙质厚色美，光洁如玉，为历代所喜爱。《礼记·玉藻》曰："笏，天子以球玉，诸侯以象。"象牙笏板从而成为牙雕器物的珍品。象牙雕刻艺术到明代出现新的风尚，和犀、竹、木、金、石等一起雕刻成立意清新的小型器物，作为几案上与文房四宝一起陈设的清供、珍玩。岱庙珍藏的象牙镂雕八仙庆寿笏板即为明代制品，风格貌古而奇巧，立意清新不俗，为牙雕之精品。

三、竹雕麻姑像

征集于章丘县府。圆雕，麻姑为站立姿势，头梳高髻，系一头巾，面目清秀，微带笑容，身穿阔袖长衣，一手提花篮，一手托灵芝，左侧立一手捧仙桃的童女，右侧立一仰首仙鹤。此像精致工整，纤毫具备，流畅、圆滑的线条，将麻姑的玉骨仙风充分地表现出来，为明代竹雕风格的代表。

四、竹雕弥勒佛

收藏时间不明。弥勒佛端坐在一个大布袋上，开怀露腹，张口大笑，一手抓住袋口，贴于身后，一手持串珠置于膝盖之上。弥勒佛用竹根雕刻而成，采用圆雕手法，刀法洒脱，颇具意趣，为明朝制品。

五、木雕福禄寿星

宁阳县政府捐献。寿星手捧寿桃，笑容可掬地站立在梅花鹿身上，鹿跪卧在地，安详悠闲。寿桃表示长寿，伏鹿取其音为福禄，因此名为福禄寿星。制作精工，质朴无华，寿星与伏鹿均形象逼真，惟妙惟肖，为清代木雕艺术之佳作。

岱庙古树名木

陈和义　著

引　言

大凡名园多名木，大凡古庙多古树。

陈从周先生说："岱庙是中国三大建筑群之一，北京故宫有山（景山）少林，曲阜孔庙有林无山，而岱庙呢？有山有林，而且山是泰山，是五岳之首。"我们不妨接上说：这山是名山，这林由汉柏唐槐而就，不可多得。岱庙"汉亦起宫"，不可谓不古，这当是多古树名木的原因。

树木是自然的，也是人文的。"一代精神看翠蔼，千年物色在苍林"，这是古人对汉柏所赋予的情感；"潇洒名山日正长，烟霞为侣足徜徉"，这是古人对唐槐人性的定格。汉代的建筑没有了，有汉柏常绿；唐代的建筑也没有了，有唐槐作证。不难想见，自然的树木，给予人们的不仅是它自然的本身，更多的还是它的历史和精神。

岱庙植有众多的树木，与岱庙的属性有关。岱庙是泰山的庙，泰山为东岳，归木属春，故多常青树木。岱庙现存百年以上的古树210余株，各类花卉名木140余种。无论是从树龄上还是品类上，都反映出泰山古树名木的整体面貌。四季常绿，全年有花，已是岱庙的一个特色。

漫步岱庙，您会强烈地感受到生命的存在。建筑是静止的，但有历史脉搏的跳动，树木是有生命的，却长青不老，在这里历史与生命有机地融合在一起。而在视觉上，建筑色彩与树木相映生辉，其主题是严肃的，但又不乏活脱与灵气。岱庙是一个永远充满历史生命的地方，是泰山文化与自然的缩影。

古之幽情有八景

在各地的风景名胜中，常有"八景"的说法。但仅以树为题，说有八景的不多。在岱庙成林的古树中，古柏就有八景的说法。

挂印封侯

走进岱庙的正门——正阳门，在东侧有一株稍有倾斜的粗大古柏，这便是"挂印封侯"柏。

提起"挂印封侯"，人们自然会联想到《三国演义》中的故事。关云长被曹操俘虏后，"欲即效死，奈有二嫂之重，未敢断首捐躯"，委曲求全于曹营。曹操为取得关云长之心，封其"汉寿亭侯"，并赐金银美人，而关云长"回思昔日之盟"，旧义难忘，书辞曹操，将累次所受金银及美女封置库中，并将"汉寿亭侯"印悬于堂。这就是著名的"关云长挂印封金"的故事。

这棵柏树，虽已两千余年，却与关云长无所干系，只是在枝干的树杈上有一奇特的树瘤，形似一只猴子在树上玩耍，尤其头部很是形象，人们利用了这一景象，借其谐音便有了"挂印封侯"的说法。

此树树围4.2米，高10.5米，仍旺盛地生长着，它与汉柏院中的汉柏一样，已历经沧桑，成为岱庙的历史见证。

汉柏连理

　　"连理"一说，源自汉代班固的《白虎通·封禅》："朱草生，木连理。"是说要封禅必须有祥瑞出现，这连理木就是吉祥之兆。而最有影响的还是白居易的"在天愿作比翼鸟，在地愿为连理枝"的名句。是诗，也是画，充满了情意，也显示着吉祥。岱庙汉柏院，以汉武帝亲植的汉柏誉世，而在汉柏中，尤以"双干连理"著名（图1）。

　　连理柏位于汉柏院炳灵门的北侧，在树下立有乾隆的《御制汉柏图赞》碑，碑中阴刻有乾隆为双干连理柏所做的图画。树为汉武帝所植，图为清乾隆所作。武帝曾来泰山8次，而乾隆竟以11次之多创帝王亲临泰山之最，"汉柏曾经手自图，郁葱映照翠阴扶"，可谓珠联璧合，堪称一绝。

　　连理柏双干并立，一株树围2.22米；一株树围3米，高有10余米，双干相依，亭亭而立。遗憾的是，其中一干因腹中起火而枯死，其结局不幸被乾隆所言中："历劫那知菀与枯，谓犹多事写形吾。不禁笑指碑图间，久后还能似此无。"不过另一干虽枝叶不茂，但仍苍葱吐绿，尚可告慰一代

图1　汉柏连理

风流天子乾隆。

连理柏在1997年8月20日台风中，险遭灭顶之灾，其树冠随强台风南北摇摆0.8～1米，危急之时，岱庙工作人员全力以赴，冒着危险攀树拴绳，以拉绳保持树干的平衡，当时有30余人参与了抢险，与台风对抗40多分钟。经过大家共同努力，使这一千年奇观保存了下来。

古柏老桧

在汉柏院南侧，有一棵树干粗大的柏树，有三个人手牵手才能将其围起来，它是岱庙汉柏中最粗的一棵柏树。如果仔细看来，它是由两棵树组成的，一棵是桧柏，它是真正的汉柏；一棵是侧柏，是后植的，桧柏几乎是包着侧柏。我们推测大致在明代，汉柏的桧柏腹部出现空洞，人们又将一棵侧柏植入其中，侧柏虽小，但树围已长至2.1余米，并也有几百年的历史，汉柏之古，明柏之苍，便形成了"古柏老桧"的景观（图2）。

图2　古柏老桧

有意思的是，年轻的侧柏已枯死，倒是古老的汉柏生机并不减当年。其主干，树瘤遍布，老态龙钟，而枝叶俊秀，生气无穷。其两大主枝，一枝挺拔向上，一枝盘旋于下。向上的主枝已枯，但风骨遒劲，不失生命；另一枝弯曲如带，绕侧柏平洒而下，刚柔相济，相互对应，真是生也峥嵘，死亦峥嵘，使人驻足遐想。

麒麟望月

在阁老池东侧，有一棵不算太古老的柏树，树围2.5米左右，树干布满巨大的树瘤。在距地2.6米左右的主干上，有一树瘤，酷似一兽，攀附于树干，伸头前望，而在其上后方，有一北出的侧枝上有个圆圆的疤痕，恰如一轮明月，人们给它起了一个好听的名字——麒麟望月（图3）。

麒麟，是古代传说中的一种祥兽。《礼记·礼运》有"山出器车，河出马图，凤凰麒麟皆在郊椒"的说法。麒麟的出现一向被认为是吉祥的象征。麒麟望月，表达了人们对美好生活的向往。

图3　麒麟望月

灰鹤晾翅

在天贶殿前孤亳柏的西边，有一棵树围2.8米的柏树。从外形看，除它的树冠较大外，没有什么特别的，但这是有名的"灰鹤晾翅"景观。

　　在此树的北侧枝上部，面对着大殿的一侧，有一个疤痕。疤缝内伸露出两个枯枝，后因枯枝折毁，其断面似鸟形，下枝像鸟伸头向外探望，而上枝像鸟的翅膀也露在了疤缝的外面。尤其是雨天，树干浸水后，颜色变深，而鸟头鸟翅状的部分，因是木质部，浸雨水不会有大的深浅变化，因此鸟的形状也就格外明显。也正因为如此，人们称它为灰鹤，形象地说是在雨后晾翅。

龙升凤落

　　在天贶殿大露台两侧有两棵柏树，东为"龙升"，西为"凤落"，这便是著名的"龙升凤落"景观。

　　地处东侧的龙柏，现已枯死，树腹中心已空，有明显火烧痕迹，此柏主干虽不高，却挺拔俊秀。现残存的侧枝不多，但均刚劲有力，拧曲向上；位于西

图4　龙升凤落

侧的凤柏，主干较粗，树围2.91米，主要有三个侧枝，几乎是平行弯曲展出。从侧面看，南侧枝像一凤头，头冠明显，向北的两枝（其中一枝又分枝）恰似两个凤翅，远远看去，像是一只凤凰正在徐徐下落。龙柏在东，像是一条龙盘曲升腾，而凤柏则是呈下降之姿，于是，一阴一阳被誉为"龙升凤落"。与龙柏相比较，凤柏幸运得多，它仍葱茏茂盛，生意盎然（图4）。

关于龙凤两树，还有一则故事。传说，清朝皇太后慈禧来泰山时，封东边的古柏为"龙升"；西边的柏树为"凤落"，只因凤是女性的化身，备受宠爱，而龙是男性象征，受到冷落。于是，龙柏忧愤而死，可谓借古之幽情，发时之感慨。

云列三台

云列三台，位于岱庙后部西花园内，因树冠有三组茂密的叶冠似云朵之状而得名。

云列三台为桧柏，主干端庄魁伟，树冠洒脱飘逸。虽然树干基部劈裂，上下长3.7米，最宽处近0.6米，但仍生机勃勃，叶茂色正，树冠的三组叶团层叠有序，如翠云坠空。有意思的是，在岱庙著名的天贶殿壁画中，可看到它的身影（图5）。

壁画中的"云列三台"，在《泰山神启跸回銮图》中的启跸图中，位于泰山神所乘坐的玉辂的前面，其形象与现在没有多大的变化，枝叶如云，主干劈裂，在画

图5　天贶殿壁画中的云列三台

中位置很突出，顶天立地。在整个壁画中如此大的柏树仅此一株，可见绘画者对云列三台的青睐。壁画始绘于宋代，历代也有重绘，足见云列三台历史之悠久。

百鸟朝岳

百鸟朝岳柏，位于配天门东，宋宣和碑之北。

此树早枯，而残留的枝头天然成趣，像无数只鸟，形态各异，或嬉耍取乐，或打斗争食，或展翅欲飞，或亭立观望，均生动形象，引人注目，被列为八大景之一。可惜因枯树历经年久，根部腐烂，于1994年夏倾倒，枝头大多被折断，为使后人能观之遗迹，就地支撑保护至今。在残存的枝头中，虽不能看"百鸟"的景观，但仍能看到部分形象的鸟形。

说奇不奇话奇树

古树多了，故事也就多。年岁长了，也就多了奇怪的事情。其实，说奇也不奇。

长在墙上的树

在岱庙北城墙的外侧及南城墙的内侧，墙上悬空长出几棵粗大的柏树，人们称它是长在墙上的树（图6）。

关于它们的来历，有着不同的说法：一是认为树是由人种植的，理由是这些树大都生长在同一水平线上，且树的大小相差不多；另一种说法是自然生长的，理由也很简单，人们是不会在城墙缝里种植树木的，这会损坏城墙，应是在一定时期，由于岱庙的衰败，城墙失修，柏树自然生长所致。但不管怎么说，这些树能生长到这么大，并保存了下来，应是历代的人们有意识保护的结果。墙上树木的存在，是人们保护意识的体现。

在北城墙外侧的古柏，现仅存

图6　长在墙上的树

4棵，也早已枯死。据说，在北城墙有18棵这样的柏树，人们称它为"十八罗汉"，可惜在抗日战争时期为取柴木，惨遭汉奸砍伐，只有4棵存了下来，但后又遭旱灾而枯死。枯死的古木，人们也保留了下来，它们树干粗大，枯枝擎天，仍不失一景观。

北城墙枯死的古柏中较大的一株树围2.2米左右，高10余米，如果与岱庙内清代康熙年间所植的柏树相比还要粗得多。再考虑到生长环境，城墙上的古柏不会晚于明代。如此说来，这些柏树已有几百年的历史了。在厚载门东西对称的两棵枯柏中，有一棵的根部又长出一棵槐树，虽不是同祖同科，却是精神不减，深植于城墙墙缝之中，它枝叶茂密，茁壮成长，树围已近1.2米。而在四棵枯柏的东端，几乎在同一水平线上，又长出一棵小柏树，也已鸡蛋粗细，似也学着父辈们的样子，与城墙竞高低，但愿它的命运会好得多，前辈的精神能够在它的身上得到延续。

南城墙"见大门"内西侧的两棵古柏，还顽强地生长着。它们一大一小，大的树围在1.1米左右，小的在0.9米左右，高度都在10余米。它们根枝攀扶，相依为命，继续接受着岁月的考验。

剖胸掏心的树

在岱庙主体建筑——天贶殿前大露台下有一棵硕大的古柏，独立于甬道正中，人们称之为"孤衷柏"（图7）。关于它的故事有很多，其中一则与其树的疤痕相对应，很有意思。

传说在唐代，李旦被人诬陷谋反，群臣都不敢为其说话，只有安金藏这个人为其辩解，但不受武后所遣酷吏的信任，于是安氏大声呼道："既然不信吾之所言，吾可剖胸掏心以示皇嗣清白。"随即拔刀剖胸露其心肺，武后知后即命将其送宫救治。而安金藏的魂魄来到泰山神面前哭诉冤情，被泰山神赞赏，称之为"孤衷之臣"，并保其性命。后李旦当朝，感其忠勇，封为国公。安死后，泰山神命将其化为柏树配祭岳庙，以彰其忠烈，树被谓之"孤衷柏"。现在面对泰山神殿的一面，树干上仍有一道从上到下深达树心的长长疤痕。传说毕竟是传说，但是其树位于甬道正中，实在是一奇，人们不禁会问，一棵树为什么会种植于道路的正中呢？有人猜测这与岱庙的改建有关。

岱庙虽"汉亦起宫"，但在历代均有不同的改制，庙址的中心在不同时期有所变化。现在的规模及形式的确是在北宋时期定形的。也就是说，原来的大殿并不在现在的位置，而这株树原来也并不在甬路中央，宋代在改建时，是有意地保留了这一柏树。这棵树的保留，可能有两个原因：一是树木已大，不宜毁坏；

图7　甬道中的孤衷柏

二是大树的存在，使其大殿藏而不露，更会增加其威严神秘之感。当然这仅仅是推测，这个谜还有待后人的考识，但它位于甬道正中，挺拔高耸，给人以正直不阿的启示，于是才有了孤柏忠贞化身的故事。

斧砍流血的树

在岱庙汉柏院，有一株与双干连理柏相邻的苍劲柏树，在其树干下部，有一处砍伐的痕迹，并有红色浸染，这便是著名的"赤眉斧痕"。此树树围3.98米，高12.5米，虽已年过2000余岁，却仍生长旺盛，青翠欲滴（图8）。

北魏的郦道元在著名的地理名著《水经注》中说："太山有下中上三庙。

图8 "赤眉斧痕"柏

（下庙）墙阙严整，庙中柏树夹两阶，大二十余围，盖汉武所植也，赤眉尝斫一树，见血而止，今斧创犹存。"西汉末年，山东东部和江苏北部发生大灾荒，诸城的樊崇等领导的农民起义军揭竿而起，他们因用赤色染眉做标识，故称"赤眉军"。起义军曾一度驻扎于泰山天胜寨。不知出于对汉廷的仇恨，还是苦于木材的匮乏，赤眉军来到岱庙后对庙内汉武帝刘彻所植的几株柏树动起斧来。说来也怪，没砍几斧，柏树竟流出"血"（赤色液体）来，这使得赤眉军大为恐慌，不得不停止砍伐，这斧痕却保留了下来，并且红色斑迹犹存，成为奇观。

怀中抱子的树

在岱庙，与汉柏院对称的是唐槐院。汉柏院、唐槐院这两个院落是岱庙两侧的第一个院落，并且也都是以古树命名的。汉柏院有汉柏，唐槐院有唐槐，但唐槐已枯，而腹中抱有一株小槐树，人们称之为"唐槐抱子"（图9）。

唐槐院，也叫延禧院，因为这里有奉祀延禧真人的大殿。因大殿早圮，唐槐的影响大了起来，于是人们以唐槐名之。唐槐虽历经千年，却未能逃过民国兵乱的折腾而奄奄一息，树干逐渐腐朽，于1951年枯死。唐槐躯干树围5.8米，足见其粗大。《泰山小史》说，唐槐"大可数抱，枝干荫阶亩许"。可知其古槐躯干高大，枝叶茂盛，蔽荫亩许。现树下立有二通石碑，一是明代万历年间的"唐槐"二字碑刻；二是清康熙年间的唐槐诗碑。诗曰："潇洒名山日丘长，烟霞为侣足徜徉。谁能欹枕清风夜，一任槐花满地香。"唐槐已无法"潇洒"，不过当年人们在其腹中栽植的小槐树，现已长成大树，树围已超过1.5米，正在圆着人们"一任槐花满地香"的梦境。"怀中抱子"，即是人们的情感寄托。

1997年在唐槐院大门延禧门的复建工程中，还发现了一通乾隆御制碑，其诗也是为唐槐而作：

图9　唐槐抱子

兔目当年李氏槐，枒槎老干倚春阶。

何当绿叶生齐日，高枕羲皇梦亦佳。

宁死不屈的树

在岱庙中轴线上阁老池北侧的路旁，有一棵高大挺拔的枯树，其躯体以顺时针方向拧着向上盘旋，其纹理清晰，质感细腻，很是奇特。宁（拧）死不屈（曲）的名字，形象地反映了它的枝干特点（图10）。

也就因为这种奇特的外形，人们赋予它人格的生命。有故事说，它是古代的一位大臣的化身，在随皇帝祭祀泰山的路上因不满巨大的耗费而进谏，却激

图10　"宁死不屈"柏

怒了皇上，要被斩首，因有其他大臣的求情，加上在泰山祭祀的途中不宜开杀戒，就免他一死。谁知臣属都跪下谢恩了，而唯独这位进谏者既不下跪，也不谢罪，便被斩首了。后来这位大臣的魂魄来到岱庙，变成一棵枯柏，挡在道中要再次进谏，这更是惹火了皇上，要派人砍伐掉此树，还是泰山神顾及天子的面子，便让这棵树靠边了一点儿。于是这棵树就立在了路旁，却仍然是昂首挺胸，一身正气，刚正不阿，宁死不屈。与此相反，也有的故事说，这棵树与殿前的孤衷柏是相对应的，它之所以拧着长是因为它来自一位叫佞臣柏的奸臣的化身（"拧"与"佞"同音），原来也长在道中，后被前来祭祀的皇帝识破，用袍袖打在了一边，并枯死了。

故事归故事，据专家讲，柏树旋转着生长，并不少见。从这棵树的造型特点看，它有着一种挺拔向上的力量，有着一种既刚健又柔和的美，这也正是人们喜欢这棵树的真正原因。

有皮无心的树

在天贶殿后的东寝宫前面，有一棵腹中空的槐树，常引人驻足观赏，留影纪念，这就是空心槐。

空心槐主干从底部至上端木质部严重腐朽，形成中空，基部面南的一段，韧皮部开裂，形成椭圆形的洞口，高1.8米，宽0.6米，足能站立一个人，而树干的北面，自高1.2米处，韧皮部也开裂，形成长长的裂口。因树干木质部残损，树的平衡靠钢管支撑。

浏览至此，人们常在南面的洞内留影，形成树中人，或在树之北面，将头伸入洞中仅取头部留影，别有一番情趣。

小中见大盆中景

岱庙现有盆景近2000盆，大部分属于大型和特大型盆景。主要分布在厚载门内东侧的素景园和唐槐院内。盆景以松柏为主，兼有其他品类。盆景特点以雄浑苍劲、简练凝重为特点。

小六朝松

因树形似普照寺六朝松故名小六朝松。盆松虽小，但同样有着大六朝松的遗韵，且树龄已有600余年，故被称为"国宝"（图11）。

图11　小六朝松

小六朝松为泰山多见的油松，通高112厘米，冠幅120厘米，长方马槽形紫砂盆，盆高28厘米，长84厘米，宽48厘米。

小六朝松干体呈球形，表皮龟裂明显，四个侧枝对生盘曲，无明显人工斧凿痕迹。其中一侧枝长230厘米，似游龙升腾，盘于冠中，树冠造型丰满浑厚，大方自然，冠干形体协调，是岱庙盆景中的精品之作。

1995年3月因长势渐弱，叶色枯黄，移植木盆于地中复壮，效果明显，于1997年3月取普照寺六朝松松下之土重新上盆，可谓大六朝小六朝有缘有情。有诗曰：

> 亦形亦神风韵在，以小仰大六朝松，
>
> 欲阅千年沧桑事，根系泰山皆从容。

紫云劲松

劲健的形体，茂盛的枝叶，给人以升腾吉祥的感受，于是有了紫云的名字（图12）。

图12　紫云劲松

361

紫云劲松为泰山油松，通高110厘米，冠幅120厘米，长方马槽形缸砂盆，盆高28厘米，长84厘米，宽48厘米。盆龄360年左右。

紫云劲松树桩以干短粗壮见长，树桩高约16厘米，而树围达40厘米，老皮龟裂翘起。主干上端向两侧弯转近乎直折，显示出一种内在的生命力。而两主枝对生，一枝盘转成主冠，而另一枝则后拉独立成形，构成次冠。两冠主次层次明显，空间距离得当。

秦松叠翠

泰山的古树名木众多，尤以秦松汉柏著称。此盆景即借秦松之名。

秦松叠翠盆景通高140厘米，冠幅100厘米。云角马槽紫砂盆，盆高30厘米，长70厘米，宽42厘米。盆龄120年左右。

此盆景树干呈"S"形，苍劲挺拔，冠分上下两层。一上一下，一主一副，即独立成形又遥相呼应，翠绿成屏，叠而生趣。

一品大夫松

因此盆景树形犹如泰山普照寺内"一品大夫松"故名（图13）。

一品大夫盆景，通高120厘米，冠幅130厘米。云角海棠盆，盆高40厘米，径长75～88厘米。盆龄约120年。

此盆景基本保持了原有的自然树形。树干倾斜弯转适度，飘逸而不失刚劲；冠如华盖，庄重而不失秀美，给人以动中有静的感受。

图13　一品大夫松

汉武遗风

　　此为侧柏，因躯干清瘦矍铄而有岱庙汉柏院汉柏之傲骨精神而名（图14）。

　　此柏生长于泰山灵岩一带，体干光滑呈灰白色，看似无皮，露其筋骨，其特点有别于其他地方的柏树，而被称为灵岩柏。

　　盆景通高110厘米，冠幅60厘米，抹角长方形紫砂盆。盆高14厘米，长56厘米，宽42厘米。盆龄在130年左右。

　　汉武遗风以主干短矮粗壮为特点，其脉络清晰，坚韧而有力度，有着山水

图14　汉武遗风

画的风韵，具有内在的傲然之气，给人一种向上不屈的精神启迪。

三门呈翠

此盆景的树桩有着山的形状，并且叶幅分上、中、下三层，与泰山的三门（一天门、中天门、南天门）的位置分布相似故名（图15）。

图15　三门呈翠

三门呈翠树桩为青檀，通高100厘米，云角马槽紫砂盆。盆高20厘米，长60厘米，宽37厘米。盆龄60余年（树龄在200～300年）。

此青檀的体干因劈裂腐朽，呈山形，底宽45厘米，逐渐上收之尖顶，已暴露的木质部分粗糙碎裂成团似山石，枝叶似从岩石中萌发。而每一组的叶冠独立成形，形成上、中、下三层，有着相对独立的空间感。树叶青翠欲滴，与干体形成强烈对比。最上的一枝，巧似"梦笔生花"。整个盆景给人以枯木逢春的视觉效果。

苍龙托云

因干似苍龙，冠如飘云而得名（图16）。

苍龙托云为泰山油松，盆景通高120厘米，冠幅180厘米。云角海棠紫砂盆，盆高40厘米，径75~88厘米。盆龄150年左右。

苍龙托云盆景的主干弯曲自然，表面龟裂，斑斑如鳞，根蔓似爪，嵌入土中。上部枝干干练清瘦，似龙须，似龙爪，似龙角，紧顶云冠。整个盆景刚柔相济，对比适宜，是岱庙盆景制作的典范之一。

图16　苍龙托云

金桂连理

图17　金桂连理

又名开心桂，因体干分开形成双干而得名（图17）。

连理桂通高170厘米，冠幅180厘米，汉白玉圆形虎头盆，盆高30厘米，径60厘米。盆龄在300年左右，是岱庙现存桂花中最老的一株，被誉为"桂花王"。

此桂花早年即主干自然开裂，形成双干式，现腹径20厘米。双干开裂后的木质部纹理自然，无人工痕迹。

双干相对，一凸一凹，一阴一阳，天趣自成。树冠一大一小，也自成形体，每逢农历八月花期，满树金色，香气逼人。

升月桂

因树给人以飘飘欲升的感觉而得名（图18）。

升月桂通高140厘米，冠幅105厘米，腹径13厘米。青花八角盆，盆高35厘米，径40厘米。盆龄160余年。

树干现仅存三分之一支撑着树冠，而躯干木质部仅存四分之一。其木质面纹理清晰，线条流畅，似长裙飘舞。每当阵风吹来，枝叶舞动，给人以嫦娥奔月的联想。

图18　升月桂

群木竞生有新秀

岱庙的古树多，盆景多，花草名木也多。在保护管理好古树的基础上，种植培育新的花木以美化、绿化岱庙，是近几十年来园林工作的目标。这些花木多是当地有的，也有的是引进的，不失整体之和谐。

紫薇

又名满堂红，百日红，痒痒树，怕痒花。

岱庙的紫薇分布较广，树龄在40年以上的有19株，以正阳门和配天门之间最为集中。其中配天门前东侧一株为最佳，其基部分生，形同连理，被称为红薇连理。其分枝树围为0.35～0.37米，高6米，冠幅8米。其树干苍劲洒脱，主枝形似游龙，花呈水红色，花繁枝头，压弯枝干，格外引人注目（图19）。

图19　红薇连理

　　紫薇系落叶乔木，树干光滑，花色有红、紫、白等色，以紫色最为普遍，花期较长。7~9月接连不断，故称"百日红"。又因其树身体光滑，用手挠树干，虽无风而树干摇动，民间俗称"痒痒树""怕痒花"。

　　紫薇以花色的颜色不同又分为紫薇、翠薇、银薇、红薇，原产我国中部、南部，在四川、湖北、江西、湖南等地常见野生。

　　紫薇花期长，花色鲜艳，但见满树红霞艳艳，灿烂如火。唐白居易《紫薇花》中有："独占芳菲当夏景，不将颜色托春风。"宋代杨万里则称赞："谁道花无红百日，紫薇长放半年花。"

紫玉兰

　　位于岱庙配天门铜狮西侧。别名木花、木兰、辛夷等。

　　此花原在泰山中路罗汉崖，1958年移栽岱庙，是泰安现有紫玉兰花中最大的一株，树围1.2米，冠幅6米，高5.1米。此花主干于基部分生四枝，1997年一场暴风雨后，其西北一枝劈裂，经复枝后，生长如初，次年即开花，具有较强的生命力。

　　紫玉兰原产我国中部，玉兰花早春现蕾，花芽尖锐，似大毛笔笔头矗立，早春即先叶开放，花朵硕大。外面紫色，内白色。花期七天左右，花蕾含苞待放时，宛似巨笔林丛，指向云端。花开之时，满目紫色，艳而不妖，不失素雅之态，具有独特风姿，极具观赏价值。明代张新《木兰花》中，有"梦中曾见笔生花，锦字还将气象夸。谁信花中原有笔，毫端方欲吐春霞"的诗句。

牡丹

　　别名鹿韭、白两金、木勺药、花王、富贵花。

岱庙的牡丹种植于正阳门内东西两侧，共计190余株。1958年栽植，近年又补栽若干。

牡丹品种分类，主要依据花的色泽分为白、红、黄、绿、粉、紫、黑、蓝八类。初夏开花，生于当年生枝的顶端，花单生，大型，多重瓣。岱庙内可欣赏到白、红、粉、黄、紫等色，品种主要有赵粉、二乔、大胡红、葛巾紫、状元红、乌龙捧盛等，每逢花开之际，游人穿梭其间，驻足留影，乐而忘返。

牡丹原产于我国西北地区的秦岭和伏牛山中，西汉时载入《神农本草经》之中。隋唐时已成为名贵的观赏花卉。北宋时洛阳成为全国牡丹的栽培中心。今天的洛阳、菏泽，还有"牡丹之乡"的称号。

牡丹号称"花中之王"，被崇为"中国名花之最"。白居易《牡丹》诗中盛赞"绝代只西子，众芳唯牡丹"。刘禹锡更有"唯有牡丹真国色，花开时节动京城"的诗句。

藤萝

位于岱庙延禧门东南侧。又名黄藤、紫藤、朱藤等（图20）。

此藤树围0.76米，依附古柏高约12米，躯干距地2米处，一缕枝杈伸向相距4米之外的另一棵古柏躯干，形成过桥形状，故名过桥藤。此藤春季开花，花序成串，长可盈尺，每轴花20～80朵。花冠蝶形，紫色，所结荚果特长，达10～15厘米。藤躯干部分巧借柏树身躯耸入云天，好似蟒蛇飞舞，枝繁叶茂，绿荫蔽日，大有"独木成林"之势。

岱庙的藤萝分布较广，共有14棵，过桥藤谓其一。

藤萝性喜攀缘，如果你注意观察，发现它一律向右缠绕。在庭院、花棚、井架、凉亭等处栽植，绿荫舒展，岱庙后寝宫北花棚的藤萝，已形成树洞，炎炎夏日置身其间，似置身于清凉世界，别有一番情趣。

紫藤是大型木质藤本，寿命较长，原产我国，习性攀缘，是中国园林中不可缺少的植物。宋代费冠卿《挂树藤》中有"本为独立难，寄彼高树枝，蔓衍数条远，溟濛千朵垂。向日助成阴，当风藉持危，谁言柔可屈，坐见蟠蛟螭"的诗句。

图20　过桥藤

铁树

　　置于岱庙西后花园，又名苏铁、凤尾松、凤尾蕉、避火蕉、朱蕉。

　　岱庙铁树年代久远者计有4棵，树围平均1.02米，躯干1.35米，树龄均在百年之上。铁树为长寿树种，具有较高的观赏价值。原产热带及亚热带地区，我国南部及西南部等省份有分布。

　　铁树，挺拔伟岸，给人以庄严、刚强的感觉。一般铁树在长江以南经常开花，而在长江以北则很少开花。因此，人们把"铁树开花"喻做罕见之事。此4株铁树在60年代末曾一度同时开花，泰城及周边乡镇的人们纷至观赏，可谓轰动一时。

木绣球

位于仁安门西南侧，别名木本绣球、雪球、绣球花。

此木绣球树围1.25米，高4.8米，冠幅达6米，为泰安最大、年代最早的一株。1958年从泰山罗汉崖移栽于此。

木绣球系落叶灌木或半常绿灌木。5～6月间开花，瓣5裂，近圆形，聚集成球形。花很大，直径可达15～20厘米，初开时带绿色，后随花膨大，渐渐变白，宛如雪球或绣球。

木绣球，原产于中国山东、河南、江苏、浙江、江西及贵州、广西壮族自治区等地，花开时节，许多花朵像蝴蝶翅羽一样重叠交错，尤其是它怒放于花事稀少的初夏，分外迷人。宋代朱长文《玉蝶球》诗文赞曰："玉蝶交加翅羽柔，八仙琼萼并含羞。春残应恨无花采，翠碧枝头戏作球。"

鹿角桧

位于厚载门内西南草坪之中，因长势铺地伸展，俗名爬地柏，是桧柏的一种变异品种。

鹿角桧树围0.72米，高2.5米，冠幅8米。此柏远观似一片绿云，微风吹拂，似云朵悠然飘逸，树下观望，像一把巨伞张开，为行人遮挡炎炎夏日，十分惬意。此树不多见，岱庙仅此一株。

樱花

分布在岱庙仁安门与配天门之间，又名山樱花、山樱桃、福岛樱（图21）。

岱庙内现有樱花19株，形成樱花群落，花色主要有粉红、白色。3～4月开花，花期7～12天。樱花原产于中国长江流域、日本、朝鲜等地。因其抗逆性强，单瓣樱花能耐烟，是城市绿化的理想树木。

樱花在中国有悠久的栽培历史。1973年在河北省藁城西村挖掘出土的商代古墓中，就曾发现有樱花的种子。秦汉时皇家宫苑中已有种植。唐代已遍植于私家庭园。樱花花期虽短，但嫔纷艳丽，花团锦簇，尤其是樱花群落，置身其间，似入花海，偶尔春风吹拂，更是花雨成阵，落英缤纷。

图21　樱花

图22　凌霄

凌霄

位于正阳门西北侧，又名紫葳、陵召、陵华、武威花（图22）。

岱庙仅存一株，基径0.4米，高约12米，干高0.8米处分为五枝。凌霄是落叶木质藤本，茎上有攀缘的气生根，能附着支柱、树干或岩石缠绕而上。此株凌霄巧借一枯死柏树的躯干，盘环生长，似群蛇升舞，随树高耸入云。6月份开花，满树花朵火红，花形似倒挂金钟。游人常疑为古柏生花，妙趣横生。

蜡梅

岱庙的蜡梅主要分布在配天门东侧及东御座院内。现有9株，尤以东御座院内东侧一株最大。高4.5米，冠幅6.9米，树龄百年以上。蜡梅是我国特产，主要分布于中国中部湖北、陕西等地。

花期贵在寒冬腊月，此时节万花凋谢，唯有梅花怒放于茫茫大雪之中，且花香溢人，是北方冬季名贵花卉。每逢花期，步入岱庙即可闻其香气。宋代王安石《梅花》一诗中赞曰："墙角数枝梅，凌寒独自开，遥知不是雪，为有暗香来。"

鹤望兰

置于岱庙西后花园，又名极乐鸟花。

鹤望兰系多年生长绿宿根草本植物。株高约1米，春夏开花，花由叶腋间伸去、顶生，每茎一朵花，花茎高于叶片，花内外各三片，外花瓣橙黄色，内花瓣蓝紫色，其造型颇似一只极目远望的仙鹤，不仅形似，而且神似。

鹤望兰原产非洲南部，岱庙现有鹤望兰26株，多为50年代栽植，每逢花季似群鹤翔舞，游人多驻足欣赏，叹花之神奇，赞不绝口。

丁香

分布于岱庙前后院内，又名紫丁香。

丁香系落叶灌木或小乔木，春季4月开花，紫色，密集成圆锥花序，香气较浓。丁香的变种有白丁香、粉红丁香等。

岱庙配天门西南侧一株丁香，为1958年栽植，基部中空，枝干螺旋上升。树围1.1米，高约6米，是岱庙最大的一株，泰城也不多见。花呈紫色，香飘四溢。

丁香原产中国华北各省，因其花色艳丽，既可与常绿树配植，也可成丛栽植。盛开时节，花团锦簇。被人们喻为朴素而内秀的花中君子。当微风吹拂时，香气沁人心脾，令人陶醉。

木瓜海棠

位于岱庙东荷花池南侧，又名木桃、毛叶木瓜。

木瓜海棠系丛生性落叶灌木或小乔木，树高可达7米，4月开花，先蕾后叶，花叶同放，花后结果，呈长椭圆形，深黄色，木质，有芳香气味。

木瓜海棠产于中国陕西、山东和长江流域。岱庙内现有木瓜海棠3株，大者树围0.58米，高6.9米，冠幅4.4米。其铁干虬枝，刚劲挺拔，花叶茂盛，冠绝群伦，具有很高的观赏价值。所结果实，既可观赏，又可放置衣橱熏衣，经蒸煮或蜜饯后亦可食用，集观赏美食于一身。

岱庙花木一览表

一、落叶乔木

序号	名称	别名	科属	花期、生长地点	备注
1	银杏	白果	银杏科　银杏属	5月　岱庙前后院均有	有著名古银杏
2	国槐	槐树	豆科　槐属	6~8月　岱庙前后院均有	有著名唐槐
3	龙爪槐	蟠槐	豆科　槐属	6~8月　遥参亭后院	
4	皂荚	皂角	豆科　皂荚属	5~6月　仁安门西侧	岱庙院内唯一一株
5	玉兰	白玉兰	木兰科　木兰属	4月　岱庙前后院均有	
6	紫玉兰	辛夷	木兰科　木兰属	3月下旬　配天门前西侧	泰山周围最大一株
7	木瓜	木桃	蔷薇科　木瓜属	4月下旬　配天门东侧	榅栅棠
8	海棠果	楸子	蔷薇科　苹果属	4~5月　后寝宫前西侧	
9	西府海棠	小果海棠	蔷薇科　苹果属	4月　岱庙前院花坛内	
10	垂丝海棠	海棠花	蔷薇科　苹果属	4月　岱庙前院花坛	
11	湖北海棠	茶海棠	蔷薇科　苹果属	4~5月　岱庙前院花坛	
12	红叶李	紫叶李	蔷薇科　李属	3月下旬　岱庙前后院均有	
13	樱花	山樱花	蔷薇科　李属	4月中旬　仁安门前两侧	
14	紫荆	满条红	豆科　紫荆属	4月上旬~5月　配天门前花坛	
15	紫薇	百日红	千屈菜科　紫薇属	7~9月　岱庙前后院均有	
16	石榴	金罂	石榴科　石榴属	5~6月　配天门西侧	
17	丁香	紫丁香	木樨科　丁香属	4月上旬　岱庙前后院均有	
18	木槿	木锦	锦葵科　木槿属	6~9月　天贶殿两侧	
19	碧桃	桃花	蔷薇科　李属	3月下旬　配天门前两侧	
20	寿星桃	花桃	蔷薇科　李属	3月下旬　配天门前两侧	
21	紫叶桃	红叶桃	蔷薇科　李属	3月下旬　配天门前两侧	
22	青檀	掉皮榆	榆科　青檀属	4月　后花园内	盆栽
23	榔榆	小叶榆	榆科　榆属	8~9月　后花园内	盆栽

（续表）

序号	名称	别名	科属	花期、生长地点	备注
24	五角枫	色木	槭树科 槭树属	4月 后花园内	盆栽
25	元宝枫	平基槭	槭树科 槭树属	4月 后花园内	盆栽
26	柽柳	观音柳	柽柳科 柽柳属	10月 后花园内	盆栽
27	山楂	山里红	蔷薇科 山楂属	5月 后花园内	盆栽

二、常绿乔木

序号	名称	别名	科属	花期、生长地点	备注
28	侧柏	扁柏	柏科 侧柏属	岱庙前后院均有	栽植最早有汉柏
29	桧柏	圆柏	柏科 圆柏属	岱庙前后院均有	栽植最早有汉柏
30	刺柏	刺松	柏科 刺柏属	岱庙前后院均有	
31	地柏	爬地柏	柏科 圆柏属	后花园内	盆栽
32	鹿角桧	凤凰柏	柏科 圆柏属	厚载门南	
33	千头柏	扫帚柏	柏科 侧柏属	配天门前两侧	
34	龙柏	龙柏	柏科 圆柏属	岱庙前后院均有	
35	黑松	白芽松	松科 松属	后花园内	古桩盆景
36	白皮松	虎皮松	松科 松属	岱庙正阳门前后	
37	赤松	雌松	松科 松属	汉柏亭前	
38	雪松	香柏	松科 雪松属	厚载门南侧	
39	五针松	日本五针松	松科 松属	后花园内	四株是泰安地区最早引植
40	华山松	五叶松	松科 松属	遥参亭后院	
41	油松	短叶松	松科 松属	东御座院内	岱庙唯一现存活古松
42	罗汉松	罗汉杉	罗汉松科 罗汉松属	后花园内	盆栽
43	南洋杉	南美杉	南洋杉科 南洋杉属	后花园内	盆栽
44	云杉	粗枝云杉	松科 云杉属	后花园内	盆栽
45	翠兰柏	粉柏	柏科 圆柏属	仁安门西侧	盆栽
46	女贞	桢树	木樨科 女贞属	配天门东侧	
47	橡皮树	印度橡树	桑科 榕属	后花园内	盆栽
48	广玉兰	荷花玉兰	木兰科 木兰属	5～7月 后花园内	盆栽

（续表）

序号	名称	别名	科属	花期、生长地点	备注
49	槟榔	凤凰棕	棕榈科　槟榔属	后花园内	盆栽
50	枇杷	卢桔	蔷薇科　枇杷属	后花园内	盆栽
51	榕树	细叶榕	桑科　榕属	后花园内	盆栽

三、常绿灌木

序号	名称	别名	科属	花期、生长地点	备注
52	桂花	九里香	木樨科　木樨属	9～10月　后花园内	古桩盆栽
53	刷毛桢	红千层	桃金娘科　红千层属	4～5月　后花园内	盆栽
54	福建茶	基及树	紫草科　福建茶属	5月　后花园内	盆栽
55	桃木	香雪	金缕梅科　桃木属	4～5月　后花园内	盆栽
56	大叶黄杨	冬青	卫矛科　卫矛属	5月　岱庙前后院均有	四株为泰安最大球型
57	小叶黄杨	瓜子黄杨	黄杨科　黄杨属	4月　岱庙前后院均有	
58	夹竹桃	柳叶桃	夹竹桃科　夹竹桃属	6～10月　后花园内	盆栽
59	代代	回春橙	芸香科　柑橘属	5月　后花园内	盆栽
60	佛手	五指柑	芸香科　柑橘属	5月　后花园内	盆栽
61	枸骨	鸟不宿	冬青科　冬青属	5月　后花园内	盆栽
62	火棘	火把果	蔷薇科　火棘属	5月　后花园内	盆栽
63	南天竹	天竺	小檗科　南天竹属	5月　后花园内	盆栽
64	虎刺	绣花针	茜草科　虎刺属	6月　后花园内	盆栽
65	苏铁	铁树	苏铁科　苏铁属	后花园内	盆栽
66	栀子花	白蟾花	茜草科　栀子花属	6～8月　后花园内	盆栽
67	六月雪	满天星	茜草科　六月雪属	7～8月　后花园内	盆栽
68	月季花	月生春	蔷薇科　蔷薇属	4～10月　后花园内	盆栽
69	杜鹃花	西鹃	杜鹃花科　杜鹃花属	2～3月　后花园内	盆栽
70	山茶花	茶花	山茶科　山茶属	2月　后花园内	盆栽
71	茶梅	早茶梅	山茶科　山茶属	2～3月　后花园内	盆栽
72	含笑	含笑花	木兰科　含笑属	4～5月　后花园内	盆栽
73	珊瑚树	法国冬青	忍冬科　荚蒾属	5～6月　后花园内	盆栽
74	探春	迎夏	木樨科　茉莉属	5～8月　天贶殿东侧	

（续表）

序号	名称	别名	科属	花期、生长地点	备注
75	海桐	山矾	海桐科　海桐属	5月　后花园内	盆栽
76	凤尾兰	剑麻	龙舌兰科　丝兰属	6～9月　配天门前花坛内	
77	棕竹	棕榈竹	棕榈科　棕竹属	5月　后花园内	盆栽
78	鱼属葵		棕榈科　鱼属葵属	后花园内	盆栽
79	软叶刺葵	美丽针葵	棕榈科	后花园内	盆栽
80	伊拉克枣	枣椰子	棕榈科	后花园内	盆栽
81	散尾葵		棕榈科　散尾葵属	后花园内	盆栽
82	龙血树	狭叶龙血树	龙舌兰科　龙血树属	后花园内	盆栽

四、落叶灌木

序号	名称	别名	科属	花期、生长地点	备注
83	牡丹	花王	毛茛科　芍药属	4月下旬　配天门前花坛	
84	蜡梅	黄梅	蜡梅科　蜡梅属	1～2月　东御座院内	
85	榆叶梅	榆梅	蔷薇科　李属	3月　配天门前两侧	
86	连翘	黄寿丹	木樨科　连翘属	3月下旬　配天门东侧	
87	木绣球	雪球	忍冬科　荚蒾属	4～5月　仁安门西侧	岱庙主要名木
88	金银木	金银忍冬	忍冬科　忍冬属	5～9月　配天门东侧	
89	黄栌	红叶	漆树科　黄栌属	4～5月　仁安门前东侧	
90	贴梗海棠	贴梗木瓜	蔷薇科　木瓜属	4月下旬　配天门前花坛内	
91	玫瑰	徘徊花	蔷薇科　蔷薇属	5～6月　配天门前花坛内 9～10月　配天门前花坛内	
92	黄刺玫	黄玫	蔷薇科　蔷薇属	4～5月　遥参亭后院	
93	蔷薇	刺莓苔	蔷薇科　蔷薇属	5～6月　配天门两侧	
94	麻叶绣线菊	麻叶绣球	蔷薇科　绣线菊属	5～6月　岱庙后花园内	盆栽
95	杜鹃	映山红	杜鹃花科　杜鹃花属	4～6月　配天门前花坛内	
96	毛刺槐	江南槐	豆科　刺槐属	5月　铁塔西侧	
97	扶桑	朱槿	锦葵科　木槿属	5～9月　后花园内	盆栽
98	红梅	春梅	蔷薇科　樱属	2月下旬　后花园内	盆栽
99	雀梅	酸味	鼠李科　雀梅藤属	9月　后花园内	盆栽

（续表）

序号	名称	别名	科属	花期、生长地点	备注
100	无花果	蜜果	桑科　榕属	隐花　后花园内	盆栽
101	海州常山	五星花	马鞭草科	7～10月　配天门西	
102	五色梅	如意	马鞭草科	后花园内	盆栽
103	黄荆	五指枫	马鞭草科　牡荆属	7～8月　后花园内	盆栽
104	结香	黄瑞香	瑞香科　结香属	3～4月　后花园内	盆栽
105	一品红	象牙红	大戟科　大戟属	12～1月　后花园内	
106	珍珠梅	走马秦	蔷薇科　珍珠梅属	4月　后花园内	盆栽

五、藤本花卉

序号	名称	别名	科属	花期、生长地点	备注
107	凌霄	武葳花	紫葳科　凌霄属	7～9月　配天门西侧	
108	紫藤	藤萝	豆科　紫藤属	5月　后寝宫北两侧	
109	三角花	叶子花	紫茉莉科　宝巾属	5～10月　后花园内	盆栽
110	络石	石龙藤	夹竹桃科　络石属	4～5月　后花园内	盆栽
111	金银花	忍冬	忍冬科　忍冬属	4～10月　后花园内	盆栽
112	常春藤	土鼓藤	五加科　常青藤属	7月　后花园内	盆栽
113	龟背竹	蓬莱蕉	天南星科	观叶　后花园内	盆栽

六、水生花卉

序号	名称	别名	科属	花期、生长地点	备注
114	荷花	水芙蓉	睡莲科　莲属	7～8月　仁安门前荷花池	
115	睡莲	子午莲	睡莲科　睡莲属	6～9月　仁安门前荷花池	

七、竹类

序号	名称	别名	科属	花期、生长地点	备注
116	淡竹	毛金竹	禾本科　刚竹属	后花园内	
117	紫竹	墨竹	禾本科　刚竹属	后花园内	盆栽
118	凤凰竹	孝顺竹	禾本科　刚竹属	后花园内	盆栽
119	佛肚竹	大肚竹	禾本科　竹属	后花园内	
120	粉丹竹	单竹	禾本科　单竹属	后花园内	盆栽
121	刚竹	麦黄竹	禾本科　刚竹属	东御座院内	
122	菲白竹	翡白竹	禾本科　苦竹属	后花园内	盆栽

八、宿根花卉

序号	名称	别名	科属	花期、生长地点	备注
123	芍药	婪尾春	毛茛科　芍药属	5月上旬　配天门前两侧	盆栽
124	君子兰	剑叶石蒜	石蒜科　君子兰属	1～2月　后花园内	盆栽
125	虎尾兰	千岁兰	龙舌兰科 千岁兰属	后花园内	盆栽
126	鹤望兰	极乐鸟花	旅人蕉科 鹤望兰属	春夏　后花园内	盆栽
127	蟹爪兰	锦上添花	仙人掌科 蟹爪兰属	2月　后花园内	盆栽
128	菊花	黄花	菊科　菊属	11月上旬　后花园内	盆栽
129	山影拳	仙人山	仙人掌科 仙人山属	后花园内	盆栽
130	令箭荷花	红孔雀	仙人掌科　令箭荷花属	5～6月　后花园内	盆栽
131	昙花	夜间花	仙人掌科　昙花属	7～8月　后花园内	盆栽
132	虎刺梅	铁海棠	大戟科　大戟属	5月　后花园内	盆栽
133	翡翠景天	串珠草	景天科	后花园内	盆栽
134	一叶兰	蜘蛛抱蛋	百合科 蜘蛛抱蛋属	后花园内	盆栽
135	文竹	云竹	百合科　天门冬属	后花园内	盆栽
136	天门冬	吉祥草	百合科　吉祥草属	后花园内	盆栽
137	蜈蚣草	肾蕨	骨碎补科　肾蕨属	后花园内	盆栽

岱庙汉画像石

刘 慧
张玉胜 著

引　言

这是一个奇妙多彩的世界。

在这里，无论是虚幻的仙话天堂，还是实在的世俗人间，从天上到地下，从历史到现实，都得到了充分的表现。这就是画像石，一个充满活力与生机的艺术世界。

画像石，作为一种以石作画造型的艺术形式，常用于墓室、祠堂的装饰，一度流行于汉代。它以其雕塑、绘画兼有的艺术表现手法及特有的题材内容，在造型艺术中占有特殊的地位。岱庙所收藏的画像石，均出土于泰山附近的汉墓。为展现汉画像石的历史价值与艺术价值，1983年在岱庙天贶殿西侧的廊房，开辟了汉画像石陈列室。使一个逝去了的凝缩神话、历史、现实的艺术世界，在隔离人世近两千年后，又回到了现实的社会。

从雕刻技法看，岱庙所藏画像石可分为平面线刻、减地平面线刻及浅浮雕三种。在表现内容上，也可分为现实生活、历史故事、宗教信仰三类。但是，面对奔驰而来的车马、远去的历史人物、龙飞凤舞的祥兽瑞禽，还有那可视的神话寓言故事，我们能否从中体味得更多呢?

让我们走进这个神奇的世界吧!

赵苟哺父图画像石

1960年6月出土于泰安大汶口镇汶河北岸东汉墓。此石为该墓前室通耳室的门楣，与"骊姬计杀申生"故事图共在一石。全石纵0.44米，横2.11米。

画像为减地平面线刻①。画像相对跪坐二人，两嘴凑近做相哺状。左侧一人身后榜题"此丁兰父"，右侧一人身后榜题"孝子丁兰父"。在画面空间补填有三羽人②，图上部饰卷云纹（图1）。

画像所表现的内容是"赵苟哺父"的故事。图中对坐的二人即为赵苟与其

图1　赵苟哺父图

---

①　减地平面线刻，也称"减地平钑"或"凸面线刻"。即画像轮廓以外的石面做减地处理，而使画面部分突起，尔后在突起的平面上以线造型，刻画人物及景象。

②　羽人在画像石中常作为补空之用。所谓羽人，即神话中的飞仙。《山海经·海外南经》说：有羽民国，"其为人长头，身生羽"。郭璞注云："能飞不能远，卵生，画似仙人也。"这与当时对得道成仙的追求与幻想有关。

父。左、右榜题"丁兰"云当为误刻[①]。关于丁兰刻木事亲的故事，有文献记载并见于武氏祠画像石，内容与其迥然相异。参考此图左边另一侧故事内容榜题"赵苟䬸父"[②]，对照图中对坐二人对嘴状的形态看，当为赵苟哺父。榜题显然是颠倒错位。在其右侧"骊姬计杀申生"图的上方，有两只相对喂食的鸟，即所谓"乌鸦反哺"，可作为"赵苟哺父"故事的补充。

赵苟哺父的故事，见于刘宋师觉援《孝子传》，说赵苟在五六岁时即知孝敬老父之事，每当得到"甘美"之物，从来不独自食用，必先以此"哺父"。其父外出的时候，一定会等待父亲回来后再食用，过时不还，则会倚门放声痛哭，以等待父亲的归来。数年后父亲去世，赵苟因思父体瘦憔悴，而异于一般成年人。赵苟因其敬父而受到乡人的称赞，汉武帝时升官。此画像故事内容为出土画像石所首见。

---

① 参见王恩田《泰安大汶口画像石历史故事考》，《文物》1992年第12期。

② "䬸父"即"哺父"。哺：含物以饲也。

骊姬计杀申生图画像石

1960年6月出土于泰安市大汶口镇汶河北岸东汉墓，此石为此墓前室通耳室的门楣。此图与"赵苟哺父"图共为一石，全石纵0.44米，横2.11米。

画像为减地平面线刻。左连"赵苟哺父"图。画像中共有四人，左起一妇人执便面躬身而立①，后上方榜题"此后母离（丽）居（姬）也"。在其前席地而坐一人，面前置杯案，上方榜题"此晋浅（献）公贝（被）离（丽）算"；与其相对跪有一人，手持环首刀对准喉咙做自刎状，其榜题为"此浅（献）公前妇子"。其后一人躬立做劝解状。又右，停有轺车一辆（图2）②。

图2　骊姬计杀申生图

此图所表现的是历史上著名的骊姬计杀申生的故事。这一历史故事见于《左传·僖公四》，还见于《公羊传·僖公十年》《谷梁传·僖公十年》《吕览》《史记》以及《楚辞》《韩非子》《礼记》《论衡》等众多古籍中。除了《公羊传》

---

① 便面：一种用于遮面的扇子。《汉书·赵尹韩张两王传》："自以便面拊马。"颜师古注云："便面，所以障面，盖扇之类也。不欲见人，以此自障面，则得其便故曰便面。"

② 轺车：汉画像石中最常见的一种轻小便捷的马车。

认为献公因爱骊姬，而杀世子申生之外，一般均记载的是骊姬利用诡计害死了申生，只是情节有所出入。骊姬，一作"丽姬"，春秋时骊戎之女，晋献公攻克骊戎，夺骊姬而立为夫人，生有奚齐。骊姬为献公所宠而欲立其亲生子为太子，遂使毒计陷害申生，申生为了父亲而自杀。

双龙日月图画像石

1978年10月出土于泰安大汶口火车站西南处的东汉墓。此石位于该墓后室后壁。石面纵0.75米，横2.65米。

画像浅浮雕，中为双龙图，两侧为日月图。图中两龙，左右对视。左边一龙无足，昂首盘尾；右边一龙四足细尾。双龙首下刻有一鱼。在双龙图的左右两侧，均有一个规整的方框，内有一圆环，右侧环中刻有一蟾一狐；左侧环中刻有一兔一乌。在双龙与日月画像的上边及左右两侧饰有变形云纹（图3、图4、图5）。

以龙为表现对象在画像石中很常见。传统的龙的造型，是在两汉时期基本定型的，大致可分为有足龙和无足龙两种，一直到后来，没有多大变化。尤其是前者，最为流行。图中的双龙即展示了其造型的基本模式。更有意思的是那

图3　双龙日月图中的双龙

图4　双龙日月图中的日月（狐与蟾）　　图5　双龙日月图中的日月（乌与兔）

双龙两侧圆中的蟾、狐、兔、乌。蟾蜍与玉兔，均是传说中的月中之精，同时也是月亮的化身。乌，在传说中是太阳的代称，这在秦汉古籍中也屡见记述①。左图的狐，可能就是所谓的九尾狐。狐在秦汉时期是作为祥兽来看待的。《山海经·大荒东经》说："有青丘之国，有狐，九尾。"郭璞注云："太平则出而为瑞也。"在汉画像中，也偶有所见。如山东嘉祥宋山汉画像石中就有九尾狐同乌一并出现的画面②。在此画像石中，狐与代表月亮的蟾在一起，指代的应是太阳。

日月合璧，是其画像的主题。日月同现，出现于阴历的朔日，很少见，古人遂以为祥瑞之相。

董永肆力田亩图画像石

1960年出土于泰安大汶口镇汶河北岸的东汉墓。此石为该墓前室通耳室的门楣，与"骊姬计杀申生"故事图共为一石。全石纵0.44米，横2.11米。

---

① 如《淮南子·精神训》："日中有踆乌，而月中有蟾蜍。"高诱注："（踆乌）谓三足乌。"《史记·龟策列传》："日为德而君于天下，辱于三足之乌，月为刑而相佐，见食于虾蟆（蟾蜍）。"《山海经·大荒东经》："一日方至，一日方出，皆载于乌。"郭璞注云："中有三足乌。"

② 见嘉祥县武氏祠文管所《山东嘉祥宋山发现汉画像石》，《文物》1979年第9期。

画像为减地平面线刻。左起一大树，下有一车。一人推车，一老人坐于车辕上，鸠杖斜倚肩头，右上方榜题"此苟骆父"，其前有一戴帽者，持长柄锄于禾田内回顾车上坐者，其上方榜题"孝子赵苟"，在车的上方刻有二羽人（图6）。

从内容看，榜题所铭有误，要说的应是董永肆力田亩的故事。画像图中所展示的是一人在锄地，一人持鸠杖坐车上，后有一棵大树等人物形象及情节特征，在嘉祥武氏祠画像石中也曾出现过。锄地者，榜题"董永"，持鸠杖坐车者，题曰"永父"①，内容与此是相同的。此画像榜题"赵苟"云，显系误刻。关于董永的故事，见于刘向《孝子图》。据书中所载，董永至孝，卖身葬父，后得织女匡助赎身。董永以孝传世，在民间影响很大。画像反映的是董永之父生前的情景。句道兴《搜神记》引刘向《孝子图》曾说：董永少失其母，独养其父，家贫困苦，至于农月，则用辘车推父至田头树荫下，后其父亡，无物葬送而赎身。干宝《搜神记》也有"肆力田亩，鹿车载自随"的记述。可见画像石所表现的是董永辘车载父，与人佣耕的故事。

图6　董永肆力田亩图

① 参见蒋英炬、吴文祺《汉代武氏墓群石刻研究》，山东美术出版社1995年版。

莲花五铢图画像石

1973年出土于肥城北大留村北东汉墓。石面纵0.46米，横1.88米。

画像为浅浮雕。画面中部刻一变形莲花，花分八瓣，花瓣内线刻菱形连线纹。花蕊中心刻有一枚"五铢"方孔圆钱。花四边周以方框，框两侧画像图案相同，即在下部各刻有一鱼，鱼上饰五条水平装饰粗线，线间刻有双菱纹、水波纹及弧线纹（图7）。此石被《山东汉画像石选集》（齐鲁书社，1982）采录。

图7　莲花五铢图

画像是以"五铢"为中心的。五铢是我国古代货币的一种，因钱重五铢，并篆有"五铢"二字故名。初铸于西汉初期，流行至隋，是我国历史上数量最多，流行最久的钱币。钱币富有吉祥的象征，是汉画像石中常见的题材。

虎猪相斗图画像石

1973年出土于肥城北大留村北东汉墓。石面纵1.06米，横1.39米。

画像为浅浮雕。画像刻有一虎一猪。虎处于猪的右上方，张口瞠目，背有翅翼，一爪扬起，飞扑而来。猪面虎而起，昂首伸爪做抵挡状（图8）。此石被

图8　虎猪相斗图

《山东汉画像石选集》采录，但将所录之像倒置。

虎猪相斗图的表现手法比较粗放，不求细节的刻画，只求其整体形态的生动性。其动态的描绘，具有很强的概括力，将虎的凶猛、猪的不屈，表现得淋漓尽致。反映在构图上，虎位于上方，大有泰山压顶之势；而猪处于下方，且靠近画面的边沿，给人以无路可退的感觉，两者相斗已势在必发。作为大面积的空白底衬，均用粗斜线左右勾勒构成菱形，看似随便，又很有规律，与动态中的主体形成强烈的对比关系，使相斗的主体更加突出。

二龙交璧图画像石

1973年出土于肥城北大留村北东汉墓。石面纵0.48米，横2.28米。

画像为浅浮雕。一龙向左，一龙向右。龙四足，细尾，头皆上昂。龙体呈波浪式交缠，相交于三个璧环中（图9）。此石被《山东汉画像石选集》采录。

在古代，璧常用作礼器，也被认为是吉祥通神之物。双龙交媾于璧，表现的应是阴阳和合的瑞兆。

图9　二龙交璧图

凤鸟伏羲图画像石

1978年12月出土于肥城北大留村北东汉墓。此石为该墓的墓门门楣。石面纵0.44米，横1.53米。

画像浅浮雕，左为二凤鸟，右为伏羲。凤鸟相对，衔珠起舞。伏羲人身蛇尾，头戴斜顶帽，手持一矩，指向左方。图上部刻菱形纹和连弧纹（图10、图11、图12）。

图10　凤鸟伏羲图

图11　凤鸟伏羲图中衔珠起舞的凤鸟形象

图12 凤鸟伏羲图中持矩的伏羲

　　凤鸟的出现向来被认为是吉祥之兆，古籍中多有记述。汉代尤重祥瑞之说，朝廷也喜欢听人报告祥瑞之事。凤凰在泰山周围出现，《汉书》和《后汉书》就多有记载①。图中凤鸟所表现的形态，可能就是所谓的"凤舞"。《山海经·南山经》说："（凤鸟）饮食自然，自歌自舞，见则天下安宁。"《艺文类聚》卷九十引《庄子·佚文》说：它的食物是一种叫琼枝的树上所生长的一种像珠子一样的美玉。"其饮食也必自舞"②。画像所表现的可能就是凤鸟食珠起舞，天下安宁的说法。右边的伏羲，人身蛇尾，手持一矩，正是神话传说中的形象。在汉画像石中伏羲常与女娲相配，并做交尾纠缠状。如山东嘉祥武氏祠画像中，交尾的女娲、伏羲分别手持规和矩，表达的是他们共同治理天下的意思③。人头蛇身，反映了伏羲、女娲是以龙为图腾的民族所想象的始祖。既然是始祖，一切都要他们来创造，手持规、矩，盖以规矩成方圆，喻开天辟地之意，由此也成为创业发展、治理家园的象征。

　　① 汉宣帝元康元年（前65），有所谓凤凰集于泰山；章帝元和二年（85），凤凰集于肥城；安帝延光三年（124）凤凰集于济南等。

　　② 《太平御览》卷九一五引《帝王世纪》。

　　③ 参见朱锡禄《武氏祠汉画像石中的故事》，山东美术出版社1996年版。

拜谒乐舞图画像石

1965 年 1 月出土于泰安旧县村东汉墓。石面纵 1.06 米，横 0.7 米。

图 13　拜谒乐舞图

画像浅浮雕。画面分上下两层。上层二人，左边一人跪地，上身前俯，做拜谒状；右边一人跽坐于带足榻上，上身前倾，两臂前伸，做谦让状。两人皆戴斜顶冠，着袍服。下层为乐舞图，人物皆女性。左一人面右，屈膝躬背，膝上置长琴，做抚琴伴奏状。中一人面左，正在翩翩起舞。右一人盘腿正面而坐，头束高髻，面部丰满，着广袖长衣，褒带束腰，似在观看乐舞。画像上、下部饰连弧纹和双菱纹（图13）。

在画像石中以车马行列来显示主人的威风，以庖厨表现生活的富有是很普遍的，以拜谒、乐舞来显示主人的地位和享用也较为常见。此图合谒见、乐舞为一体，以写意的手法展示了当时拜谒、乐舞的情形。写实与夸张相结合，将主、客、仆的关系较好地显示出来。特别是观看乐舞的女主人，一副贵妇人的样子，给人不可一世的感觉。

狩猎车马出行图画像石

1960年出土于泰安大汶口镇汶河北岸东汉墓。此石位于该墓西室通后室之门楣北面。纵0.46米，横2.73米。

画像为减地平面线刻。车马均左行，主车为一辎车[①]，车前坐一戴花冠的执鞭御者，车前与马前均有榜无题。前导为一车四骑，车为棚车，车前坐一戴平帻的御者。在棚车前有三骑，车后有一骑。前两骑人戴平帻，肩扛棨戟，腰佩剑。马背后驮弓和箭箙。两骑间有榜题，仅可识一"从"字；第三骑，人戴平帻，腰佩剑，左手执弓，右手持箭，返身射中一鸟。棚车后一骑，人戴平帻，腰佩剑，肩扛一弩。从车为一轺车，花盖垂四维。在车骑之间上方间刻有羽人与飞禽（图14）。此画像石被《山东汉画像石选集》采录。

根据史料的记载及画像石资料，当时的车马出行有一定的制度。一般由主

---

① 辎车：安车，坐乘或安卧之车，在汉代是一种较高级的车辆。《释名》："辎车，载辎重卧息其中之车也。"

图14　狩猎车马出行图

车、导从组成①，车马导从的数量随其身份的高低而有所加减，身份愈高，导从愈多。车马出行，最能体现主人的地位和身份，故多见。此画像石，雕刻细腻，线条清秀流畅，人物面部器官及衣纹器具的细部结构，以及马的形体及辔饰，都刻画得很细微，尤其是马的形态和神态表现得都很生动。

"太山仓"五铢图画像石

1973年出土于泰安肥城北大留村北东汉墓。石面纵0.92米，横0.32米。

画像为平面线刻。上部已残，据资料刻有两马，背向而行，中间有一大圆环；中部刻有五铢方孔圆钱八行，每行三枚，由斜线穿连，五铢钱两侧饰有连弧纹；下部停一轺车，一人执竖棍支辕。在画像石的左上角，隶书题刻"此人马食太山仓"七字（图15）。在该石的左右侧面刻有击鼓图、龙虎图画像。此石被《山东汉画像石选集》采录。

钱币的展示也就是财富的显示。关于"太山仓"的题刻，可与其他画像石的同类题刻相对照。在嘉祥宋山汉画像石中，有一"此中人马，皆食太仓，饮其江海"的题刻，所表现的内容与此题刻大致相同，表示有广厚的食物资源，进而显示其墓主人显赫的物质财富。也可以说，这是一幅财富显示图。

---

①　导从：主车之前为导，主车之后为从。

图15 "太山仓" 五铢图　　　图16　击鼓图

击鼓图画像石

　　1973年出土于肥城北大留村北东汉墓。石面纵0.92米，横0.26米。

　　此画像位于"太山仓"画像图之左侧。画像平面线刻，画面已残。上部锈蚀不清，刻人物及兽，下部刻楼房树木。楼上二人对坐，楼下一人击鼓，鼓下卧一虎。楼下有一树，枝做群蛇升首状（图16）。此图被《山东汉画像石选集》采录。

龙虎车骑图画像石

　　1973年出土于肥城北大留村北东汉墓。此画像与"太山仓"五铢图、狩猎拜谒图、击鼓图画像石共为一石，位于其石之右侧面。石面纵0.92米，横0.26米。

　　画像平面线刻，画面已剥泐不清。上部已残，刻龙虎，其下一人执刀，一人推车，车上乘一人；下部二卒执弩箭，左行。骑下又一骑者。此画像被《山东汉画像石选集》采录。

车马步卒图画像石

　　1973年出土于肥城北大留村北东汉墓。石面纵1.12米，横0.42米。

　　画像为平面线刻，已漫漶不清。画面分为四层，上层有一无人车马；第二层为三步卒持便面及弩箭；第三层也有三人，左一人跪拜于几案前做拜谒状，对面一人，头戴斜顶冠，跪于榻上与其相视。拜谒图右边一人，正面端坐，双手合于胸前。最下层，为一对铺首衔环，环内皆刻有两鱼（图17）。此石被《山东汉画像石选集》采录。

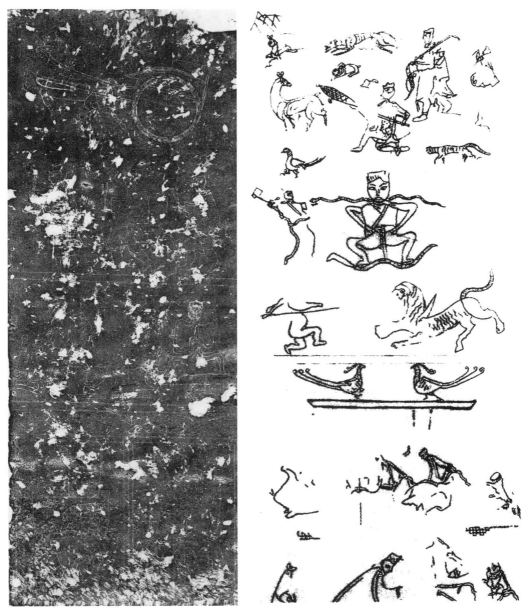

图17　车马步卒图　　　　　　　　　　图18　狩猎拜谒图

狩猎拜谒图画像石

1973年出土于肥城北大留村北东汉墓。石面纵1.11米，横0.42米。

画像为平面线刻，因刻线较细，画面已漫漶不清。上部三人狩猎，人之下及左侧有兽及禽。中部一人蹶张[①]，口含长蛇。一人在其左，持斧击蛇。之下有熊、虎；下部为楼阁；阁两层，阁内人物均做拜谒状。楼阁上有两只对立的凤鸟（图18）。此石被《山东汉画像石选集》采录。

车骑行列图画像石

1960年6月出土于泰安大汶口汶河北东汉墓。此石位于该墓东西前室之间门楣西面。纵0.45米，横2.14米。

画像为减地平面线刻。刻有四车三骑，均左行。主车四维，内坐二人，均戴斜顶冠。导车为轺车，上有二人，后者戴斜顶冠，御者戴平帻。导车前有二并行导骑。从车为一辎车、一轺车，车后有一从骑。辎车前有一人牵一马驹，马驹头右扭。轺车位于辎车之后，最后为从骑（图19）。

图19　车骑行列图

---

① 蹶张：用脚踏强弩使之张开。用手张的叫"擘张"。

车马出行是汉画像石中最常见的题材，并具有一定的代表性。此画像石出行场面较为宏大，有四车三骑。出巡车骑有一个首尾完整的行列，前有导骑、导车，后有从车从骑，可谓浩浩荡荡，显示出主人生前的身份及威风。

"寺门亭长"迎宾图画像石

中华人民共和国成立前夕出土于泰安市夏张东汉墓，1954年征集到岱庙。石面纵0.5米，横1.92米。

画像为减地平面线刻。内容分为主宾两部分。主方面右，第一人戴圆冠，着袍服，手持盾牌，做恭迎状，右上方榜题：寺门亭长迎。在其身后上方跪有一人，斜顶冠，着袍服，做叩头状。其后有一亭，亭内有三人，前二人均戴斜顶冠，着袍服，后有一人（头部残缺），均持笏板做恭迎状。亭檐下挂一鼓，击鼓者戴平帻，着紧身衣，转首回顾来宾，手做击鼓状。鼓下有一蹲坐着的狗，被拴于亭柱上。亭檐上有一兽，做迎客状；客方部分，画像石多处残缺，可见部分有三车、二骑。在两车上方均有榜题，第一辆车榜题：庐行亭车；第二辆榜题残缺不可识。在车骑间刻有羽人飞鸟，画像上部饰有卷云纹（图20）。

秦汉时期，基层行政组织有乡、亭、里，各有其长。亭长，是主亭之官，

图20 "寺门亭长"迎宾图（局部）

常常在郡、县等上级官员出行时，充当车马导从。画像中的寺门亭长是在迎接前来巡行的官员，并有相应的迎接仪式。

车马行列图画像石

　　中华人民共和国成立前夕出土于泰安市夏张东汉墓，1954年征集到岱庙。石面纵0.5米，横3.4米。

　　画像为减地平面线刻。画面可分为两部分：左为迎者，面右；右为来者，左行。来者有六车，主车四维，有榜无题，导车有三轺车。在第二、三轺车间及主车前均刻有四人，前两人腰佩长剑，持一节状物，做吹奏状；后二人佩长剑，手持便面。从车有两轺车，均有榜无题。在轺车之后为一从骑，骑者持节，人马为正面像；迎者第一人圆顶冠，着袍服，手持盾牌，躬身相迎，在其上方有榜无题，其后有一亭，亭檐下悬一鼓，鼓前有二人，一人在击鼓；另一人持彗面客而立[1]，亭柱下拴有一狗。在导车及迎者上部，刻有羽人、飞禽及走兽，画像上部刻有卷云纹（图21、图22）。

图21　车马行列图（局部）

---

　　[1]　彗：扫帚。古时有拥彗迎客之礼，这在汉画像石中常见。宾客至，拿扫帚躬身门前相迎，意思是说家中已打扫干净，欢迎宾客的光临。

图22　车马行列图（局部）

此画像石与前面寺门亭长迎宾图所表现的内容基本相同，有宾主双方。此图宾方有六车，一骑八步卒，导从较多。主方于亭前击鼓相迎，其形式与前图也大致相同。

"王君车"出行图画像石

1965年1月出土于泰安旧县东汉墓。此石为该墓过梁，由二石对接，石面纵0.42米，横2.75米。

画像为减地平面线刻。出行队伍左行，主车四维，内坐二人，均戴斜顶冠，人后榜题"王君车"。前导有一车五骑三步卒。导车为轺车，车内二人，一人执辔，一人后坐；五骑，前为单骑，后为两双骑。单骑骑吏戴圆顶冠，前双骑骑吏均戴平顶冠，后双骑骑吏均戴斜顶冠；三步卒戴山形冠，肩扛斜棍，右手执一短管，做竖吹状。在主车后从一棚车[①]，棚车露一驭手，上有二飞鸟。出行图除"王君车"榜题外，其他均有榜无题；左起有一迎者，头戴圆顶冠，着长袍，手持盾牌，躬身相迎。图之上部饰连弧幔纹（图23）。

① 棚车：也称辇车。主要功能是载物，所以在汉画像石中常位于车马行列的后面。

图23　"王君车"出行图（局部）

对语图画像石

1965年1月出土于泰安旧县东汉墓。此石为该墓中柱，石面纵1.04米，横0.36米。

画像为减地平面线刻。画面自上而下共分四层。第一层，双鸟交颈勾连，翅膀隆起，四爪相对；第二层，二人对语，左边一人戴圆顶冠，右边一人戴斜顶冠，皆着袍服；第三层，为二门卒，均面右，左边一人手中持棒，头戴山形冠，着袍服。右边一人手中拥彗，头戴平顶冠，着袍服；第四层为铺首衔环（图24）。

在前面已多次谈到铺首衔环，环即门环，铺首就是门环的底座。在汉画像石中，常出现在门、门柱及其他地方。铺首的造型多以虎头为原型来加以表现，取其凶猛威武，以求驱恶避邪。

图24　对语图

人物行列图画像石

1960年6月出土于泰安大汶口镇汶河北岸东汉墓。此石位于该墓东西前室之间门楣东面，石面纵0.46米，横2.11米。

画像为减地平面线刻。行列有10人，均有榜无题，除右端二人为正面外，其他均面左。在前一人戴带翅圆顶冠，着袍服，手前伸持弓而立。其后二人均戴圆顶冠，着袍服，持笏躬立。再后为一戴斜顶冠，着袍服的长髯飘拂的长者。长者之后二人均戴圆顶冠，着袍服，手持棨戟，再后有戴斜顶冠，着袍服二人。最后二人正面，呈女相，着长服。行列人物前有三导引，均矮小。前一人转身面对行列吹笛，后有二披发的小矮人随从。在吹笛者前，画像的最左端有一亭，内坐一妇人，面右，两手置于胸前，做恭迎状。在妇人与行列人物中间补刻有三羽人，画像上部刻卷云纹（图25）。

图25　人物行列图（局部）

交龙图画像石

1978年10月出土于泰安大汶口火车站西南处东汉墓。此石位于该墓耳室的后壁，石面纵0.78米，横2.28米。

画像为浅浮雕。中刻二龙，二龙均四足细尾，有角，龙体相交于上，首尾相顾于下。在双龙之下刻有青龙、白虎、朱雀。青龙有翼，垂尾，白虎有翼，尾上翘，两相对视。二朱雀于青龙白虎之上，做跃舞状。在双龙图的两侧，对称有两铺首，衔环中心补饰有双鱼。在其上部，左刻两个双鱼；右刻相对二兽（图26）。

图26　交龙图

青龙、白虎、朱雀、玄武，在古代被认为是"天之四灵"的四方之神。图中的龙有翼有角，按传统的说法叫作"应龙"[①]；有角，则谓之"虬龙"[②]。翼龙、角龙均被认为是可飞升的龙。白虎即虎，白是它西方的方位。《风俗通义》说："虎者，阳物，百兽之长也，能执搏挫锐，噬食鬼魅。"可见白虎是作为百兽之长而被视为威震邪恶的神兽受到崇拜的。由于"四灵"都被神化为能升天的神兽，同青龙一样白虎也就加上了翅翼。在"四灵"之中，青龙、白虎的影响最大。

虎雀双龙图画像石

1978年出土于泰安大汶口火车站西南处东汉墓。此石位于该墓东耳室后壁，石面纵0.83米，横2.3米。

---

① 《天问》王注："有翼曰应龙。"《史记·司马相如列传》引文颖云："有翼曰应龙，其最神妙者也。"《离骚》洪补引《广雅》亦云："有翼曰应龙。"

② 《离骚》洪补引《广雅》："有角曰虬龙。"《抱朴子·博喻》："翠虬无翅而天飞。"

　　画像为浅浮雕。像画面可分为三部分：左为虎雀图，右为龙璧图，中为铺首衔环图。左图白虎在上，朱雀于下，白虎昂首垂尾，做行走状。朱雀相对啄食，做戏耍状；右图双龙盘环于璧外，龙首对视于上，交尾于下。该图的上部及两侧，饰有变形卷云纹（图27）。

图27　虎雀双龙图

　　这是一幅祥瑞图。大约在战国，为了附会五行之说，产生了"四灵"，即所谓的四方之神。龙作为中华民族的象征，起源于远古的图腾崇拜，而在汉代，其图腾的意味逐渐消失，而作为祥瑞之物备受崇拜，"龙"的出现被认为是盛世或受天命的象征。凤有着与龙相匹配的地位，也是国之瑞物，故有"见则天下安宁"之说。与"四灵"相配，凤就称作"朱鸟""朱雀"。在五行的配伍里面，起初并没有虎，只是虎的影响在民间很大，于是虎就加入了"四灵"的行列，作为神兽以配西方。于是乎，也就有了白虎的称谓。图中双龙环绕的璧，在当时也被看作是通神之物。神兽、神物相汇集，自然是安宁祥和之兆。

射日图画像石

　　1973年出土于肥城北大留村北东汉墓。石面纵1.58米，横1米。
　　画像浅浮雕。图位于石的中部偏右。图中刻有一人、一马、一树。人位于树与马之间，右腿弓步，左腿跪地，头仰视树上，双手拉弓，做射击状。马位于图之右侧，马头高昂。树位于人之前方，树干粗曲，枝呈网状，有十分枝，枝头均上仰，梢做三角状。左起第二枝，无三角状物标示，枝下有一鸟，做垂落状（图28）。此图被《山东汉画像石选集》采录。

图28　射日图

此画像图，表现的是后羿射日的故事。后羿是传说中的东夷首领，故又称夷羿，始创弓箭，善射[1]。在神话传说中，当时有十日并出，植物枯死，尧命羿仰射十日，羿射中了九个，代表太阳的乌全都死了[2]。画像所表现的正是

---

[1]　见《墨子·非儒下》《论语·宪问》等。

[2]　《淮南子·本经训》《庄子·齐物》等多有记述。

这样一个故事。具体描绘了羿射中了第一个太阳（三足乌）在下落的瞬间。在羿面前的那棵高大的树木，即是神话中的扶桑，也称作"若木"，其九个枝头皆有一个倒三角的标志，代表的就是太阳，即所谓的"（枝）末有十日，其华照下地"[1]。左起第二个枝头的三角标示（太阳）没有了，示意被羿射中，其已化作乌正在坠落之中。如此具体形象地表现这一神话传说，在汉画像石中所仅见。

羊头吉祥图画像石

岱庙所藏羊头吉祥图画像石共有四块，分别于1973年、1978年出土于泰安肥城北大留村北东汉墓。

画像均为浅浮雕。

（一）石面纵0.41米，横2.08米。中刻羊头，羊角卷曲成环，环中各立有一鸟。紧贴羊嘴两侧，各刻一朱雀。左侧有双鸟在啄一鱼，右侧双鸟左飞。在羊头两角两侧及上部饰有五条水平装饰线，线间饰双菱纹、连弧纹、水波纹（图29）。

（二）石面纵0.46米，横2.04米。中刻羊头，在其左侧刻凤鸟、独角兽、龙；右侧刻朱雀、羊、虎。虎有翅翼，独角兽衔三枚方孔圆钱。羊角两侧及上部装饰，与（一）相似（图30）。

（三）石面纵0.48米，横2.28米。中刻羊头，两侧各有一朱雀。左侧朱雀之后有一龙；右侧朱雀之后有一虎。其他装饰与（一）相似（图31）。

（四）石面纵0.5米，横1.44米。中刻羊头，两边各刻一啄食鸟，其他装饰与上三石相似（图32）。

羊头图，在汉画像石中较为常见，其构图大部分以羊头为中心，两侧辅以灵兽瑞鸟，象征吉祥如意，故羊头图，多称为吉祥图。

---

[1] 《淮南子·地形训》。

图29　羊头吉祥图（一）

图30　羊头吉祥图（二）

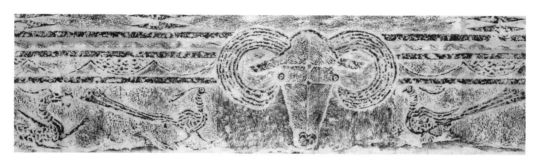

图31　羊头吉祥图（三）

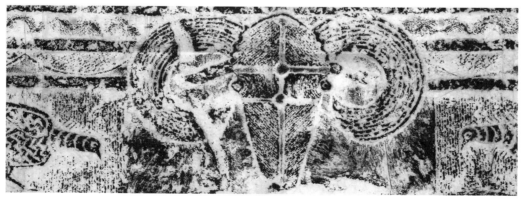

图32　羊头吉祥图（四）

斗虎凤鸟图画像石

中华人民共和国成立前夕，出土于泰安夏张汉墓。1954年征集于岱庙。石面纵0.46米，横1.04米。

画像为浅浮雕。画面刻一人一虎二凤鸟。人在戏虎，左臂前伸，手持护身盾牌，右臂后仰，手持一棰，身体前倾，弓腿面虎。虎半卧，尾高翘，前右爪仰起做试探状。二凤鸟位于虎的左侧，凤首相对，中间有一玉珠，画像上部饰四条平行线，线间刻菱形纹和弧形纹（图33）。

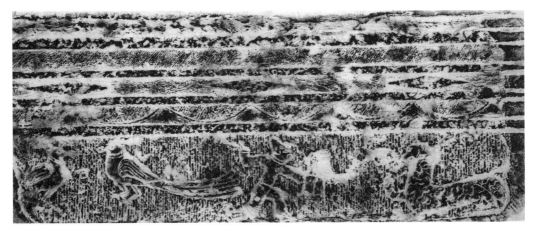

图33　斗虎凤鸟图

图中的人虎相戏，表现得很生动，人的动作和虎的动态形象自然，将戏耍的意味很好地表达了出来。

青龙图画像石

1965年出土于泰安旧县东汉墓。石面纵0.49米，横0.8米。

画像浅浮雕。一龙曲身昂首，张口吐舌，尾盘曲，四足做站立状。在龙首下方及四足间各刻有一鱼，头上尾下。画面上部饰连弧纹（图34）。

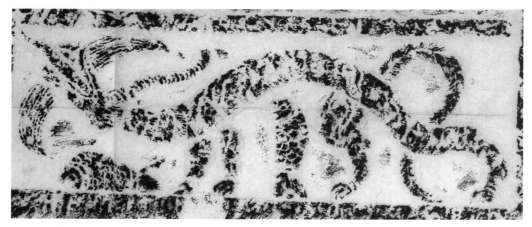

图34　青龙图

执戟卫士图画像石

1973年出土于肥城北大留村北东汉墓。石面纵1.1米，横0.53米。

画像为浅浮雕。图中仅有一人持戟，人面右，戴圆顶冠，着长袍（图35）。此石被《山东汉画像石选集》选录。

画像所表现的显然是一武士，画面只安排一人，这在汉画像石中不多见。其造型线面结合，古朴简练，风格粗放。人物背部的动态线极富有弹性，使其形象更有力量感。他武弁大冠，威风而立，一戟斜立身前，更增添了威武的气势，一看便是威震一方的武士。

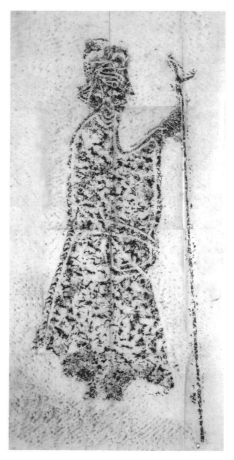

图35　执戟卫士图

正面虎图画像石

1965年出土于泰安旧县东汉墓。此石位于该墓门楣内面，石面纵0.46米，横1.8米。

画像为浅浮雕。画面中为一正面虎像。虎双目圆睁，圆耳上耸，口中垂舌，二爪扑地，做欲跃状。在其右侧有一车，四维，左行，上坐二人，前为驭手，后一人戴斜顶冠，持便面。车前有一导引，戴圆顶冠，着袍服，肩扛一棍，右手持管，做竖吹状。在虎的左边有一棚车，左行，上坐一人，前有一导骑，在棚车与虎之间有一兽一鱼，兽似猿，做行走状，鱼在猿下。鱼、猿均面向虎。画面上部浮雕垂幔纹（图36）。

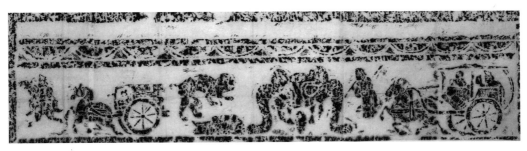

图36　正面虎图

画像以虎为中心，表现了当时对虎的崇尚。借虎威以驱恶魅是当时人们所常用的手法，但将其做正面相的不多见，原因是造型不易把握。虽然图中的虎像刻画得不是那么形象，不过其神态还是生动的。它怒目圆睁，跃跃欲试的威武形象，还是表达了出来。

庖厨图画像石

1960年6月出土于泰安大汶口镇东汉墓。此石位于该墓东前室通后室的门楣北面。纵0.46米，横2.11米。

画像为减地平面线刻。画面分为左右两个部分，左边部分为厨房内的情景，右边部分为房外情景。厨内一灶，灶上挂鱼、兔、禽、羊头、牛头等，灶前有一人烧火。后为宰杀禽、兽、鱼的场面，还有一手持肉串者；厨房外有人在汲水，也有在屠狗、杀牛者。在其右边，还有赶牛、抬猪羊者前来。在室外画面空间填刻各种姿态的羽人。画像石上部饰卷纹（图37、38）。

图37　庖厨图

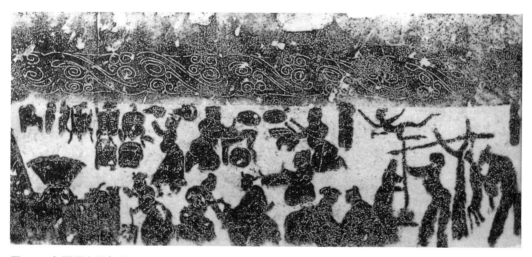

图38　庖厨图（局部）

要说汉画像石最具生活气息的场面，要算是庖厨图了。无论是人物的动作，还是场景，都具有很强的生活气息。人物的姿态、场景的布置都很生动、具体，整个场面很热闹，给人以身入其境的感受。在汉画像石的庖厨图中，此图情景具有一定的代表性。

孔子见老子图画像石

1960年6月出土于泰安大汶口汶河北岸东汉墓。此石位于该墓的东前室墓门门楣，纵0.45米，横2.06米。

画像为减地平面线刻。左边部分为孔子率弟子拜见老子的队伍，右边部分为老子及其从者。除孔子外，各人物间均有榜无题。榜题"孔子"者，身材高大，头戴斜顶冠，身着袍服，腰佩长剑，广袖内藏有一鸟，拱手而拜。前有一人，身材瘦小，面对孔子，长发披拂，手推独轮小车。孔子身后随从弟子十一人，第一位，头戴斜顶冠，着袍服，躬身拱手而立；第二位也戴斜顶冠，着袍服，右手举简，回首而顾；第三位，身材矮小，头戴斜顶冠，着袍服；其后二人均戴斜顶冠，着袍服，躬身而立；二人后有一人，头戴鸡形冠，两臂盘于胸前，怒目而视；其后五人皆戴斜顶冠，着袍服，躬身而立。孔子所拜之人，戴斜顶冠，着袍服，持曲杖，做恭迎状，后随从二人，皆斜顶冠，着袍服，躬身而立。画像的上部线刻有卷云纹装饰（图39）。

图39　孔子见老子图（局部）

此图所表现的是孔子见老子的故事，这在汉画像石中常见。据说孔子在34岁的时候，便带着他的弟子向老子请教礼的学问[1]。在孔子弟子中，头戴鸡形冠

---

[1]　参见朱锡禄《武氏祠汉画像石中的故事》。

的那一位应是子路，这在武氏祠画像石中也有其形象，并有"子路"榜题①。在孔子之前的那一矮小之人，应是项橐。他曾就若干问题向孔子发难，而孔子答不出来，有所谓"项橐生七岁，而为孔子师"②的说法。

宾主图画像石

1960年出土于泰安大汶口镇汶河北岸东汉墓。此石为西前室墓门门楣。纵0.47米，横2.55米。

画像为减地平面线刻。图由主、客人物两部分组成。左方为主人，右方为宾客，共有十九人，间或有榜皆无题。主方共有十人，均面向右。右起第一人，戴圆冠，着袍服，两手上举，做恭迎状。后一人似女像，挽发髻，着紧袖束腰袍，双手上举做让客状。第三人头挽圆髻，双手于前胸持一物。其后第四人、第七人戴圆顶冠，着袍服，手中持钺。中间二人，形态基本相同，均头戴平帻，着袍服，手中拄杖。最后三人，头部皆残，也均着袍服，做恭迎状。客方九人，均面向左，左起第一人，戴圆顶冠，着袍服，右手持棨戟，躬身而立。第二人、第七人、第八人着装持物与第一人基本相同。第三人、第五人头戴斜顶冠，着

图40　宾主图（局部）

① 蒋英炬、吴文祺：《汉代武氏墓群石刻研究》。
② 《战国策·秦策》。

袍服，双手持笏板。第四人，头戴花冠，着袍服，双手拱手胸前；第六人头戴斜顶冠，着袍服，有长髯，也拱手于胸前；第九人，画面残缺不清，画像上部线刻卷云纹（图40）。

虎羊座百戏图画像石

1960年出土于泰安大汶口镇汶河北岸东汉墓。此石为该墓西前室后室间的中柱。柱上为方斗，中为圆柱，下为方座。通高1.14米，斗高0.27米，柱身高0.59米，周长0.94米。柱座高0.28米，宽0.41～0.48米。

画像浅浮雕。斗身斗㪺画二层，刻人兽相戏图；柱身画面三层，第一层刻三人一鸟三兽（其中一人呈半身像），中层刻三人一鸟三兽，下层刻七人二兽，均做戏舞状，座半圆雕三虎一羊，虎羊首尾相接（图41）。此石被《山东汉画像石选集》采录。

图41　虎羊座百戏图（局部）

斗座百戏图画像石

1960年出土于泰安大汶口镇汶河北岸东汉墓。此石为该墓两前室之间的中柱。通高1.13米，上下均为方斗形，斗高0.24米，柱身高0.65米，周长0.9米，柱座高0.24米。

画像均为浅浮雕。柱顶，刻人兽相戏，画面已漫漶不清。柱身划分三层，上层八人一鸟，中层七人三兽，下层二鸟二龙，均做戏舞状，座刻兽戏图、云纹（图42）。

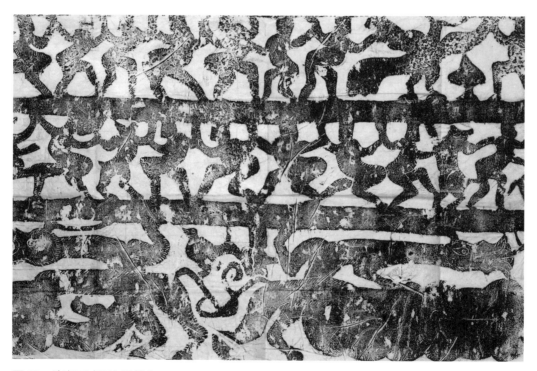

图42　斗座百戏图（局部）

人兽共舞、人禽同欢是百戏图的基本内容。在造型上，无论是人还是动物，其形体姿态无不是高度夸张了的，充满了浪漫的情调，表现出生命的活力及对生活的热情。手舞足蹈的动态既有力度又很柔和，表达了人们对欢乐祥和世界的渴望和追求。

《泰山岱庙文化》编后记

　　《泰山岱庙文化》丛书，分为《岱庙神主》《岱庙建筑》《岱庙碑刻》《岱庙古籍》《岱庙神轴》《岱庙传说》《岱庙艺文》《岱庙藏珍》《岱庙古树名木》《岱庙汉画像石》，计有10册。这套书，主要由泰安市博物馆的专业人员撰写，先后于1997年、1998年、1999年由山东画报出版社出版。此套丛书，获2000年泰安社会科学优秀成果一等奖。

　　此次收入《中华泰山文库》著述书系，按照出版要求做了一定的规范性处理，部分照片因清晰度所限，或补拍或删除有所变化。特此说明。

编　者

2018年12月16日